中国农业科学院
中国农业科学院研究生院

首届毕业生照片

办公旧址

宿舍兼教室旧址

教室旧址

教学楼

新办公大楼

宿舍楼

新建语音室

生物学实验室

金善宝
中国农业科学院院长兼
研究生院院长（1980-1984年）

卢良恕
中国农业科学院院长兼
研究生院院长（1984-1988年）

王连铮
中国农业科学院院长兼
研究生院院长（1988-1994年）

吕飞杰
中国农业科学院院长兼
研究生院院长（1995-2001年）

翟虎渠
中国农业科学院院长兼
研究生院院长（2001年至今）

杨忠源
党委书记、常务副院长
（1984-1995年）

王汝谦
党委书记、常务副院长
（1995-1999年）

章力建
中国农业科学院党组成员、
研究生院常务副院长（2001-2003年）

韩惠鹏
党委书记、常务副院长
（2003年至今）

现任领导班子合影：院长翟虎渠（右二），党委书记兼常务副院长韩惠鹏（左二），党委副书记兼副院长王秀玲（右一），副院长刘荣乐（左一）。

中国农业科学院研究生院全体教职工合影

授予学位仪式

研究生毕业典礼

博士研究生毕业合影

获全国学位与研究生教育管理工作先进集体

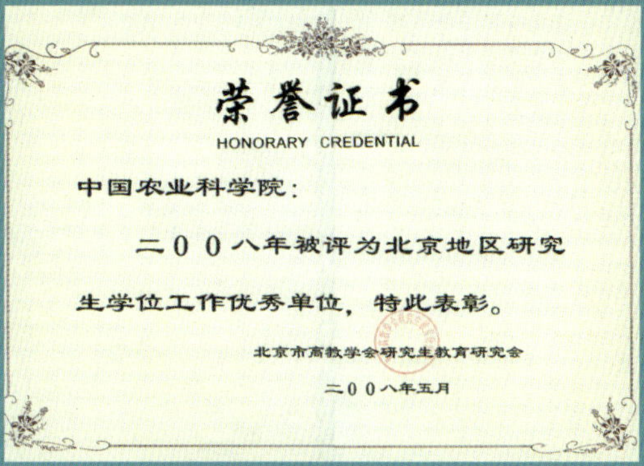

获北京地区研究生学位工作优秀单位

获北京市研究生招生工作突出贡献奖

获北京地区学位与研究生教育管理先进集体

获中央国家机关“巾帼建功”先进集体

获中国农业科学院先进基层党委

获中央国家机关五四红旗团委

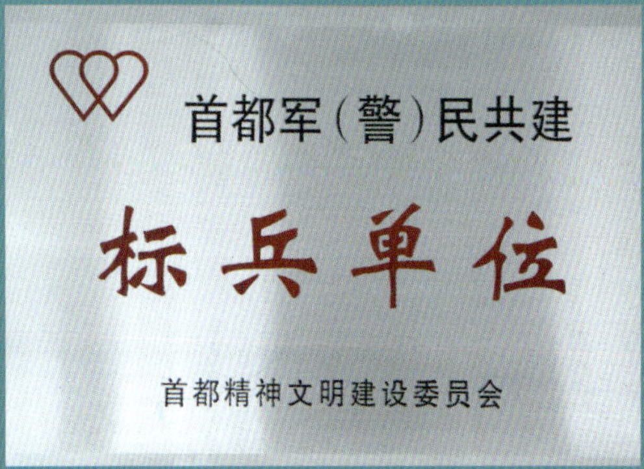

获首都军（警）民共建标兵单位

院士为研究生学术节作报告

纪念“一二·九”运动大合唱比赛

举办“博士下乡送科技”活动

中美学生联欢

师生运动会

天安门广场宣誓

中国农业科学院
研究生院志

（1979–2009）

中国农业科学院研究生院 编

中国农业科学技术出版社

图书在版编目（CIP）数据

中国农业科学院研究生院志：1979～2009/中国农业科学院研究生院编．—北京：中国农业科学技术出版社，2009
ISBN 978-7-5116-0056-1

Ⅰ．中… Ⅱ．中… Ⅲ．中国农业科学院研究生院-概况-1979～2009 Ⅳ．S-24

中国版本图书馆 CIP 数据核字（2009）第 174634 号

责任编辑 梅 红 鲁卫泉
责任校对 贾晓红

出版发行 中国农业科学技术出版社
北京市中关村南大街 12 号 邮编：100081
电 话 （010）82106630（编辑室）（010）82106624（发行部）
（010）82109703（读者服务部）
传 真 （010）82106636
社 网 址 http://www.castp.cn
经 销 新华书店北京发行所
印 刷 北京华忠兴业印刷有限公司
开 本 787 mm×1092 mm 1/16
印 张 14.5
字 数 330 千字
版 次 2009 年 10 月第 1 版 2009 年 10 月第 1 次印刷
定 价 70.00 元

《中国农业科学院研究生院志（1979—2009）》

编　委　会

凡例

一、本志以邓小平理论和“三个代表”重要思想为指导，坚持实事求是的科学态度，概要地记述了中国农业科学院研究生院的创立、建设与发展；鲜明地突出了中国农业科学院研究生教育的特色；系统地记载了建院以来的重要活动，领导体制的变化与更替，组织机构的沿革与发展；全面地总结了研究生院学科建设、招生与就业、教学与培养、学位授予、专业学位、国际合作与交流、科研工作与科技培训服务、条件建设、行政管理、党群工作、校园文化与精神文明建设的成就。

二、本志是一部纵不断线、横不缺项的完整志书，做到以横为主，研究生教育按各环节排列，行政管理按各职能部门分类，横中有纵，纵横结合，分章、节、目三个层次编排，以史料为依据，如实反映和记述。

三、本志时间断限：上限从1979年建院时开始记述，下限截至2009年6月底。时间记述的原则是日无考记月，月无考记年。

四、本志采用记叙与论述相结合的文体，运用现代汉语和国家规定的标准化汉字；文风力求科学、严谨、朴实，语言文字力求简洁、精炼、流畅。

五、本志采用公元纪年，年份、年代和世纪一律使用阿拉伯数字标识。

六、本志数字用法按国家技术监督局颁布实施的《出版物上数字用法的规定》为依据。外国人名或地名用原名或中文译名。

七、本志的计量单位采用中华人民共和国法定计量单位。

八、本志附录部分，列出了1979～2009年中国农业科学院博士研究生、硕士研究生分专业招生情况，研究生院职工名单，获先进称号人员名单，政府特殊津贴获得者。

九、本志的资料来源于研究生院档案、中国农业科学院志、学位与研究生教育资料汇编、访谈记录等，书中均未标明出处。

序

值此中华人民共和国成立60周年大庆之际，中国农业科学院研究生院迎来建院30周年的喜庆日子。作为向国庆和院庆的献礼，《中国农业科学院研究生院志（1979—2009）》（以下简称《院志》），几经斟酌，数易其稿，终于面世。《院志》凝聚了几代中国农业科学院人创办研究生教育的智慧和汗水，是中国农业科学院研究生教育事业30年风雨砥砺的真实写照，是我们借鉴历史、鉴往察今、开拓创新的重要篇章。

1979年，乘着改革的春风，中国农业科学院研究生院按照中央关于研究生教育的精神，在农业部领导的批示下成立。如今而立之年，抚今追昔，我们感慨万千。从建院初期的活动板房，到宽敞明亮、设施齐全的研究生宿舍大楼；从借用办公室，到实现全方位的办公自动化；从“农场大教室”，到管理规范、满足多样化教学需求的教学楼；从第一届的46名硕士研究生新生，到2009年硕士、博士研究生共近800人入学，研究生院凭借着她的坚毅和顽强，走过了一条艰辛、坎坷的发展之路，在教育改革的大潮中，劈波斩浪，奋勇向前。

30年来，在农业部和中国农业科学院的领导与关怀下，在院属各研究所的积极支持和配合下，研究生院全体职工齐心协力，无私奉献，拼搏奋斗，如今实现了研究生教育事业的跨越式发展：招生规模逐年扩大，学科建设日趋完善，培养质量不断提高，国际合作日益增强，管理工作成效显著。1999年中国农业科学院研究生院被教育部和国务院学位委员会授予“全国学位与研究生教育管理先进集体”称号。2002年以来，研究生院以农学门类第一名连续七年荣列“中国一流研究生院”，这些荣誉是中国农业科学院人的骄傲，也是对我院研究生教育工作的肯定。

30年来，研究生院从小到大，从弱到强，在探索中发展，在改革中前进；30年来，研究生院人辛勤劳作，默默耕耘，在实践中提高，在笑声中收获。面对新时期教育事业千帆竞发、百舸争流之势，研究生院人将继续以饱满的热情、昂扬的斗志、务实的精神、踏实的作风投入到学习和工作中去，践行“明德格物、博学笃行”的校训理念，秉承“汇纳百川、止于至善”的农科精神，立足现在，面向未来，追求“高层次、研究型、国际化、有特色”的办学模式，努力把研究生院建设成为国内一流、国际知名的培养和造就高层次农业科技人才的重要基地。

回首往昔，光荣与赞美为研究生院的发展树起一座不朽丰碑；展望未来，希望与梦想成为我们努力奋斗的不竭动力。藉此《院志》付梓之际，让我们以史为鉴，通过对历史的回顾与反思，明得失、知功过，团结一心，努力奋斗，再创研究生院辉煌的明天！

中国农业科学院院长

二〇〇九年九月

目　录

CONTENTS

第一章
组织机构沿革

第一节　研究生院的筹建与成立

中国农业科学院研究生院的筹建工作从1978年开始。1978年，党的十一届三中全会胜利召开，全党和全国的工作重点转移到以经济建设为中心的轨道，实施改革开放的战略决策。教育部（78）教高字031号文“关于中央各部委编报直属研究机构一九七八年研究生招生计划的通知”，专门发送中央各部委。文件指出，“在党中央亲切关怀下，被‘四人帮’破坏中断多年的研究生制度，现在已告恢复……我们希望中央各部委直属研究院（所）能在保证质量、择优录取的前提下，承担起培养研究生的任务。凡是培养研究生具备条件的部属研究机构，一九七八年可以试招研究生。如决定今年招生，请按附表格式编制计划于元月二十五日前送我部。”

1978年1月20日，农林部将此文件批转给中国农林科学院（1970年8月至1978年3月期间中国农业科学院与中国林业科学研究院合并为中国农林科学院），建议招收研究生。中国农林科学院由科研部召集各业务处进行研究，并作了调查。1月23日，科研部向中国农林科学院核心小组做了书面汇报，“我们认为招收研究生是适应社会主义革命和农业现代化的需要，加速社会主义建设，培养高水平的又红又专人才的重要途径。我院过去虽未培养过研究生，但应以积极的态度创造条件，承担起培养研究生的任务。可以考虑从今年起试招。据我们从农作物所、原子能所和即将收回的作物所了解，并经这些所的有关领导研究，都有一些研究人员适于指导研究生。如农作物所的李竞雄、邱式邦、曹骥、林世成；原子能所的徐冠仁、尹莘耘、尤崇杓等；养猪所郑丕留、刘金旭、程绍迥等；作物所部分领导同志研究，认为祖德明、庄巧生、鲍文奎也适合带研究生。”书面汇报对招收研究生的工作提出了三点具体的建议：“一、由于研究生入学后要立即开始政治、第一或第二外语、基础课（如生理、生化等）和专业课的学习，我院本身不能完全解决这些问题，应请示农林部，可否到中国科技大学或华北农大（现中国农业大学）的研究生院学习。二、应立即成立一个专门机构，负责研究生的招收和培养管理等工作，设在政治部或科研部，或直接由院核心小组领导。三、立即由这个专门机构（研究生办公室）着手办理招生准备工作，组织起草招生简章、导师名单的确定……由于通知上指出‘如决定今年招生，要在本月二十五日前报送招生计划’，因此时间极为紧迫，请核心小组研究决定。”1月23日，中国农林科学院副院长张维城当即作出批示：“今年先由京内各所招收一些研究生，积累经验，以科研部为主与政治部、办公室组织专门班子，即行招生准备。”1 月 24 日，中国农林科学院政治部赵启农主任批示“同意成立专门班子具体筹办此事”。后与农林部科教局联系，因报名已经截止，同时基础理论课等尚未落实，部里认为，本年度招生条件不具备，1978 年暂不招生。

1979 年 1 月 2 日，中国农业科学院科研部宣教处起草了“关于我院筹建研究生院工作的一些意见”，再次呈报金善宝院长、张维城与何光文副院长。同时，结合中国农业科学院实际情况，科研部还起草了《中国农业科学院培养研究生工作暂行条例（草案）》，报领导研究、审阅。1 月 13 日，中国农业科学院向中华人民共和国农林部呈报了“关于成立中国农业科学院研究生院的报告”（农科院［科］字第 5 号文）：根据教育部、国家计委、国家科委（78）教高二字第 1346 号文中关于“中央各部委和各地方的研究机构，凡是有条件的应该积极招收研究生”的精神，中国农业科学院决定 1979 年成立中国农业科学院研究生院，并于当年招收研究生。1 月 17 日，时任农林部副部长何康批示：“拟同意成立研究生院，规模可由小到大，基础课可借助农大力量与农大合办。”1 月 18 日，张根生副部长批示：“同意，早办为好。”根据农林部领导的批示，中国农业科学院研究生院随即宣告成立。

中国农业科学院科研部于 1979 年 3 月 8 日对建好研究生院的工作做出详细规划，4 月 3 日编制《一九七九年研究生院事业费预算报告》。6 月 12 日，“中国农业科学院研究生院”印章正式启用（中国农业科学院［办］字第 151 号文）。8 月 8 日，《中国农业科学院研究生院建院方案及基本建设计划任务书》正式上报农业部（中国农业科学院文件［科］字第 242 号）。9 月，通过参加全国研究生统一招生考试和录取工作，最后经农业部批准，首批招收硕士研究生 46 名，1979 年 8 月 25 日，中国农业科学院研究生院正式开学。

1986 年，中国农业科学院（86）农科院（人）字第 35 号文件明确研究生院为地、师级科研、技术单位。1994 年 12 月 31 日，中央机构编制委员会办公室文件《关于中国农业科学院院部及下属单位的机构编制的批复》（中编办［1994］265 号）核准：中国农业科学院研究生院事业编制 55 人。

第二节　历届领导

1980 年 7 月，经农业部党组批准，任命中国科学院学部委员（院士）、中国农业科学院院长金善宝兼研究生院院长（［1980］农科［人事］292 号文），此后，研究生院历任院长均由中国农业科学院院长兼任。同年，任命中国农业科学院副院长鲍贯洛兼研究生院副院长，任命中国科学院学部委员（院士）、中国农业科学院副秘书长戴松恩兼研究生院副院长（［80］农科［人］字第 202 号文）。1980 年 1 月，农业部党组正式任命科研部副主任章一华为研究生院教务长（负责日常工作）（农业部党组［1980］第 4 号文）。至此，首届中国农业科学院研究生院领导班子配齐，为今后顺利开展工作打下基础。

第二届院长卢良恕（1984年10月至1988年4月），副院长戴松恩、杨忠源（主持工作）。第三届院长王连铮（1988年4月至1995年6月），副院长杨忠源（主持工作）、王振漪。1989年7月，任命杨忠源为研究生院常务副院长（正所级），此后，研究生院日常工作由常务副院长负责。第四届院长吕飞杰（1995年6月至2001年8月），常务副院长王汝谦，副院长曹国印、李祥义；1999年5月后，王汝谦退休，李祥义调离，副院长曹国印主持日常行政工作，副书记王秀玲、副院长陆庆光。第五届院长翟虎渠（2001年8月至今），常务副院长章力建，副书记、副院长王秀玲，副院长陆庆光；2003年5月，韩惠鹏调任研究生院副院长，同年6月，章力建调离，韩惠鹏主持工作并于12月任常务副院长，副书记、副院长王秀玲，副院长陆庆光。2005年12月，陆庆光退休，副院长刘荣乐调任。

表1-1 中国农业科学院研究生院历届领导变更情况

届 别	职 务	姓 名	任 期	任命批准文号
第一届	中国农业科学院院长兼研究生院院长	金善宝	1980.6—1984.10	[80] 农科院（人）字第292号
	中国农业科学院副院长兼研究生院副院长	鲍贯洛	1980.6—1983.12	[80] 农科院（人）字第202号
	中国农业科学院副秘书长兼研究生院副院长	戴松恩	1980.6—1987.7	[80] 农科院（人）字第202号
	教务长	章一华	1980.1—1983.3	中共农业部党组 [1980] 第4号
	副院长 党支部书记	杨忠源	1984.1—1989.6	[84] 农科发字第7号
第二届	中国农业科学院院长兼研究生院院长	卢良恕	1984.10—1988.4	农发字 [1984] 第230号
	中国农业科学院副秘书长兼研究生院副院长	戴松恩	1980.6—1987.6	[80] 农科院（人）字第202号
	副院长 党支部书记	杨忠源	1984.1—1989.6	[84] 农科发字第7号
第三届	中国农业科学院院长兼研究生院院长	王连铮	1988.4—1995.6	[88] 农科发字第36号
	常务副院长	杨忠源	1989.7—1995.6	[89] 农科发字第32号
	副院长	王振漪（女）	1991.4—1995.6	[91] 农科发字第24号
	教务长（副所级）	毛国良	1993.4—1996.4	[93] 农科发字第11号
	党委副书记（主持党委工作）		1994.7—1995.5	[94] 农科发字第36号
第四届	中国农业科学院院长兼研究生院院长	吕飞杰	1995.6—2001.8	[95] 农科发字第（20）号
	常务副院长兼党委书记	王汝谦	1995.6—1999.5	[95] 农科发字第（20）号
	副院长	曹国印	1995.6—2001.7	[95] 农科发字第（20）号
	副院长	李祥义	1995.6—1999.5	[95] 农科发字第（20）号
	党委副书记（主持党委工作）	王秀玲（女）	1999.5—2003.5	农科院党组发 [1999] 23号

续表

届 别	职 务	姓 名	任 期	任命批准文号
第四届	副院长	陆庆光	1999. 5—2005. 12	农科院党组发［1999］23号
第五届	中国农业科学院院长兼研究生院院长	翟虎渠	2001. 8—	农科院党组发（2001）第40号
	常务副院长	章力建	2002. 1—2003. 6	农科院党组发（2002）第2号
	党委副书记 副院长	王秀玲（女）	1999. 5— 2002. 7—	农科院党组发（2002）第38号
	副院长	陆庆光	1999. 5—2005. 12	农科院党组发［1999］23号
	副书记兼副院长	韩惠鹏	2003. 5—2003. 11	农科院党组发［2003］15号
	党委书记兼常务副院长	韩惠鹏	2003. 12—	农科院党组发［2003］66号
	副院长	刘荣乐	2005. 12—	农科院任字［2005］第17号

第三节　机构历史沿革

1979年1月13日，中国农业科学院以（科）字第5号文正式向农林部申请成立中国农业科学院研究生院，经何康、张根生等有关部领导签发批准成立，由中国农业科学院科研部负责筹建，并于当年招生。

1981年8月，中国农业科学院批准成立研究生院教务处和总务处并启用教务处和总务处印章。教务处主要负责招生、培养、学位授予和教务管理工作，下设外语教学组、教材室、教务组。总务处主要负责行政和后勤管理工作。

1985年增设办公室，主要负责行政、人事、党务、文秘、学生管理、毕业分配等工作。

1991年12月，为加强政治思想教育工作，将总务处合并到办公室。同时成立党办人事处，学生工作归党办人事处管理。教务处职能增加了博士后流动站管理。1993年4月，研究生院临时党委扩大会议研究决定，为加强学生管理工作，提高教学质量，成立研究生管理处，党办人事处与办公室合署办公，对外统称办公室。各处室职能进行了适当调整。其中教务处主要负责招生、培养、教学管理、学位授予等工作，下设外语教研室、生化教研室、生物技术教研室。办公室主要负责行政、党务、人事、财务等工作。研究生管理处主要负责学籍管理、学生党团组织、招生、分配、博士后流动站管理等工作。

1996年3月，经［96］农科（人干）字第40号文批准，研究生管理处更名为“研究生工作处”，教务处更名为“研究生培养处”，党办人事处与办公室分开设置，共4个职能机构。在研究生院的实际运行中，党办人事处与办公室仍合署办公，对外称办公室。

2003 年上半年，根据中国农业科学院关于深化人事制度改革的相关要求，研究生院实行了全员竞聘上岗人事制度改革，中国农业科学院人事局农科人干［2003］35 号《关于同意研究生院内设机构设置的批复》，同意研究生院成立4 个处室，核定处级干部职数为8 个。研究生院在京区中国农业科学院属单位公开招聘了处级干部。4 个处室及主要职能如下：

办公室主要负责党务、人事、行政和财务等日常管理工作。培养处主要负责研究生教学与培养，外事活动，学位授予和学科建设、实验室建设、教师队伍建设及科研工作。研究生工作处主要负责研究生招生，学籍管理，就业指导，博士后以及研究生党、团、研究生会工作。培训服务中心主要负责全院的教职员工培训、物业管理、开发、后勤服务、基建及学生宿舍的管理工作。

2005 年 2 月，为进一步加强学科建设，规范学位管理工作，中国农业科学院人事局批复（农科人干［2005］2 号）；同意增设学位办公室为研究生院正处级机构，并增加 1 名处级干部职数。2 月，研究生院将培养处学位与学科建设的职能调整到学位办公室，调整后的培养处负责教学、培养、实验室建设和教务管理工作，学位办公室负责学位和学科建设、专业学位教育、外事、导师队伍建设和科研工作，其他处室职能不变。研究生院职能处室由 4 个变更为 5 个：办公室、培养处、学位办公室、研究生工作处、培训服务中心。

2006 年，随着研究生院招生规模不断扩大，学生管理和招生工作要求越来越严格，工作量加大。为更好地适应规模发展的要求，提高管理水平，进一步做好招生工作，同年 10 月，经中国农业科学院人事局农科人干函［2006］82 号文批准，研究生院增设招生就业处，增加处级干部职数 2 个。将研究生工作处部分职能调整到招生就业处，调整后的研究生工作处负责研究生学籍和博士后管理工作，负责研究生党、团建设和研究生会工作。招生就业处负责研究生招生、录取、就业指导、派遣等工作。其他处室名称、职能不变。调整后，中国农业科学院研究生院内设机构数共 6 个：办公室、培养处、学位办公室、研究生工作处、招生就业处、培训服务中心。

2009 年 7 月，随着研究生院专业学位教育工作的不断发展，经中国农业科学院人事局农科人干函［2009］72 号文批复，同意研究生院成立专业学位教育处，处级干部职数由 11 名增加到 13 名。研究生院将学位办公室的专业学位教育职能调整到专业学位教育处，调整后的学位办公室负责学位和学科建设、留学生教育与国际合作、科研管理工作。专业学位教育处负责专业学位教育从招生到答辩的全过程管理和专业学位教学分支机构管理，包括培训工作。

表 1－2　各职能部门机构沿革（1981—2009）

机构设置年份	机构名称	负责人职务	负责人姓名	任职时间	备　注
1981 年	教务处	处　长	潘　哲	1981. 5—1986. 5	
	总务处	处　长	石坚竖	1981. 8—1985. 12	
		副处长	颜翠柏（女）	1983. 5—1985. 5	
		副处长	金莘农	1985. 5—1991. 11	

续表

机构设置年份	机构名称	负责人职务	负责人姓名	任职时间	备　注
1985 年	教务处	处　长	潘　哲	1981. 5—1986. 5	
	办公室	副主任	颜翠柏（女）	1985. 6—1987. 10	增设办公室
	总务处	处　长	石坚竖	1981. 8—1985. 12	
		副处长	金莘农	1985. 5—1991. 11	
1991 年	教务处	处　长	毛国良	1986. 6—1993. 4	1988 去河南挂职
		副处长	王秀玲（女）	1988. 7—1993. 3	主持工作
	办公室	主　任	陈新华	1987. 10—1996. 7	原总务处并入办公室
		副主任	王文录	1988. 9—1996. 6	
	党办人事处	处　长	金莘农	1991. 11—1994. 12	增设党办人事处
		副处长	邓庆海	1991. 11—1992. 9	
1993 年	教务处	处　长	曹国印	1993. 4—1995. 6	
		副处长	张汝悌（女）	1993. 4—1996. 6	
	办公室	主　任	陈新华	1987. 10—1996. 7	原党办人事处并入办公室
		主　任	金莘农	1994. 12—1995. 3	
		副主任	王文录	1988. 9—1996. 6	
	研究生管理处	副处长	王秀玲（女）	1993. 4—1994. 12	增设研究生管理处（1993. 4）
1996 年	研究生培养处	处　长	张汝悌（女）	1996. 6—2003. 6	原教务处更名为：研究生培养处
		副处长	李　信	1996. 6—2000. 1	
		副处长	王春霞（女）	1996. 6—2005. 1	
	研究生工作处	处　长	王秀玲（女）	1994. 12—1996. 1	原研究生管理处更名为：研究生工作处（1996. 3）
		副处长	于子荣（女）	1996. 6—2006. 10	
	办公室	主　任	陈新华	1987. 10—1996. 7	
		主　任	王文录	1996. 6—1999. 9	
		副主任	彭丽芳（女）	1996. 6—2002. 7	
1999 年	培养处	处　长	张汝悌（女）	1996. 6—2003. 6	
		副处长	王春霞（女）	1996. 6—2005. 1	
		副处长	李　信	1996. 6—2000. 3	
		副处长	蒋希文	2000. 1—2003. 6	
	工作处	副处长	于子荣（女）	1996. 6—2006. 10	
	办公室	主　任	王文录	1996. 6—1999. 9	
		副主任	刘永杰	2000. 1—2003. 5	
		副主任	彭丽芳（女）	1996. 6—2002. 7	
		副主任	赵庆慧	2002. 7—2003. 5	
2003 年	办公室	主　任	赵庆慧	2003. 6—2005. 12	
		副主任	李志平（女）	2003. 6—2006. 10	

续表

机构设置年份	机构名称	负责人职务	负责人姓名	任职时间	备　注
2003 年	培养处	副处长	王春霞（女）	1996. 6—2005. 1	王春霞主持工作
		副处长	罗长富	2003. 6—2005. 8	
	研究生工作处	处　长	孙　红（女）	2003. 6—2006. 10	
		副处长	于子荣（女）	1996. 6—2006. 10	
	培训服务中心	主　任	刘永杰	2003. 6—	增设培训服务中心
		副主任	王凤忠	2003. 6—2005. 1	
2005 年	办公室	主　任	赵庆慧	2003. 6—2005. 12	
		副主任	李志平（女）	2003. 6—2006. 10	
	培养处	处　长	王春霞（女）	2005. 2—	
	学位办	主　任	罗长富	2005. 9—	
		副主任	王凤忠	2005. 2—2009. 6	
	研究生工作处	处　长	孙　红（女）	2003. 6—2006. 10	
		副处长	于子荣（女）	1996. 6—2006. 10	
	培训服务中心	主　任	刘永杰	2003. 6—	
2006 年	办公室	主　任	李志平（女）	2006. 11—	
	培养处	处　长	王春霞（女）	2005. 2—	
		副处长	汪勋清	2006. 7—	
	学位办	主　任	罗长富	2005. 9—	
		副主任	王凤忠	2005. 2—2009. 6	
	研究生工作处	处　长	于子荣（女）	2006. 11—	
	招生就业处	处　长	孙　红（女）	2006. 11—	
	培训服务中心	处长	刘永杰	2003. 6 —	
2009 年	办公室	主　任	李志平（女）	2006. 11—	
	培养处	处　长	王春霞（女）	2005. 2—	
		副处长	汪勋清	2006. 7—	
	学位办	主　任	罗长富	2005. 9—	
	专业学位教育处	副处长	王凤忠	2009. 7—	主持工作
	研究生工作处	处　长	于子荣（女）	2006. 11—	
	招生就业处	处　长	孙　红（女）	2006. 11—	
	培训服务中心	处　长	刘永杰	2003. 6—	

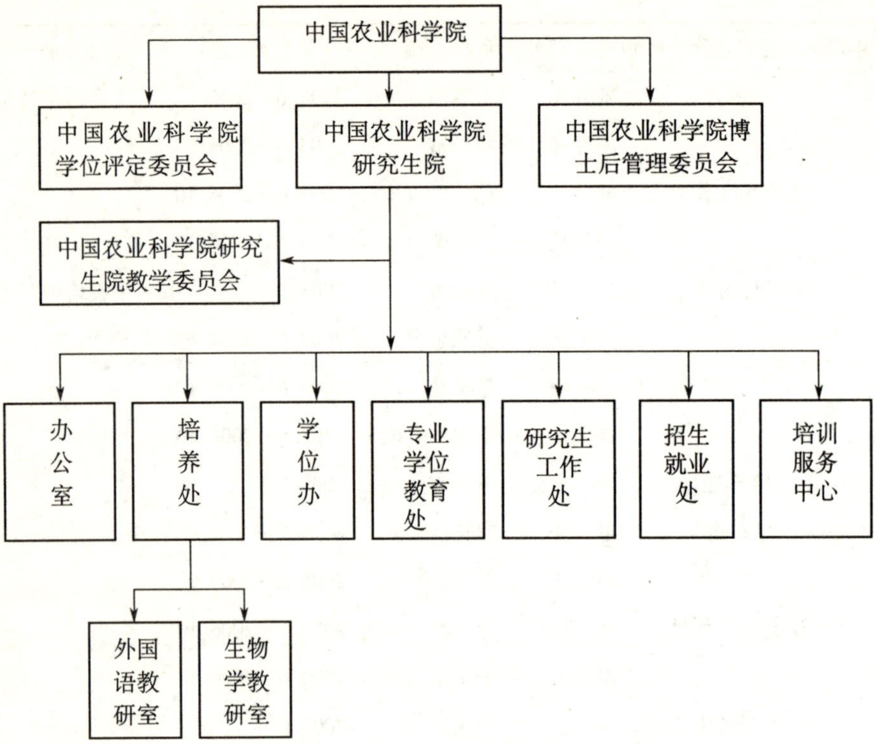

图1－1　中国农业科学院研究生教育组织架构

第二章
学科建设

第一节　学科专业设置

一、博士学位授权学科专业

1981年11月，国务院批准首批博士学位授予单位及其学科、专业和指导教师名单。中国农业科学院获得作物遗传育种、作物营养与施肥、昆虫学3个专业的博士学位授权。

1984年1月，中国农业科学院获得动物营养学、兽医寄生虫学与寄生虫病学2个专业的博士学位授权（国务院学位委员会（84）学位字002号文）。

1986年7月，中国农业科学院获得蚕业、农业生物物理学、农业经济及管理、传染病学与预防兽医学3个专业的博士学位授权（国务院学位委员会（86）学位字011号文《关于下达第三批博士和硕士学位授予单位名单的通知》）。

1993年12月，中国农业科学院获得植物病理学和饲料科学2个专业的博士学位授权（国务院学位委员会学位［1993］39号文《关于下达第五批博士和硕士学位授权学科、专业点名单的通知》）。

1996年4月，中国农业科学院获得蔬菜学专业的博士学位授权（国务院学位委员会学位［1996］12号文《关于下达第六批博士和硕士学位授权学科、专业点名单的通知》）。

1998年6月，中国农业科学院获得植物保护一级学科的博士学位授权（国务院学位委员会学位［1998］44号文《关于下达第七批博士和硕士学位授权学科专业名单的通知》）。

2000年12月，中国农业科学院获得作物学一级学科和生物化学与分子生物学二级学科的博上学位授权（国务院学位委员会学位［2000］57号文《关于下达第八批博士和硕士学位授权学科、专业名单的通知》）。

2003年7月，中国农业科学院获得农业资源利用、农林经济管理2个一级学科以及土壤学、农业水土工程、动物遗传育种与繁殖、茶学4个二级学科的博士学位授权（学位中心［2003］27号文《关于第九次博士学位授权审核通讯评议结果的通知》）。

2006年，中国农业科学院获得园艺学、畜牧学、兽医学3个一级学科的博士学位授权（国务院学位委员会学位［2006］3号文《关于下达第十批博士和硕士学位授权学科、专业名单的通知》)。

根据国务院学位委员会《关于做好博士学位授权一级学科范围内自主设置学科、专业工作的几点意见》（学位［2002］47号）的精神，2002～2006年，中国农业科学院在具有博士学位授权的一级学科内自主设置了23个具有博士、硕士学位授权的学科专业（表2－1）。

表2－1 中国农业科学院博士学位授权点（截至2009年8月）

学科门类	一级学科名称（代码）	二级学科名称（代码）	批准年份或自主设置年份
理学	生物学（0710）	生物化学与分子生物学（071010）	2000
		生物物理学（071011）	1986
工学	农业工程（0828）	农业水土工程（082802）	2003
农学	*作物学（0901）	作物栽培学与耕作学（090101）	2000
		作物遗传育种（090102）	1981
		#作物种质资源学（090120）	2002
		#农产品质量与食物安全（090121）	2002
		#作物生态学（090122）	2002
		#作物信息科学（090123）	2002
		#作物气象学（090124）	2002
		#药用植物资源学（090125）	2004
	*园艺学（0902）	果树学（090201）	2006
		蔬菜学（090202）	1996
		茶学（090203）	2003
		#观赏园艺（090220）	2006
	*农业资源利用（0903）	土壤学（090301）	2003
		植物营养学（090302）	1981
		#农业水资源利用（090320）	2004
		#农业区域发展（090321）	2004
		#农业遥感（090322）	2004
		#草地资源利用与保护（090323）	2004
	*植物保护（0904）	植物病理学（090401）	1993
		农业昆虫与害虫防治（090402）	1981
		农药学（090403）	1998
		#杂草科学（090420）	2002
		#病虫测报（090421）	2002
		#生物安全（090422）	2002
		#农业微生物（090423）	2002

续表

学科门类	一级学科名称（代码）	二级学科名称（代码）	批准年份或自主设置年份
农学	*畜牧学（0905）	动物遗传育种与繁殖（090501）	2003
		动物营养与饲料科学（090502）	1984
		草业科学（090503）	2006
		特种经济动物饲养（含：蚕、蜂等）（090504）	1986
		#动物信息科学（090520）	2006
	*兽医学（0906）	基础兽医学（090601）	2006
		预防兽医学（090602）	1984
		临床兽医学（090603）	2006
		#中兽医学（090620）	2006
		兽药学（090621）	2006
管理学	*农林经济管理（1203）	农业经济管理（120301）	1986
		#农业资源与环境经济学（120320）	2004
		#农产品贸易（120321）	2004
		#农业技术经济（120322）	2004
		#农业信息管理学（120323）	2004
		#农业经营管理（120324）	2004

注：1. 带*者为博士学位授权一级学科；
2. 带#者为自主设置学科专业。

二、硕士学位授予学科专业

1981 年 11 月，经国务院批准，中国农业科学院获得作物遗传育种、作物营养与施肥、昆虫学、作物栽培学与耕作学、微生物学、蚕桑学、生物物理学、植物病理学、饲料科学、农业经济及管理、动物繁殖学、动物生产学、动物营养学、传染病学与预防兽医学和兽医寄生虫学与寄生虫病学 15 个专业的硕士学位授权。

1984 年 1 月，中国农业科学院获得蔬菜学、土壤学、农业气象学、茶学、野生动物和农业史 6 个专业的硕士学位授权（国务院学位委员会（84）学位字［002］号文）。

1986 年 7 月，中国农业科学院获得果树学、农业系统工程及管理工程、农药学、农业水土工程、禽病学、兽医微生物学与免疫学、中兽医学和兽医病理学 8 个专业的硕士学位授权（国务院学位委员会［86］学位字 011 号文《关于下达第三批博士和硕士学位授予单位名单的通知》）。

1990 年 10 月，中国农业科学院获得草原科学、分子生物学和科技情报三个专业的硕士学位授权（国务院学位委员会学位［1990］029 号文）。

1998 年 6 月，中国农业科学院获得生态学、环境工程、农产品加工及贮藏工程三个专业的硕士学位授权（北京市学位委员会学位［1998］007号文）。

2003年7月，中国农业科学院获得情报学专业的硕士学位授权（北京市学位委员会京学位［2003］5号文）。

2006年，中国农业科学院获得环境科学与工程、园艺学、畜牧学、兽医学四个一级学科以及农业机械化工程、农业生物环境与能源工程和食品科学三个专业的硕士学位授权（国务院学位委员会京学位［2006］3号文《关于下达第十批博士和硕士学位授权学科、专业名单的通知》）。同时，根据“具有博士一级学科授权的学科专业自动具有硕士一级学科授权”有关文件精神，至此中国农业科学院具有8个一级学科的硕士学位授权。当年中国农业科学院同时获得具有农业推广硕士专业学位和兽医硕士专业学位两个授权点。

按照国务院学位办（86）学位办字［041］号文通知，1987年中国农业科学院在作物遗传育种、昆虫学、农业气象学等3个学位授权专业进行在职人员申请硕士学位的试点工作。1990年经国务院学位办检查验收全部合格，授予首批共9名在职人员以研究生毕业同等学力申请的硕士学位。随后积极申报扩大授权范围，1991年9月，国务院学位办（1991）34号文批准中国农业科学院在24个学位授权专业开展在职人员以研究生毕业同等学力申请硕士学位工作。这24个专业是：作物栽培学与耕作学、作物遗传育种、蔬菜学、作物营养与施肥、果树学、蚕桑学、土壤学、应用气象学、茶学、植物病理学、昆虫学、农药学、生物物理学、微生物学、农业水土工程、农业经济及管理、野生动物、饲料科学、动物营养学、动物繁殖学、动物生产学、传染病学与预防兽医学、中兽医学和兽医寄生虫学与寄生虫病学。

表2-2　中国农业科学院硕士学位授权点（截至2009年8月）

学科门类	一级学科名称（代码）	二级学科名称（代码）	批准（或设置）年份
理学	大气科学（0706）	气象学（070601）	1984
	生物学（0710）	微生物学（071005）	1981
		生物化学与分子生物学（071010）	1990
		生物物理学（071011）	1981
		生态学（071012）	1998
工学	农业工程（0828）	农业机械化工程（082801）	2006
		农业水土工程（082802）	1986
		农业生物环境与能源工程（082803）	2006
	*环境科学与工程（0830）	环境科学（083001）	2006
		环境工程（083002）	1998
	食品科学与工程（0832）	食品科学（083201）	2006
		农产品加工及贮藏工程（083203）	1998

续表

学科门类	一级学科名称（代码）	二级学科名称（代码）	批准（或设置）年份
农学	*作物学（0901）	作物栽培学与耕作学（090101）	1981
		作物遗传育种（090102）	1981
		#作物种质资源学（090120）	2002
		#农产品质量与食物安全（090121）	2002
		#作物生态学（090122）	2002
		#作物信息科学（090123）	2002
		#作物气象学（090124）	2002
		#药用植物资源学（090125）	2004
	*园艺学（0902）	果树学（090201）	1986
		蔬菜学（090202）	1984
		茶学（090203）	1984
		观赏园艺（090220）	2006
	*农业资源利用（0903）	土壤学（090301）	1984
		植物营养学（090302）	1981
		#农业水资源利用（090320）	2004
		#农业区域发展（090321）	2004
		#农业遥感（090322）	2004
		#草地资源利用与保护（090323）	2004
	*植物保护（0904）	植物病理学（090401）	1981
		农业昆虫与害虫防治（090402）	1981
		农药学（090403）	1986
		#杂草科学（090420）	2002
		#病虫测报（090421）	2002
		#生物安全（090422）	2002
		#农业微生物（090423）	2002
	*畜牧学（0905）	动物遗传育种与繁殖（090501）	1981
		动物营养与饲料科学（090502）	1981
		草业科学（090503）	1990
		特种经济动物饲养（含：蚕、蜂等）（090504）	1981
		#动物信息科学（090520）	2006
	*兽医学（0906）	基础兽医学（090601）	1986
		预防兽医学（090602）	1986
		临床兽医学（090603）	1986
		#中兽医学（090620）	2006
		#兽药学（090621）	2006
	林学（0907）	野生动物保护与利用（090705）	1984

续表

学科门类	一级学科名称（代码）	二级学科名称（代码）	批准（或设置）年份
管理学	管理科学与工程（1201）		1986
	*农林经济管理（1203）	农业经济管理（120301）	1981
		#农业资源与环境经济学（120320）	2004
		#农产品贸易（120321）	2004
		#农业技术经济（120322）	2004
		#农业信息管理学（120323）	2004
		#农业经营管理（120324）	2004
	图书馆、情报与档案学（1205）	情报学（120502）	2003

注：1. 带*者为硕士学位授权一级学科；
2. 带#者为自主设置学科专业。

第二节　导师队伍建设

一、导师遴选办法

中国农业科学院研究生院建院初期，因办学条件所限，只招收硕士研究生。硕士生导师由中国农业科学院各研究所（中心、室）按导师的条件从该单位科研人员中遴选，研究生院将各单位的招生计划表和研究生指导教师简况表汇总后，上报原农牧渔业部教育司审核，再由部教育司转报教育部、国家计委、国务院科技干部局审查批准。为了保证硕士研究生的培养质量，1987 年 2 月 11 日中国农业科学院学位评定委员会向中国农业科学院院属各研究所（中心、室）下发《关于做好硕士研究生导师条件审查的通知》（［87］农科［研生］字第 2 号），规定硕士研究生导师，应由所学术委员会评议，主管所长同意后经中国农业科学院学位评定委员会审查批准，方可招收硕士研究生。为使硕士生导师的遴选工作正常进行，根据 1989 年原国家教委、农业部教宣司有关会议精神，中国农业科学院学位评定委员会三届一次会议审批通过《中国农业科学院学位评定委员会关于硕士研究生指导教师试行办法》（［89］农科［研学位］字第 41 号），下发各研究所（中心、室）遵照执行。自 1995 年以来，硕士生导师采用研究所（中心、室）学术委员会审核，报研究生院学位办备案的管理制度。截至 2008 年，硕士生导师总数已逾 1000 名。

1985 年，研究生院开始招收博士研究生。前五批博士生导师经国务院或国务院学位委员会批准上岗招生。从 1995 年起，国务院学位办决定对博士生导师审批制度进行改革，不再由国务院学位委员会审批博士生导师，而由有博士学位授予权单位或其主管部门结合每年招收博士生计划，设置招生岗位，自主遴选博士生指导教师。据此，中国农业科学院学位评定委员会三届五次会议审议通过《中国农业科学院博士生导师遴选试行办法》（[95] 农科研 [学位] 字第18号），下发各研究所（中心、室）遵照执行。为规范管理，加强指导教师队伍建设，研究生院于2002年4月11日，将中国农业科学院学位评定委员会五届五次会议讨论通过的《中国农业科学院研究生指导教师工作条例（修订稿）》，下发中国农业科学院院属各研究所（中心、室）执行。

二、博士生导师队伍发展

1981年11月，国务院批准中国农业科学院首批博士生指导教师名单（表2-3）。

表2-3　首批博士生指导教师

姓　名	专业名称	就职单位
李竞雄	作物遗传育种	作物育种栽培研究所
鲍文奎	作物遗传育种	作物育种栽培研究所
戴松恩	作物遗传育种	研究生院
邱式邦	昆虫学	生物防治研究室
张乃凤	作物营养与施肥	土壤肥料研究所

1984年1月，国务院批准中国农业科学院第二批博士生指导教师名单（表2-4）。

表2-4　第二批博士生指导教师

姓　名	专业名称	就职单位
刘金旭	动物营养学	畜牧研究所
许绶泰	兽医寄生虫学与寄生虫病学	上海家畜血吸虫病研究所

1986年，国务院学位委员会第七次会议批准（国务院学位委员会 [86] 学位字011号和 [86] 学位字025号）中国农业科学院第三批博士生指导教师名单（表2-5）。

表2-5　第三批博士生指导教师

姓　名	专业名称	就职单位
吕鸿声	蚕业	蚕业研究所
尤崇杓	农业生物物理学	原子能利用研究所
牛若峰	农业经济与管理	农业经济研究所
吴大炘	农业经济与管理	农业经济研究所
沈荣显	传染病学与预防兽医学	哈尔滨兽医研究所
董玉琛	作物遗传育种	作物品种资源研究所

续表

姓　名	专业名称	就职单位
范云六	作物遗传育种	生物技术研究中心
刘更另	作物营养与施肥	土壤肥料研究所
王和民	动物营养学	畜牧研究所
张子仪	动物营养学	畜牧研究所
袁昌国	兽医寄生虫学与寄生虫病学	上海家畜血吸虫病研究所

1990 年，国务院学位委员会第九次会议批准（国务院学位委员会学位办［1990］053 号）中国农业科学院第四批博士生指导教师名单（表 2 – 6）。

表 2 – 6　第四批博士生指导教师

姓　名	专业名称	就职单位
郭予元	昆虫学	植物保护研究所
周大荣	昆虫学	植物保护研究所
熊振民	作物遗传育种	水稻研究所
王连铮	作物遗传育种	院办公室
闵绍楷	作物遗传育种	中国水稻研究所
吴玉澄	蚕桑学	蚕业研究所
林　葆	作物营养与施肥	土壤肥料研究所
刘志澄	农业经济及管理	农业经济研究所
卢景良	传染病学与预防兽医学	哈尔滨兽医研究所
陈宗懋	茶学	茶叶研究所
余开德	农田水土工程	灌溉研究所
李　博	生态学	草原研究所
何礼远	植物病理学	植物保护研究所
汤祊德	昆虫学	生物防治研究所
向仲怀	蚕桑学	蚕业研究所
赵志恭	动物营养	畜牧研究所

1993 年，国务院学位委员会第十二次会议批准（国务院学位委员会学位办（1993）60 号）中国农业科学院第五批博士生指导教师名单（表 2 – 7）。

表 2 – 7　第五批博士生指导教师

姓　名	专业名称	就职单位
周广和	植物病理学	植物保护研究所
苏加楷	饲料科学	畜牧研究所
霍启光	饲料科学	饲料研究所

续表

姓　名	专业名称	就职单位
方智远	作物遗传育种	蔬菜花卉研究所
辛志勇	作物遗传育种	作物育种栽培研究所
何斯美	蚕桑学	蚕业研究所
宋　未	生物物理学	原子能利用研究所
王琳清	生物物理学	原子能利用研究所
梅方权	农业经济及管理	科技文献信息中心
朱希刚	农业经济及管理	农业经济研究所
沈　杰	兽医寄生虫学与寄生虫病学	上海家畜寄生虫病研究所

1996 年，中国农业科学院学位评定委员会四届二次会议批准（[96] 农科院（研）字第166 号）1996 年新增博士生指导教师名单（表2－8）。

表 2－8　1996 年新增博士生指导教师

姓　名	专业名称	就职单位
凌忠专	作物遗传育种	作物育种栽培研究所
常汝镇	作物遗传育种	作物品种资源研究所
朱德蔚	作物遗传育种	蔬菜花卉研究所
汪若海	作物遗传育种	棉花研究所
应存山	作物遗传育种	中国水稻研究所
许泽永	作物遗传育种	油料研究所
贾士荣	作物遗传育种	生物技术研究中心
郭三堆	作物遗传育种	生物技术研究中心
杨怀文	昆虫学	生物防治研究所
黄大昉	植物病理学	植物保护研究所
成卓敏	植物病理学	植物保护研究所
金继运	作物营养与施肥	土壤肥料研究所
王　熹	作物营养与施肥	中国水稻研究所
庄大桓	蚕桑学	蚕业研究所
黄君霆	蚕桑学	蚕业研究所
黄季焜	农业经济及管理	农业经济研究所
冯海发	农业经济及管理	农业经济研究所
高振川	动物营养学	畜牧研究所
马志广	饲料科学	草原研究所
蔡幼民	兽医寄生虫病学与寄生虫病学	上海家畜寄生虫病研究所
徐宜为	传染病学与预防兽医学	哈尔滨兽医研究所

续表

姓　名	专业名称	就职单位
童光志	传染病学与预防兽医学	哈尔滨兽医研究所
谢庆阁	传染病学与预防兽医学	兰州兽医研究所
吴乃虎	作物遗传育种	中科院发育生物学研究所

1997 年，中国农业科学院学位评定委员会四届四次会议批准（农科院研生字［1997］373 号）1997 年新增博士生指导教师名单（表 2－9）。

表 2－9　1997 年新增博士生指导教师

姓　名	专业名称	就职单位
贾继增	作物遗传育种	作物品种资源研究所
陈　孝	作物遗传育种	作物育种栽培研究所
孙宗修	作物遗传育种	中国水稻研究所
黄可威	蚕桑学	蚕业研究所
罗绪刚	动物营养学	畜牧研究所
王　韧	昆虫学	生物防治研究所
倪汉祥	昆虫学	植物保护研究所
姚建仁	昆虫学	植物保护研究所
孙福在	植物病理学	植物保护研究所
吴立人	植物病理学	植物保护研究所
曹鸣庆	蔬菜学	北京市蔬菜中心
于康震	兽医学	哈尔滨兽医研究所

1998 年，中国农业科学院学位评定委员会四届六次会议批准（农科院研生字［1998］296 号）1998 年新增博士生指导教师名单（表 2－10）。

表 2－10　1998 年新增博士生指导教师

姓　名	专业名称	就职单位
何中虎	作物遗传育种	作物育种栽培研究所
黄大年	作物遗传育种	中国水稻研究所
郑康乐	作物遗传育种	中国水稻研究所
王汉中	作物遗传育种	油料研究所
冯兰香	蔬菜学	蔬菜花卉研究所
万方浩	害虫防治	生物防治研究所
汪　儆	饲料科学	畜牧研究所
常碧影	饲料科学	饲料研究所
卢欣石	饲料科学	草原研究所

续表

姓　名	专业名称	就职单位
何家禄	特种经济动物饲养	蚕业研究所
华　珞	生物物理学	原子能利用研究所
厉为民	农业经济管理	农业经济研究所

1999 年，中国农业科学院学位评定委员会四届八次会议批准（农科院研生字［1999］240 号）1999 年新增博士生指导教师名单（表 2－11）。

表 2－11　1999 年新增博士生指导教师

姓　名	专业名称	就职单位
徐惠君	作物遗传育种	作物育种栽培研究所
邱丽娟	作物遗传育种	作物品种资源研究所
周新安	作物遗传育种	油料研究所
吴孔明	农业昆虫与害虫防治	植物保护研究所
张志涛	农业昆虫与害虫防治	中国水稻研究所
夏敬源	农业昆虫与害虫防治	棉花研究所
王永健	蔬菜学	蔬菜花卉研究所
文　杰	动物营养与饲料科学	畜牧研究所
桂　荣	动物营养与饲料科学	草原研究所
蔡辉益	动物营养与饲料科学	饲料研究所
才学鹏	预防兽医学	兰州兽医研究所
张存根	农业经济管理学	农业经济研究所
张夫道	植物营养学	土壤肥料研究所

2000 年，中国农业科学院学位评定委员会五届一次会议批准 2000 年新增博士生指导教师名单（表 2－12）。

表 2－12　2000 年新增博士生指导教师

姓　名	专业名称	就职单位
程式华	作物遗传育种	中国水稻研究所
孔宪刚	预防兽医学	哈尔滨兽医研究所
李立会	作物遗传育种	作物品种资源研究所
李奕仁	特种经济动物饲养	蚕业研究所
林　敏	生物化学与分子生物学	生物技术研究所
刘德虎	生物化学与分子生物学	生物技术研究所
罗礼智	农业昆虫与害虫防治	植物保护研究所
屈冬玉	蔬菜学	蔬菜花卉研究所

续表

姓　名	专业名称	就职单位
唐华俊	农业经济管理	农业自然资源与农业区划研究所
王天宇	作物种质资源	作物品种资源研究所
徐　柱	动物营养与饲料科学	草原研究所
许越先	农业经济管理	院办公室
喻树迅	作物遗传育种	棉花研究所
张玉发	动物营养与饲料科学	畜牧研究所

2001 年，中国农业科学院学位评定委员会五届三次会议批准（农科院学位字［2001］178 号）2001 年新增博士生指导教师名单（表 2－13）。

表 2－13　2001 年新增博士生指导教师

姓　名	专业名称	就职单位
刘　旭	作物遗传育种	作物品种资源研究所
张世煌	作物遗传育种	作物育种栽培研究所
马有志	作物遗传育种	作物育种栽培研究所
熊和平	作物遗传育种	麻类研究所
李少昆	作物栽培学与耕作学	作物育种栽培研究所
刘杏忠	植物病理学	生物防治研究所
张维理	植物营养学	土壤肥料研究所
信乃诠	农业经济及管理	科技管理局
王明理	生物化学与分子生物学	作物品种资源研究所
曹雅忠	农业昆虫与害虫防治	植物保护研究所
雷仲仁	农业昆虫与害虫防治	植物保护研究所
刘光杰	农业昆虫与害虫防治	中国水稻研究所
孙日飞	蔬菜学	蔬菜花卉研究所
钱克明	农业经济管理学	农业经济研究所
蒋和平	农业经济管理学	农业经济研究所
潘一乐	特种经济动物饲养	蚕业研究所
杨福合	特种经济动物饲养	特产研究所
王加启	动物营养与饲料科学	畜牧研究所
李向林	动物营养与饲料科学	畜牧研究所
薛飞群	预防兽医学	上海家畜寄生虫病研究所
相文华	预防兽医学	哈尔滨兽医研究所
罗利军	作物遗传育种	中国水稻研究所

2002 年，中国农业科学院学位评定委员会五届五次会议批准（农科院研生字［2002］

3 号）2002 年新增博士生指导教师名单（表 2－14）。

表 2－14 2002 年新增博士生指导教师

姓 名	专业名称	就职单位
刘胜毅	作物遗传育种	油料研究所
钱 前	作物遗传育种	中国水稻研究所
赵开军	作物遗传育种	作物育种栽培研究所
肖世和	作物遗传育种	作物育种栽培研究所
刘秉华	作物遗传育种	作物育种栽培研究所
路铁刚	生物化学与分子生物学	生物技术研究所
翁跃进	作物遗传育种	作物品种资源研究所
张学勇	作物遗传育种	作物品种资源研究所
刘正初	生物化学与分子生物学	麻类研究所
杜永臣	蔬菜学	蔬菜花卉研究所
李 勇	生物物理学	原子能利用研究所
徐明岗	植物营养学	土壤肥料研究所
白由路	植物营养学	土壤肥料研究所
冯平章	农业昆虫与害虫防治	植物保护研究所
牛永春	植物病理学	植物保护研究所
王锡峰	植物病理学	植物保护研究所
汪三贵	农业经济管理	农业经济研究所
任天志	作物栽培学与耕作学	农业自然资源与农业区划研究所
王东阳	农业经济管理	农业自然资源与农业区划研究所
郭锡杰	特种经济动物饲养	蚕业研究所
张志芳	特种经济动物饲养	蚕业研究所
侯水生	动物营养与饲料科学	畜牧研究所
佟建明	动物营养与饲料科学	畜牧研究所
姚 斌	生物化学与分子生物学	饲料研究所
高秀华	特种经济动物饲养	饲料研究所
齐广海	动物营养与饲料科学	饲料研究所
柳纪省	预防兽医学	兰州兽医研究所
邱昌庆	预防兽医学	兰州兽医研究所
杨志强	预防兽医学	兰州畜牧与兽药研究所
林矫矫	预防兽医学	上海家畜寄生虫病研究所
曹殿军	预防兽医学	哈尔滨兽医研究所

2003 年，中国农业科学院学位评定委员会五届七次会议批准（农科院研生［2003］305 号）2003 年新增博士生指导教师名单（表 2－15）。

表 2 - 15　2003 年新增博士生指导教师

姓　名	专业名称	就职单位
叶志华	农产品质量与食品安全	科技管理局
黎志康	分子生物学与生物化学	作物育种栽培研究所
林辰涛	生物化学与分子生物学	作物育种栽培研究所
韩天富	作物遗传育种	作物育种栽培研究所
夏先春	作物遗传育种	作物育种栽培研究所
张增艳	作物遗传育种	作物育种栽培研究所
王晓鸣	植物病理学	作物品种资源研究所
曹永生	作物信息科学	作物品种资源研究所
景蕊莲	作物种质资源学	作物品种资源研究所
王述民	作物种质资源学	作物品种资源研究所
姜瑞波	农业微生物	土壤肥料研究所
梅旭荣	植物营养学	土壤肥料研究所
赵秉强	植物营养学	土壤肥料研究所
周　卫	植物营养学	土壤肥料研究所
程登发	病虫测报	植物保护研究所
王振营	农业昆虫与害虫防治	植物保护研究所
张　杰	农业微生物	植物保护研究所
彭于发	生物安全	植物保护研究所
张朝贤	杂草科学	植物保护研究所
徐世昌	植物病理学	植物保护研究所
何晨阳	植物病理学	植物保护研究所
谢丙炎	蔬菜学	蔬菜花卉研究所
刘玉梅	蔬菜学	蔬菜花卉研究所
崔海信	生物物理学	农业环境与可持续发展研究所
林而达	作物气象学	农业环境与可持续发展研究所
孙忠富	作物气象学	农业环境与可持续发展研究所
杨其长	作物气象学	农业环境与可持续发展研究所
董红敏	动物营养与饲料科学	农业环境与可持续发展研究所
邱德文	农业微生物	农业环境与可持续发展研究所
朱昌雄	农业微生物	农业环境与可持续发展研究所
李　聪	动物营养与饲料科学	畜牧研究所
高洪文	动物营养与饲料科学	畜牧研究所
冯书堂	生物化学与分子生物学	畜牧研究所
许尚忠	生物化学与分子生物学	畜牧研究所

续表

姓　名	专业名称	就职单位
马月辉	生物化学与分子生物学	畜牧研究所
关伟军	生物化学与分子生物学	畜牧研究所
杜立新	生物化学与分子生物学	畜牧研究所
王　强	农产品质量与食物安全	农产品加工研究所
哈益明	生物物理学	农产品加工研究所
潘家荣	生物物理学	农产品加工研究所
刘小和	农业经济管理	农业经济研究所
王济民	农业经济管理	农业经济研究所
张陆彪	农业经济管理	农业经济研究所
李先德	农业经济管理	农业经济研究所
樊胜根	农业经济管理	农业经济研究所
王道龙	农业经济管理	农业自然资源与农业区划研究所
周清波	农业经济管理	农业自然资源与农业区划研究所
徐　斌	作物生态学	农业自然资源与农业区划研究所
许世卫	农业经济管理	科技文献信息中心
潘淑春	农业经济管理	科技文献信息中心
贾善刚	农业经济管理	科技文献信息中心
孟宪学	农业经济管理	科技文献信息中心
李思经	农业经济管理	科技文献信息中心
钱　平	作物信息科学	科技文献信息中心
段爱旺	作物生态学	农田灌溉研究所
庄杰云	生物化学与分子生物学	中国水稻研究所
余柳青	杂草科学	中国水稻研究所
李西明	作物遗传育种	中国水稻研究所
朱德峰	作物栽培学与耕作学	中国水稻研究所
王坤波	作物遗传育种	棉花研究所
郭香墨	作物遗传育种	棉花研究所
毛树春	作物栽培学与耕作学	棉花研究所
李培武	植物病理学	油料研究所
廖伯寿	作物遗传育种	油料研究所
卢长明	作物遗传育种	油料研究所
揭雨成	作物种质资源学	麻类研究所
王贵强	农业昆虫与害虫防治	甜菜研究所
周建朝	植物营养学	甜菜研究所

续表

姓　名	专业名称	就职单位
韩宝瑜	农业昆虫与害虫防治	茶叶研究所
杨亚军	作物遗传育种	茶叶研究所
成　浩	作物种质资源学	茶叶研究所
王笑梅	预防兽医学	哈尔滨兽医研究所
陈洪岩	预防兽医学	哈尔滨兽医研究所
陈化兰	预防兽医学	哈尔滨兽医研究所
吴东来	预防兽医学	哈尔滨兽医研究所
殷　宏	预防兽医学	兰州兽医研究所
梁剑平	预防兽医学	兰州畜牧与兽药研究所
苏　和	动物营养与饲料科学	草原研究所
贾兴华	作物遗传育种	烟草研究所
刘洪祥	作物遗传育种	烟草研究所
周常勇	植物病理学	柑橘研究所
任继周	草业科学	草原生态研究所
洪绂曾	草业科学	农业部

2004 年，中国农业科学院学位评定委员会五届九次会议批准（农科学位［2004］4 号）2004 年新增博士生指导教师名单（表 2－16）。

表 2－16　2004 年新增博士生指导教师

姓　名	专业名称	就职单位
郑友民	动物遗传育种与繁殖	农业质量标准与检测技术研究所
李　奎	动物遗传育种与繁殖	畜牧研究所
孙启忠	动物营养与饲料科学	草原研究所
杨曙明	动物营养与饲料科学	农业质量标准与检测技术研究所
石　波	动物营养与饲料科学	饲料研究所
丁宏标	动物营养与饲料科学	饲料研究所
刁其玉	动物营养与饲料科学	饲料研究所
张敏红	动物营养与饲料科学	畜牧研究所
吕加平	农产品质量与食物安全	农产品加工研究所
木泰华	农产品质量与食物安全	农产品加工研究所
黄凤洪	农产品质量与食物安全	油料作物研究所
章力建	农业经济管理	研究生院
胡定寰	农业经济管理	农业经济与发展研究所
李宁辉	农业经济管理	农业经济与发展研究所

续表

姓　名	专业名称	就职单位
吴敬学	农业经济管理	农业经济与发展研究所
梁业森	农业经济管理	农业资源与农业区划研究所
路文如	农业经济管理	农业信息研究所
宋　敏	农业经济管理	农业资源与农业区划研究所
张泽华	农业昆虫与害虫防治	农业环境与可持续发展研究所
徐建新	农业水土工程	农田灌溉研究所
孙景生	农业水土工程	农田灌溉研究所
黄修桥	农业水土工程	农田灌溉研究所
庞鸿宾	农业水土工程	农田灌溉研究所
张效先	农业水土工程	农田灌溉研究所
姜文来	农业水土工程	农业资源与农业区划研究所
陈佑启	农业水土工程	农业资源与农业区划研究所
李　信	农业微生物	研究生院
王建华	农业微生物	饲料研究所
李付广	生物化学与分子生物学	棉花研究所
赵　军	生物化学与分子生物学	生物技术研究所
戴小枫	生物化学与分子生物学	科技管理局
张　辉	生物化学与分子生物学	作物科学研究所
毛　龙	生物化学与分子生物学	作物科学研究所
李锡香	蔬菜学	蔬菜花卉研究所
许　勇	蔬菜学	蔬菜花卉研究所
王英平	特种经济动物饲养	特产研究所
杨正礼	土壤学	农业资源与农业区划研究所
马义兵	土壤学	农业资源与农业区划研究所
蔡典雄	土壤学	农业资源与农业区划研究所
何国声	预防兽医学	上海家畜寄生虫病研究所
刘胜旺	预防兽医学	哈尔滨兽医研究所
步志高	预防兽医学	哈尔滨兽医研究所
薛　飞	预防兽医学	哈尔滨兽医研究所
于　力	预防兽医学	哈尔滨兽医研究所
刘在新	预防兽医学	兰州兽医研究所
袁世山	预防兽医学	上海家畜寄生虫病研究所
段霞瑜	植物病理学	植物保护研究所
彭德良	植物病理学	植物保护研究所

续表

姓　名	专业名称	就职单位
刘荣乐	植物营养学	国际合作局
梁永超	植物营养学	农业资源与农业区划研究所
李玉娥	作物气象学	农业环境与可持续发展研究所
宋吉青	作物气象学	农业环境与可持续发展研究所
覃志豪	作物气象学	农业资源与农业区划研究所
王文生	作物信息科学	农业信息研究所
周国民	作物信息科学	农业信息研究所
辛晓平	作物信息科学	农业资源与农业区划研究所
李新海	作物遗传育种	作物科学研究所
叶兴国	作物遗传育种	作物科学研究所
许东河	作物遗传育种	作物科学研究所
赵　明	作物栽培与耕作学	作物科学研究所
杜雄明	作物种质资源学	棉花研究所
张　京	作物种质资源学	作物科学研究所
黎　裕	作物种质资源学	作物科学研究所
李洪杰	作物种质资源学	作物科学研究所

2005 年，中国农业科学院学位评定委员会六届一次会议批准（农科学位［2005］14 号）2005 年新增博士生指导教师名单（表 2－17）。

表 2－17　2005 年新增博士生指导教师

姓　名	专业名称	就职单位
伍晓明	作物种质资源学	油料作物研究所
钟广炎	生物化学与分子生物学	柑橘研究所
王志强	作物遗传育种	果树研究所
周建华	生物化学与分子生物学	哈尔滨兽医研究所
仇华吉	预防兽医学	哈尔滨兽医研究所
刘长明	预防兽医学	哈尔滨兽医研究所
侯向阳	草地资源利用与保护	科技管理局
卫广森	预防兽医学	兰州兽医研究所
罗建勋	预防兽医学	兰州兽医研究所
陈信波	生物化学与分子生物学	麻类研究所
李建科	特种经济动物饲养	蜜蜂研究所
高　峰	农业水土工程	农田灌溉研究所
徐应明	农产品质量与食物安全	环境保护科研监测所

续表

姓　名	专业名称	就职单位
陈红印	农业昆虫与害虫防治	农业环境与可持续发展研究所
李玉中	作物生态学	农业环境与可持续发展研究所
曾凡荣	生物化学与分子生物学	农业环境与可持续发展研究所
蒋伶活	生物化学与分子生物学	农业环境与可持续发展研究所
曾希柏	土壤学	农业环境与可持续发展研究所
夏　英	农业经济管理	农业经济与发展研究所
任爱胜	农业经济管理	农业经济与发展研究所
樊明太	农业经济管理	农业经济与发展研究所
邱建军	土壤学	农业资源与农业区划研究所
王志兴	生物化学与分子生物学	生物技术研究所
黄荣蜂	生物化学与分子生物学	生物技术研究所
黄三文	生物化学与分子生物学	蔬菜花卉研究所
张友军	农业昆虫与害虫防治	蔬菜花卉研究所
张志斌	蔬菜学	蔬菜花卉研究所
李宝聚	植物病理学	蔬菜花卉研究所
胡培松	作物遗传育种	中国水稻研究所
金干瑜	作物栽培学与耕作学	中国水稻研究所
李春义	特种经济动物饲养	特产研究所
王立贤	动物遗传育种与繁殖	畜牧研究所
韩建林	动物遗传育种与繁殖	畜牧研究所
林秀坤	生物化学与分子生物学	畜牧研究所
朱鸿飞	预防兽医学	畜牧研究所
江国托	预防兽医学	研究生院
冯　洁	植物病理学	植物保护研究所
宁　君	农药学	植物保护研究所
郑永权	农药学	植物保护研究所
张健旭	农药学	植物保护研究所
张　泽	生物化学与分子生物学	植物保护研究所
王　静	农产品质量与食物安全	农业质量标准与检测技术研究所
王建康	作物遗传育种	作物科学研究所
孔秀英	生物化学与分子生物学	作物科学研究所
傅永福	生物化学与分子生物学	作物科学研究所
程治军	生物化学与分子生物学	作物科学研究所
徐建龙	作物遗传育种	作物科学研究所

续表

姓　名	专业名称	就职单位
任贵兴	农产品质量与食物安全	作物科学研究所
韩龙植	作物种质资源学	作物科学研究所
王步军	农产品质量与食物安全	作物科学研究所
秦　富	农业经济管理	农业经济与发展研究所
张宝文	农业经济管理	农业部

2006 年，中国农业科学院学位评定委员会六届三次会议批准（农科学位［2006］11 号）2006 年新增博士生指导教师名单（表 2－18）。

表 2－18　2006 年新增博士生指导教师

姓　名	专业名称	就职单位
刘桂香	草业科学	草原研究所
林　智	茶学	茶叶研究所
阮建云	茶学	茶叶研究所
储明星	动物遗传育种与繁殖	畜牧研究所
熊本海	动物营养与饲料科学	畜牧研究所
张宏福	动物营养与饲料科学	畜牧研究所
丛佩华	果树学	果树研究所
方成泉	果树学	果树研究所
胡庭俊	基础兽医学	兰州畜牧与兽药研究所
易中懿	农业经济管理	南京农业机械化研究所
杜彦坤	农业经济管理	农业经济与发展研究所
沈贵银	农业经济管理	果树研究所
张　峭	农业经济管理	农业信息研究所
何康来	农业昆虫与害虫防治	植物保护研究所
严昌荣	农业水资源利用	农业环境与可持续发展研究所
程红梅	生物化学与分子生物学	生物技术研究所
吴建利	生物化学与分子生物学	中国水稻研究所
闫艳春	生物化学与分子生物学	研究生院
刘　阳	农产品质量与食物安全	农产品加工研究所
张凤兰	蔬菜学	北京市农林科学院蔬菜中心
王晓武	蔬菜学	蔬菜花卉研究所
沈兴家	特种经济动物饲养	蚕业研究所
马志永	预防兽医学	上海兽医研究所
武　华	预防兽医学	特产研究所

续表

姓　名	专业名称	就职单位
李　刚	预防兽医学	北京畜牧兽医研究所
赵廷昌	植物病理学	植物保护研究所
周益林	植物病理学	植物保护研究所
袁有禄	作物遗传育种	棉花研究所
胡　琼	作物遗传育种	油料作物研究所
高用明	作物遗传育种	作物科学研究所
张学昆	作物遗传育种	油料作物研究所
刘伟华	作物种质资源学	作物科学研究所
路　明	作物遗传育种	农业部

2007 年，中国农业科学院学位评定委员会六届五次会议批准（农科学位［2007］9 号）2007 年新增博士生指导教师名单（表 2－19）。

表 2－19　2007 年新增博士生指导教师

姓　名	专业名称	就职单位
傅彬英	生物化学与分子生物学	作物科学研究所
杨建平	生物化学与分子生物学	作物科学研究所
曹立勇	作物遗传育种	中国水稻研究所
陈　亮	茶学	茶叶研究所
曹坳程	农药学	植物保护研究所
袁会珠	农药学	植物保护研究所
马春森	农业昆虫与害虫防治	农业环境与可持续发展研究所
金黎平	蔬菜学	蔬菜花卉研究所
刘　凡	蔬菜学	蔬菜花卉研究所
李世东	植物病理学	植物保护研究所
李世访	植物病理学	植物保护研究所
朱振东	植物病理学	作物科学研究所
陈仲新	农业遥感	农业资源与农业区划研究所
范丙全	生物化学与分子生物学	农业资源与农业区划研究所
李　俊	农业微生物	农业资源与农业区划研究所
逄焕成	作物栽培与耕作学	农业资源与农业区划研究所
唐世荣	土壤学	环境保护科研监测所
汪群杰	农产品质量与食物安全	农业环境与可持续发展研究所
王庆锁	生态学	农业环境与可持续发展研究所
许吟隆	作物气象学	农业环境与可持续发展研究所

续表

姓　名	专业名称	就职单位
张金霞	农业微生物	农业资源与农业区划研究所
张智武	农产品质量与食物安全	蜜蜂研究所
李锁平	农业经济管理	农业经济与发展研究所
孙东升	农业经济管理	农业经济与发展研究所
詹慧龙	农业经济管理	农业经济与发展研究所
赵芝俊	农业经济管理	农业经济与发展研究所
张学福	农业信息管理学	农业信息研究所
赵瑞雪	农业信息管理学	农业信息研究所
诸叶平	农业信息管理学	农业信息研究所
杨青川	草业科学	畜牧研究所
王宗礼	草业科学	草原研究所
周　婷	特种经济动物饲养	蜜蜂研究所
丁　铲	预防兽医学	上海兽医研究所
曲连东	预防兽医学	哈尔滨兽医研究所
王永录	预防兽医学	兰州兽医研究所
王云峰	预防兽医学	哈尔滨兽医研究所
周金林	预防兽医学	上海兽医研究所
张志东	预防兽医学	兰州兽医研究所
李彦敏	预防兽医学	兰州兽医研究所

2008 年，中国农业科学院学位评定委员会六届七次会议决定从 2008 年起，每两年遴选一次博士生指导教师，并批准了（农科学位［2008］8 号）2008 年新增博士生指导教师名单（表 2 - 20）。

表 2 - 20　2008 年新增博士生指导教师

姓　名	专业名称	就职单位
阎　萍	动物遗传育种与繁殖	兰州畜牧与兽药研究所
苏晓鸥	动物营养与饲料科学	农业质量标准与检测技术研究所
王力荣	果树学	郑州果树研究所
钱永忠	农产品质量与食物安全	农业质量标准与检测技术研究所
聂凤英	农业经济管理	农业信息研究所
齐学斌	农业水土工程	农田灌溉研究所
李秀峰	农业信息管理学	农业信息研究所
刘世洪	农业信息管理学	农业信息研究所
朱立志	农业资源与环境经济学	农业经济与发展研究所

续表

姓　名	专业名称	就职单位
张春义	生物化学与分子生物学	生物技术研究所
蒋卫杰	蔬菜学	蔬菜花卉研究所
赵巧玲	特种经济动物饲养	蚕业研究所
王小彬	土壤学	农业资源与农业区划研究所
张淑香	土壤学	农业资源与农业区划研究所
江木兰	微生物学	油料作物研究所
何　萍	植物营养学	农业资源与农业区划研究所
王华忠	作物遗传育种	甜菜研究所
刁现民	作物遗传育种	作物科学研究所
孙玉合	作物遗传育种	烟草研究所
张卫健	作物栽培学与耕作学	作物科学研究所
曹文广	动物遗传育种与繁殖	北京畜牧兽医研究所

三、导师培训

为加强导师队伍建设，规范研究生培养过程，更好地发挥博士生导师教书育人的作用，提高研究生的培养质量，促进博士研究生创新能力的培养，中国农业科学院学位评定委员会经研究决定，对2003年以来遴选的博士生导师进行上岗培训。第一期培训班于2005年10月9～10日举办，培训2003～2005年三年遴选的博士生导师。第二期培训班于2007年12月14日举办，培训2006年、2007年遴选的和第一期未参加培训的博士生导师。培训班实行签到制度，凡参加培训者由研究生院颁发博士生导师聘书。培训内容主要有：关于学位与研究生教育相关政策和提高研究生培养质量的专题报告，院士谈研究生培养，导师经验交流，研究生培养流程和有关管理工作介绍以及关于研究生心理健康问题的讲座等。

第三节　科研平台支撑

中国农业科学院充分整合京内外40个研究所的科技智力资源，为研究生培养提供了坚实的基础和强大的科技支撑。中国农业科学院的科技平台如表2-21所示。

表 2-21 中国农业科学院科技平台

科技平台	平台名称	依托单位
国家重大科学工程	农作物基因资源与基因改良国家重大科学工程	作物科学研究所
	国家农业生物安全科学中心	植物保护研究所
国家重点实验室	植物病虫害生物学国家重点实验室	植物保护研究所
	动物营养学国家重点实验室	畜牧兽医研究所、中国农业大学
	水稻生物学国家重点实验室	水稻研究所、浙江大学
	兽医生物技术国家重点实验室	哈尔滨兽医研究所
	家畜疫病病原生物学国家重点实验室	兰州兽医研究所

此外，还有农业部重点开放实验室 23 个，中国农业科学院重点开放实验室 52 个；国家级野外台站 5 个，农业部野外台站 20 个；国家工程技术中心 5 个；国家农作物、畜禽改良中心（分中心）16 个；国家级农作物种质库 11 个，国家级农作物种质圃 12 个；国家质检中心 3 个，部级质检中心 32 个；农业科技数据库 98 个，科技网站 45 个。

中国农业科学院的国家农业图书馆拥有全国最多的农业科技文献信息资源和先进的信息处理设备及网络系统，是现代化的大型农业文献信息中心。农业藏书量居世界第三，藏书 230 余万册，33 万余种。

据统计，“十五”期间，中国农业科学院承担国家及部门重大科技项目，如 863 项目、973 项目、国家重大基础研究专项、国家重点科技攻关项目等，共 4160 多项，科研经费 20.92 亿元。全院获奖成果近 500 项，其中国家级一等奖 3 项、二等奖 17 项、部级奖 161 项。

精良的仪器设备、充足的科研经费和高层次的研究课题，是中国农业科学院不断地推出高水平的科技成果和培养高质量的研究生的坚实基础和重要条件。

第四节 博士后流动站

一、设站情况

1985 年 7 月，国务院批准在我国试办博士后流动站，试行博士后制度。中国农业科学院的博士后相关工作开始于 1990 年。根据人事部、全国博士后管理委员会文件《关于新设博士后流动站申报和评审办法的通知》（人专发［1990］5 号）及农业部局《关于转发“关于新设博士后流动站申报和评审办法的通知”的通知》（［1990］农（人技）字第 23 号）精神，中国农业科学院于 1990 年 11 月召开专门会议，研究部署博士后流动站的申报工作。

1991 年 6 月，人事部、全国博士后管理委员会（人专发［1991］11 号）批准中国农业科学院设置农学、兽医学 2 个博士后流动站。

1995 年 2 月，人事部、全国博士后管理委员会（人专发［1995］15 号）批准中国农业科学院增设畜牧学博士后流动站。

1997 年 12 月，人事部、全国博士后管理委员会下发《关于博士后流动站调整及有关问题的通知》（人发［1997］126 号）。根据通知精神，原有的农学、畜牧学、兽医学 3 个流动站因学科调整增设为作物学、农业资源利用、植物保护、畜牧学、兽医学、农林经济管理 6 个流动站，报审批。1999 年 2 月，人事部、全国博士后管委会以人发［1999］10 号文予以批准。

2003 年 10 月，人事部、全国博士后管理委员会（国人部发［2003］38 号）批准中国农业科学院增设生物学、园艺学 2 个博士后流动站。

截至 2009 年，中国农业科学院设有生物学、作物学、园艺学、农业资源利用、植物保护、畜牧学、兽医学、农林经济管理 8 个博士后流动站。

2006 年，大连三仪动物药品有限公司（以下简称大连三仪）向中国农业科学院博士后管理委员会申请建立中国农业科学院博士后科研工作基地，2008 年 12 月经请示中国农业科学院，批准在大连三仪设立中国农业科学院博士后科研工作基地（农科博管［2008］1 号）。

二、流动站管理

1988 年以前，国家科委科技干部局是国家博士后管理的主管部门，1988 年因科技干部局划转人事部，博士后管理的主管部门相应改为人事部，具体工作由人事部专家司负责。

中国农业科学院的博士后工作由中国农业科学院人事局和研究生院共同负责，博士后管理办公室设在研究生院，负责博士后的日常管理工作。

1991 年 10 月 4 日，中国农业科学院人事局会同研究生院召开中国农业科学院博士后流动站筹备会议，会议商定：建立博士后流动站的领导机构和办事机构；建议中国农业科学院院务会议近期开会研究博士后科研流动站工作，以确定各部门职责，讨论审批有关规定；拟订中国农业科学院博士后流动站管理条例，经中国农业科学院有关会议讨论通过后执行。

随后，以（91）农科院（研）字第 514 号文，将中国农业科学院人事局会同研究生院制定的《中国农业科学院博士后科研流动站管理条例（试行）》，下发院属各有关单位参照执行。以（92）农科院（研）字第 31 号文，将《中国农业科学院博士后经费管理及使用暂行规定》，下发院属各有关单位遵照执行。当年，因多方原因，中国农业科学院博士后管理委员会未正式成立。

1995 年 8 月，中国农业科学院发出《关于成立中国农业科学院研究生工作领导小组的通知》（［95］）农科院［研］字第 341 号），决定成立中国农业科学院研究生工作领导小组，其职责包括“行使我院博士后委员会职责、批准博士后进站名单、协调博士后管理中的重要问题”。此后几年，博士后进站均由该领导小组批准，并划拨了博士后住宿用房。

1997 年，研究生院向中国农业科学院请示，刻制“中国农业科学院博士后管理委员会”、“中国农业科学院博士后管理委员会办公室”印章。经中国农业科学院请示全国博管会办公室（农科院［研］字［1997］184 号）获准，于 1997 年 4 月正式启用，并下发《关于启用印章的通知》（农科院研字［1997］193 号）给院属各有关单位。

1998 年，制订《中国农业科学院博士后研究人员管理工作暂行办法》（农科院研生字［1998］290 号），由中国农业科学院以文件形式下发。同年 11 月，中国农业科学院博管会办公室下发《关于在站博士后参加本单位年度考核的通知》（农科研生博管办字［1998］2 号）。通知要求各研究所（中心）对在站博士后研究人员进行年度考核，为今后工资调整和技术职务的评定提供依据。

1999 年，中国博士后科学基金会根据全国博士后管委会办公室《关于开展中韩博士后交流工作的通知》（博管办［1999］2 号）精神，要求单位推荐赴韩博士后候选人。中国农业科学院推荐了 1999 年入站的畜牧所畜牧学学科的关伟军博士赴韩交流。该博士圆满完成了交流任务，并得到全国博管会办公室的好评。同年中国农业科学院接收 1 名韩国博士来中国农业科学院水稻所做博士后研修 3 个月。

2002 年，为进一步加强中国农业科学院博士后工作的管理，遵照人事部、全国博士后管委会 2001 年 12 月颁发的《博士后管理工作规定》和有关文件精神，结合实际情况，对原博士后管理工作暂行办法进行修订。经修订的《中国农业科学院博士后研究人员管理工作暂行办法》，以农科院人［2002］381 号文下发院属各研究所（中心）贯彻执行。

2003 年开始对在站博士后研究人员进行中期考核。博士后进站一年后，由研究所（中心）对博士后研究人员按照进站时签订的《科研工作协议书》进行中期考核，并将《博士后研究人员中期考核表》上报中国农业科学院博管会办公室存入本人档案。

2007 年 6 月，为加快中国农业科学院“三个中心、一个基地”的建设步伐，落实中国农业科学院“十一五”科技人才队伍建设规划，实现人才培养目标，发挥博士后人员在科技创新工作中的作用，促进博士后管理工作制度化、规范化建设，并使之持续健康发展，经中国农业科学院研究决定，成立中国农业科学院博士后管理委员会（简称博管会），成员由院领导、有关职能部门、研究生院领导和院属单位博士后流动站有关专家组成（农科院人［2007］212 号）。

博管会职责：负责制定中国农业科学院博士后工作的规章制度，对博士后工作的重大问题进行研究决策，审定院属单位流动站博士后招收计划，审定全国博士后基金会拨付的博士后日常经费的管理与合作，对有关问题进行协调。

博管会办公室，设在研究生院，成员由中国农业科学院人事局和研究生院有关人员组成，负责博士后管理日常工作。

中国农业科学院博士后管理委员会名单

主任委员：翟虎渠
副主任委员：刘旭　贾连奇　韩惠鹏
委　　员：叶志华　张陆彪　郝志强　王秀玲　路铁刚　王述民　杜永臣　任天志
　　　　　邱德文　文　杰　童光志　王东阳
博管会办公室主任：贾连奇
　　　　副主任：韩惠鹏
　　　　秘　书：赖燕萍　于子荣

三、招收博士后情况

（一）博士后招收的管理

国家科委1986年制定的《博士后研究人员管理工作暂行规定》要求：招收博士后研究人员的条件是“新近在国内、外获得博士学位，品学兼优，身体健康，年龄在三十五岁以下，尚未正式分配工作的优秀青年”。“建站单位培养的博士研究生，毕业后不得申请进本单位同学科的博士后科研流动站。”1992年12月，人事部、全国博士后管委会发文（人专发［1992］23号）将博士后招收年龄规定为四十岁以下，委托代培、定向培养和具有现役军人身份的博士研究生获得单位同意，也可进站做博士后。

博士后研究人员的招收，最初是由各流动站单位向人事部申报招收计划，再按照人事部批准下达的招收计划名额进行招收。1988年开始允许自筹经费招收博士后研究人员，但自筹招收计划要上报人事部审批通过，规模控制在年度计划数的25%左右。1989年，人事部规定招收留学博士回国做博士后不占各单位招收计划指标。1991年开始人事部每年下达国家资助招收计划。1999年人事部不再审批自筹招收博士后招收计划，招收计划超过前一年规模的，须报人事部备案。

根据中国农业科学院1991年制定的《中国农业科学院博士后科研流动站管理条例（试行）》规定，博士后招收首先由申请人向中国农业科学院博管会办公室提出申请，博管会办公室委托研究所（中心）进行评议考核通过后，填写《博士后研究人员登记表》上报博管会办公室，经博士后工作主管领导批准，才能办理进站手续。

1998年制定的《中国农业科学院博士后研究人员工作暂行办法》中对博士后进站程序进行了调整，规定申请者向中国农业科学院有关博士后合作导师提出申请，并经合作导师和研究所（中心）同意接收后报中国农业科学院博管会办公室，博管会根据本年度指标对上报人选进行筛选后，确定录取人员，发放录用通知。

2002年，根据人事部、全国博士后管委会颁发的《博士后管理工作规定》，对原有博士后管理办法进行了修订，规定各研究所（中心）每年11月报送下一年度博士后研究人员招收计划，经中国农业科学院博士后管委会审批后，下达招收计划。各研究所（中心）

按照招收计划招收。研究所（中心）必须组织学术答辩会，对申请者博士阶段研究工作的概括报告、进站后研究工作的设想等进行评议，通过后报院博管会办公室，经博士后工作主管领导审批后，发放录用通知书。

2008 年开始，研究生院改变招收博士后随时办理进站手续的办法，规定每年分春秋两季进站，2 月和 8 月两次办理入站手续。

（二）博士后进出站情况

1991 年 6 月，中国农业科学院建立博士后流动站后，当年招收了赵明、王徽、刘建军 3 名博士后。

自 1994 年全国博士后管委会批准上海宝钢建立博士后科研工作站以来，全国已建立上千个博士后科研工作站。按照规定，科研工作站招收博士后研究人员必须与流动站联合招收。2001 年 8 月，中国农业科学院首次与湖南亚华种业股份有限公司博士后科研工作站联合招收博士后 1 名。随后，又与新疆威仕达生物工程股份有限公司、安徽省农业科学院、北京市农林科学院、江西省农业科学院、北京市科学技术研究院、农业部规划设计院等 7 个博士后科研工作站单位联合招收共计 16 名博士后。

截至 2008 年年底，中国农业科学院共进站博士后 367 人，其中招收留学人员博士后 10 人，国外博士后 4 人（巴基斯坦 3 人，马来西亚 1 人），工作站联合招收 16 人（表 2－22）。

表 2－22　历年国家招收计划（国家资助指标）及实际招收统计

年度	国家招收计划（国家资助指标）	实际招收	备注
1991	2	3	1 个归国博士
1992	2	0	
1993	2	2	
1994	3	3	
1995	3	3	1 个归国博士
1996	3	5	2 个归国博士
1997	5	10	1 个归国博士
1998	5	10	1 个归国博士
1999	5	11	
2000	6	10	
2001	6	16	1 个联合招收、1 个项目招收
2002	6	17	1 个归国博士
2003	7	37	1 个外籍博士、1 个联合招收
2004	8	34	
2005	9	32	1 个归国博士

续表

年度	国家招收计划（国家资助指标）	实际招收	备注
2006	9	42	1个归国博士、2个外籍博士
2007	9	67	1个外籍博士、4个联合招收
2008	9	67	1个归国博士、10个联合招收

注：归国博士：招收留学归国人员做博士后；
外籍博士：招收外籍来华人员做博士后；
联合招收：与工作站联合招收的博士后；
项目招收：博士后招收的专业，中国农业科学院未设博士后流动站，依托项目招收。

截至2008年底，在中国农业科学院工作期满正式出站的博士后研究人员共计212人。出站后工作去向：留本院80人，教学单位76人，其他科研单位23人，国家机关单位8人，其他事业单位3人，其他单位6人，国外做博士后13人，外籍博士后回国3人。

截至2008年底，中国农业科学院博士后研究人员在站人数为138人。

四、博士后经费及福利待遇

1986年国家科委颁发的《博士后研究人员管理工作暂行规定》中规定博士后的日常经费，按每人每年1.2万元的标准由国家科委科技干部局按实有人数拨给建站单位，用于补助科研工作的经费和本人的生活福利费用，其中用于科研工作的费用，一般不得低于博士后日常经费的75%。

1994年，全国博士后管委会办公室下发了《关于提高博士后日常经费标准的实施办法和经费管理问题的通知》（博管办［1994］11号），将博士后研究人员日常经费标准提高到每人每年2万元，并取消原来“日常经费中用于研究工作的经费不得低于75%”的规定。新规定“各设站单位主管博士后工作的部门根据实际情况，如需要，可提取不超过3%的经费，用于单位组织博士后集体活动和管理工作所必要的开支。”

1997年，中国农业科学院开始招收自筹经费博士后研究人员。每年的招收计划分为国家资助和自筹经费招收两部分。国家资助名额由全国博士后管委会下拨款项资助，自筹经费招收的博士后所需费用由合作导师或研究所（中心）承担。博士后研究人员福利待遇等除经费来源不同，其他完全一样。

2001年，人事部、全国博士后管委会下发了《关于调整博士后日常经费标准的通知》。决定从2001年1月1日起，将博士后研究人员的日常经费标准，由原来的2万元提高到3万元。

2002年，根据中国农业科学院每年要求进站的博士后人员多而国家博士后资助计划少的实际情况，经研究决定，博士后研究人员的招收不再分国家资助名额和自筹经费名额，经费下拨方式改为国家博士后资助计划名额的总经费按照各研究所（中心）实际招收的博士后人数平均下拨。

2005 年，因中国农业科学院博士后招收人数增加，已有的博士后公寓不能满足要求，为解决博士后住宿困难和矛盾，经请示中国农业科学院领导同意，对不能解决公寓的博士后，发放住房补助每人每年 1 万元。日常经费余下部分按照各研究所（中心）招收博士后情况酌情下拨。

2006 年，人事部、财政部联合下发了《关于调整博士后日常经费标准的通知》（国人部发［2006］112 号）。决定从 2006 年 1 月 1 日起，将博士后研究人员的日常经费标准，由原来的 3 万元提高到 5 万元。开支结构由原来的科研工作补助经费和生活福利费用调整为生活费用和日常公用经费。并规定博士后研究人员应与设站单位职工享受同等的医疗保障待遇，所需资金的筹集应当执行设站单位职工医疗保障资金的筹集办法。

关于博士后的工资标准，中国农业科学院按照国家有关规定执行。无技术职务者，按照助理研究员的工资标准发放；具有高级职称者，按原高级职称工资标准发放。博士后的其他福利由培养单位按照本单位中级职称人员的待遇发放。

五、博士后流动站评估

（一）第一次评估

根据人事部、全国博士后管委会（博管发［1997］4 号）《关于对博士后工作和流动站进行检查评估的通知》及全国博士后管委会办公室（博管办［1997］6 号）《关于对博士后工作和博士后流动站检查评估具体实施办法的通知》精神，1997 年 6～7 月，中国农业科学院对农学、畜牧、兽医 3 个博士后流动站进行自检评估。涉及中国农业科学院作物所、品资所、畜牧所、哈尔滨兽医所等 18 个研究所。提交了自检评估材料：《设站单位自查表》、农学、畜牧、兽医《流动站自查表》、《指标体系权重调查表》等各一份，《专辑调查表》、《博士后管理人员调查表》、《博士后研究人员调查表》等各若干份。评估结果全部合格。

（二）第二次评估

根据人事部、全国博士后管委会（国人部发［2005］10 号）《关于开展博士后工作评估的通知》精神，2005 年 3 月 9 日，中国农业科学院在京召开“中国农业科学院博士后工作评估培训班”。会议的主要内容是进行评估工作动员和部署，传达学习有关文件和实施方案，着重介绍评估指标体系和量化标准，研究在实施过程中可能遇到的实际问题及解决办法。本次参加评估的是 2002 年 12 月 31 日前批准设立的博士后科研流动站，共涉及作物学、农业资源利用、植物保护、畜牧学、兽医学、农林经济管理 6 个博士后流动站、10 个专业、16 个研究所。2005 年 4 月将中国农业科学院《流动站基本情况表》、6 个流动站的《博士后科研流动站评估表》上交全国博士后管委会办公室评估，结果 6 个流动站全部合格。

六、国家博士后科学基金申请情况

《国家博士后科学基金试行条例》于1986年10月开始执行，资助金额分为1万元和5千元两个等级，主要用于添置研究工作所需要的仪器设备、实验材料、图书资料；改装实验室；聘用助手以及参加有关学术会议等，不能作为个人的生活费用。申请人员要求在流动站已工作半年以上、年龄在35岁以下。

1990年，全国博士后管委会对基金评审办法进行修改，规定博士后研究人员从进站之日起，即可申请博士后科学基金资助金；在每一站工作期间，只能获得一次基金资助金。

1993年，中国博士后基金会对原办法进行了修改，重新制订了《中国博士后科学基金资助条例》，进一步规定了以下情况的博士后不能再申请资助：在本期博士后工作期间内已经获得过一次资助金的；在本期博士后工作期间内曾申请过两次均未获批准的；将在3个月内期满出站的博士后研究人员。

1996年，中国博士后基金会又对条例重新修改下发，科学基金资助等级提高为2万元和1万元。

2002年，中国博士后基金会将科学基金资助等级分为3万元、2万元、1万元三等。

2006年，中国博士后基金会将科学基金资助等级提高为5万元和3万元。

2007年，中国博士后基金会根据《中国博士后科学基金资助规定》制定了《中国博士后科学基金面上资助实施办法》，办法规定每年资助进站人数的三分之一左右，资助等级不变。

2008年1月，中国博士后基金会下发了《中国博士后科学基金资助规定》，同时废止了《中国博士后科学基金资助条例》。规定基金资助形式分为面上资助和特别资助两种。面上资助是对博士后研究人员从事自主创新研究的科研启动或补充经费，特别资助是对在站期间取得重大科研成果和科研能力突出的博士后研究人员的资助。基金特别资助给予一次性10万元资助。面上资助可以多次申请，但每站只能获得一次面上资助。特别资助要求博士后研究人员进站满8个月才可以申请。中国农业科学院获得第一批特别资助的是资源区划所农业资源利用学科李全新博士和植物保护研究所植物保护学科吴刚博士。

中国农业科学院自1991年招收博士后以来，截至2008年底，共计95人获得中国博士后科学基金的资助（表2－23）。

表2－23 获得博士后科学基金资助名单

序号	博士后姓名	学科	资助金额	获得批次	时间
1	赵　明	农学	5000元人民币 1000美元	第十一批	1992.05
2	程国强	农学	5000元	第十七批	1995.05
3	陈奖励	兽医学	5000元	第二十批	1996.11

续表

序号	博士后姓名	学科	资助金额	获得批次	时间
4	王天宇	农学	2 万元	第二十一批	1997.06
5	王守才	农学	1 万元	第二十一批	1997.06
6	曾希柏	农学	1 万元	第二十一批	1997.06
7	胡瑞法	农学	1 万元	第二十二批	1997.12
8	邓德旺	农学	1 万元	第二十二批	1997.12
9	马占鸿	农学	1 万元	第二十三批	1998.06
10	李任华	农学	1 万元	第二十三批	1998.06
11	韩方普	农学	1 万元	第二十四批	1998.12
12	刁其玉	畜牧学	1 万元	第二十四批	1998.12
13	王　强	农学	1 万元	第二十四批	1998.12
14	关伟军	畜牧学	1 万元	第二十五批	1999.06
15	辛　贤	农林经济管理	1 万元	第二十六批	1999.12
16	冯新港	兽医学	1 万元	第二十六批	1999.12
17	张正斌	作物学	1 万元	第二十六批	1999.12
18	邢丽娟	植物保护	1 万元	第二十八批	2000.12
19	王文泉	作物学	1 万元	第二十八批	2000.12
20	董志强	作物学	1 万元	第二十九批	2001.06
21	宋福平	植物保护	2 万元	第三十一批	2002.06
22	朱玉春	农林经济管理	1 万元	第三十二批	2002.12
23	乔　娟	农林经济管理	1 万元	第三十二批	2002.12
24	贺东仙	农业工程	1 万元	第三十三批	2003.06
25	侯文胜	作物学	1 万元	第三十四批	2003.12
26	张兴昌	农业资源利用	1 万元	第三十四批	2003.12
27	陈立平	农林经济管理	1 万元	第三十四批	2003.12
28	沈　波	作物学	1 万元	第三十四批	2003.12
29	刘树兵	作物学	2 万元	第三十五批	2004.07
30	张庆亮	应用经济学	1 万元	第三十五批	2004.07
31	刘宏伟	作物学	1 万元	第三十五批	2004.07
32	叶　涛	农林经济管理	1 万元	第三十五批	2004.07
33	庄飞云	园艺学	1 万元	第三十五批	2004.07
34	张　杰	兽医学	1 万元	第三十五批	2004.07
35	张晴雯	农业资源利用	2 万元	第三十六批	2004.12
36	崔尚金	兽医学	2 万元	第三十六批	2004.12
37	胡胜武	作物学	2 万元	第三十六批	2004.12

续表

序号	博士后姓名	学科	资助金额	获得批次	时间
38	朱传刚	兽医学	1万元	第三十六批	2004.12
39	张春敏	农林经济管理	1万元	第三十六批	2004.12
40	齐放军	植物保护	1万元	第三十六批	2004.12
41	朱正茂	畜牧学	2万元	第三十七批	2005.07
42	孔凡文	农林经济管理	2万元	第三十七批	2005.07
43	荆　英	园艺学	2万元	第三十七批	2005.07
44	赵　凯	作物学	1万元	第三十七批	2005.07
45	韩兰芝	植物保护	1万元	第三十七批	2005.07
46	吕开宇	农林经济管理	1万元	第三十七批	2005.07
47	赵新成	植物保护	2万元	第三十八批	2005.12
48	席章营	作物学	1万元	第三十八批	2005.12
49	邢　鹏	农林经济管理	1万元	第三十八批	2005.12
50	樊廷录	农业资源利用	5万元	第三十九批	2006.11
51	王　劲	生物学	5万元	第三十九批	2006.11
52	谢立勇	作物学	3万元	第三十九批	2006.11
53	刘学东	畜牧学	3万元	第三十九批	2006.11
54	曹丽华	植物保护	3万元	第四十批	2006.12
55	张学昆	作物学	3万元	第四十批	2006.12
56	李善刚	畜牧学	3万元	第四十批	2006.12
57	卢向虎	农林经济管理	3万元	第四十批	2006.12
58	李　景	图书馆、情报与档案管理	3万元	第四十批	2006.12
59	罗　磊	环境科学与工程	5万元	第四十一批	2007.07
60	吴锁伟	作物学	5万元	第四十一批	2007.07
61	王金勇	兽医学	5万元	第四十一批	2007.07
62	刘晓燕	农业资源利用	3万元	第四十一批	2007.07
63	苏宏华	植物保护	3万元	第四十一批	2007.07
64	郑天清	作物学	3万元	第四十一批	2007.07
65	张锦鹏	作物学	3万元	第四十一批	2007.07
66	付宝权	兽医学	3万元	第四十一批	2007.07
67	刘瀛弢	农林经济管理	5万元	第四十二批	2007.12
68	唐中林	畜牧学	5万元	第四十二批	2007.12
69	李　颖	环境科学与工程	3万元	第四十二批	2007.12
70	郭雪雁	环境科学与工程	3万元	第四十二批	2007.12

续表

序号	博士后姓名	学科	资助金额	获得批次	时间
71	沈　琼	农林经济管理	3 万元	第四十二批	2007. 12
72	王亚静	农林经济管理	3 万元	第四十二批	2007. 12
73	任荣华	农林经济管理	3 万元	第四十二批	2007. 12
74	冯建中	农业资源利用	3 万元	第四十二批	2007. 12
75	陈思思	食品科学与工程	3 万元	第四十二批	2007. 12
76	李铁晶	食品科学与工程	3 万元	第四十二批	2007. 12
77	李剑勇	兽医学	3 万元	第四十二批	2007. 12
78	李永红	植物保护	3 万元	第四十二批	2007. 12
79	刘晨曦	植物保护	3 万元	第四十二批	2007. 12
80	张忠华	作物学	3 万元	第四十二批	2007. 12
81	冯　晶	植物保护	5 万元	第四十三批	2008. 08
82	李全新	农林经济管理	5 万元	第四十三批	2008. 08
83	吴　刚	植物保护	5 万元	第四十三批	2008. 08
84	雷连成	兽医学	3 万元	第四十三批	2008. 08
85	李建喜	兽医学	3 万元	第四十三批	2008. 08
86	李素芬	畜牧学	3 万元	第四十三批	2008. 08
87	尤　飞	农林经济管理	3 万元	第四十三批	2008. 08
88	孙　伟	畜牧学	3 万元	第四十三批	2008. 08
89	曹广春	植物保护	5 万元	第四十四批	2008. 12
90	徐东辉	园艺学	3 万元	第四十四批	2008. 12
91	常晓丽	植物保护	3 万元	第四十四批	2008. 12
92	刘恩科	作物学	3 万元	第四十四批	2008. 12
93	马　骥	农林经济管理	3 万元	第四十四批	2008. 12
94	张会民	农业资源利用	3 万元	第四十四批	2008. 12
95	周　朋	作物学	3 万元	第四十四批	2008. 12

1999 年，人事部、全国博士后管委会下发了《中国优秀博士后奖励规定》，中国农业科学院品资所博士后王天宇博士获首批“中国优秀博士后奖”，受到人事部、全国博士后管委会表彰（人发［2000］92 号）。

七、博士后公寓

1992 年，全国博管会中关村博士后公寓建成，分配给中国农业科学院 2 套博士后公寓。中国农业科学院具有使用权，物业管理由全国博管会办公室负责。

1997 年，中国农业科学院从建成的英才楼划拨 10 套房建博士后公寓。研究生院将其改造后，可供 20 名博士后居住并由研究生院负责管理。

2002 年，经中国农业科学院翟虎渠院长批示，增加 1 套博士后公寓。

2004 年，全国博管会富润家园博士后公寓建成，分配中国农业科学院 6 套博士后公寓。中国农业科学院具有使用权，物业管理由全国博管会办公室负责。

1995 年 3 月，全国博管会规定（博管办［1995］6 号）博士后研究人员住房的房租标准按照设站单位正式职工的收费标准确定。

根据有关文件精神，为进一步加强管理，1997 年 8 月，制定了《中国农业科学院博士后公寓管理办法》。

八、博士后联谊会

中国农业科学院博士后联谊会旨在加强各所博士后流动站之间的联系、加强与北京博士后联谊会的交流；组织并带动广大博士后积极投身到科技兴农、发展经济的浪潮中；遵照为社会主义市场经济服务的方针，充分发挥博士后作为特殊群体的科技学术优势，促进博士后与社会各界的交流，扩大博士后在社会上的影响，努力促进博士后科研成果向生产力的转化；活跃并丰富博士后的业余文化生活；协助解决博士后及其家属的一些生活问题。

中国农业科学院博士后联谊会成立于 2000 年 4 月，首届博士后联谊会的负责人是资源区划所白由路博士。第二届成立于 2004 年 10 月，负责人是农产品加工所毕金峰博士。第三届成立于 2006 年 10 月，负责人是农业经济发展所任荣华博士。第四届成立于 2008 年 4 月，负责人是资源与区划所李全新博士。第五届成立于 2009 年 4 月，负责人是资源与区划所郭丽英博士。

中国农业科学院博士后联谊会成立以来，在加强与北京博士后联谊会的交流，扩大中国农业科学院博士后在社会上的影响，活跃并丰富博士后的业余文化生活等各方面起到了积极的作用，取得了一定成绩，得到中国博士后基金会和北京博士后联谊会的好评。2008 年获得“中国改革开放 30 年暨博士后科学论坛优秀组织奖”、“中国博士后纪念中国改革开放三十年暨博士后迎春晚会优秀组织奖”、“2008 北京博士后趣味运动会优秀组织奖”等奖项。同时，中国博士后科学基金会为表示多年来中国农业科学院对博士后工作的支持，并向刘旭副院长颁发了“中国博士后特别贡献奖”、于子荣处长颁发了“中国博士后设站单位先进组织者奖”。

2008 年 11 月 15 日，中国农业科学院承办了“首届中国博士后农业论坛”，论坛在中国农业科学院召开。博士后科学基金会副理事长兼秘书长庄子健、中国农业大学校长柯炳生、中国农业科学院副院长刘旭、中国农业科学院董玉琛院士等相关单位的领导和嘉宾以及来自全国各博士后流动站的 200 余名博士后代表出席本次论坛。论坛共收到来自 20 多个设站单位近 130 篇论文，其中 55 篇论文在会议期间进行了交流讨论。中央电视台七套节目在 11 月 19 日的“聚焦三农”栏目专门对本次论坛作了相关报道，指出本次论坛是一次成功的论坛。同时，人民日报、光明日报、科技日报、农民日报、中国农业信息网、新浪网、中国农业科学院院报等多家媒体记者到论坛会场进行了采访与报道工作。国务院发展中心信息网、农网快讯、中国兽药资源网、中国农产品加工网、湖北农业信息网、福建新农村网等30余家网络媒体也对本次论坛的成功举办作了转发报道。会后《中国农业大学学报》为本次论坛出版了一期专刊。

中国农业科学院博士后联谊会从2006年开始成为北京博士后联谊会的常务理事单位，任荣华博士任常务理事。2007年开始成为副理事长单位，李全新博士为北京博士后联谊会副理事长。2008年，现任博士后联谊会理事长郭丽英博士为北京博士后联谊会副理事长。

第三章
招生与就业

第一节　招生工作

中国农业科学院研究生招生工作始于1979年，先后由研究生院筹备组、教务处(1981年8月设立)、研究生管理处（1993年4月设立)、研究生工作处（1996年3月由研究生管理处改名)、研究生招生就业处（2006年12月设立）专门负责。

研究生招生是研究生教育的开始，生源质量是保证研究生培养质量的重要基础。因此，研究生院历届领导都高度重视，研究生招生工作在整个研究生教育中占有重要地位。在30年的研究生招生工作中，中国农业科学院认真贯彻“按需招生”的方针，严格执行国家有关招生政策，始终坚持“德、智、体全面衡量，择优录取，确保质量，宁缺毋滥”的基本原则，积极采取有效措施，吸引生源，逐步扩大招生规模，努力提高入学新生的全面素质，招生工作取得了显著的成绩。特别是进入21世纪以来，随着中国农业科学院积极推进国家农业科技创新体系和“三个中心、一个基地”的建设，研究生教育实现了跨越式的发展，研究生招生工作取得了显著成效。截至2009年7月，研究生院招收各类全日制研究生共计6320人，其中博士研究生1711人，硕士研究生4609人。

一、硕士研究生招生

研究生院创建初期，既无固定校舍又缺师资力量，办学条件十分艰苦，所以仅招收硕士研究生。按照教育部、国家计委、国家科委联合发文《关于制订一九七九年招收研究生计划的通知》（［78］教高二字1346号）的要求，研究生院本着奋发图强、自力更生的精神，贯彻积极发展、保证质量的方针，根据国家需要与中国农业科学院实际情况，作出全面安排。1979年，国家下达中国农业科学院招生计划78名，实际招收首批46名硕士研究生，分布在中国农业科学院9个研究所（中心、室）的11个专业，分属30位导师。

1980年，国家下达中国农业科学院招生计划52名，全院5个研究所6个专业的18位导师共招收21名硕士研究生。由于历史原因，1979年和1980年入学新生均为在职人员，年龄偏大。自1981年起，恢复高考后的应届大学本科毕业生日益成为招收硕士研究生的主要生源。

由于当时我国国民经济正处在调整阶段，教育经费相对不足。特别是1981年高等学校科研经费有较大的压缩，研究生培养经费和科研条件都受到很大影响。根据教育部、国务院科技干部局发出《关于制订一九八一年招收攻读硕士学位研究生计划的通知》（［81］教高二字015号、国科干字［81］111号）要求，1981年招收硕士生计划，应该贯彻以调整为主的八字方针（调整、改革、整顿、提高）。当年下达中国农业科学院的招生计划为60名，全院21个研究所（中心、室）20个专业的55位导师共招收60名硕士生。

1982年，国家下达中国农业科学院招生计划59名，全院19个研究所（中心、室）22个专业的68位导师共招收61名硕士生。

1983年，国家下达中国农业科学院招生计划86名，全院22个研究所（中心、室）21个专业的61位导师共招收86名硕士生，其中试招1名在职硕士生。1983年研究生招生开始实行复试。复试是研究生入学考试的一个重要的组成部分，其目的在于全面考核考生多方面的素质。复试是保证研究生招生质量的必要措施。按照国家规定的复试标准和择优录取原则，研究生院采取差额复试的办法和分散、多点的复试形式，由研究生院领导、各研究所领导与指导教师组成的复试小组负责进行复试录取工作。

为了提高硕士生的招生和培养质量，根据农业部《关于分配一九八四年硕士生招生人数的通知》（［83］农（教高）字第222号文）要求，1984年提高招收大学本科毕业并有一定专业实践经验的在职人员的比例。在德、智、体符合录取标准的情况下，应优先录取在职人员。1984年，国家下达中国农业科学院招生计划94名，全院23个研究所（中心、室）20个专业的76位导师实际录取87名硕士研究生，其中出国留学预备生9人，脱产研究生70人，在职研究生5人，定向委托培养生3人。在职人员共30人，占录取总人数34.5%。中国农业科学院招收出国预备研究生是经原农牧渔业部教育司批准，按照原教育部（81）教外选字604号文的精神和规定进行的。其招生计划由国家单列与当年国内研究生招生计划一并下达，在全国研究生招生统一考试中实施招生。出国预备研究生在未出国以前，由研究生院代为管理和培训。

为了改革研究生的招生培养工作，发挥高等农业院校与农业科研单位联合培养研究生的优势，提高研究生的培养质量，根据农业部《关于分配1985年硕士研究生招生人数的通知》（［84］农（教研）字第118号文）规定，原北京农业大学与中国农业科学院1985年联合招生、培养研究生。1985年国家下达中国农业科学院招生计划138名，其中硕士招生计划134名。全院28个研究所21个专业的107位导师共录取134名硕士研究生，其中9名出国留学预备生，14名为新疆畜牧科学院、山东农业大学、山东莱阳农学院、云南农业大学、山西农业大学和吉林省农业科学院等单位的委托培养硕士研究生，还接收1名推荐免试的优秀大学应届本科毕业生为硕士研究生。

1986年，国家下达中国农业科学院招生计划110名，其中硕士生招生计划100名，全院20个研究所20个专业的47位导师共招收47名硕士生。1986年6月，原农牧渔业部教育司主持召开了全国农业高等院校研究生招生工作研讨会。研究生院在会上作题为《克服困难认真细致做好硕士研究生的招生工作》的发言，总结了1979～1986年中国农业科学院研究生院的招生工作，并按照研究生招生的几个重要环节介绍了研究生院的做法、体会和建议。在招生工作中，研究生院针对国家分配的招生名额较少情况及本身的办学条件，主要采取上下结合，保证重点学科、薄弱学科，把多数名额分配给最急需专业。对一些指导教师力量强、招收研究生热情高的研究所（中心、室），采取适当照顾的办法。对新兴学科如生物工程等，薄弱学科如蚕桑、寄生虫学、中兽医、特产等学科尽可能加以照顾。对一些知名老专家所从事的学科，为培养接班人，分配给一定名额。对地处偏僻、专业人员较少的研究所，例如麻类、果树、茶叶、蚕业、特产等所，尽量考虑其招生力量加以支持，使一批有志青年将来毕业后留所工作，充实和壮大这些研究所的科技力量。

1987 年，国家下达中国农业科学院招生计划 121 名，其中硕士生招生计划 100 名，全院 25 个研究所（中心、室）21 个专业的 49 位导师共招收 59 名硕士生，其中 2 人推荐免试。

1988 年，国家下达中国农业科学院招生计划 120 名，其中硕士生招生计划 100 名，全院 21 个研究所（中心、室）21 个专业的 52 位导师共招收 57 名硕士生。1988 年在研究生院《关于一九八八年攻读硕士学位研究生复试录取工作的通知》（［88］农科（研生）字第 16 号）中，重申国家教委对 1988 年复试录取工作总的指导思想是：贯彻按需招生的方针；努力提高在职人员比例；全面提高研究生的素质。录取工作必须贯彻德、智、体全面衡量，择优录取，确保质量，宁缺毋滥的原则。要求中国农业科学院院属各研究所（室）对研究生的复试、录取工作，采取严肃、慎重的态度，把好入学研究生的政治质量和业务质量关，并较为详细地规定了复试工作的基本做法和具体要求。

1989 年，国家下达中国农业科学院招生计划 120 名，其中硕士生招生计划 100 名，全院 16 个研究所（中心、室）15 个专业的 31 位导师共招收 37 名硕士生，其中 18 人为在职生，约占录取总数 50%。

1990 年，国家下达中国农业科学院招生计划 68 名，其中硕士生招生计划 55 名。根据国家教委《关于做好一九九〇年研究生招生工作的通知》（［89］教高字 014 号文）规定，工学、农学、医学各门类的硕士生以招收有实践经验的优秀在职人员为主，招收应届本科毕业生的数字一般应掌握在本门类招生计划的 30% 左右。1990 年应届本科毕业生不参加全国统一考试（初试）选拔，改为由高等学校推荐与招生单位考试（考核）的办法选拔。未经推荐的应届本科毕业生，招生单位不得录取。鼓励被录取为研究生的应届本科毕业生保留学籍，先到基层进行实践锻炼。1990 年，全院 21 个研究所（中心、室）16 个专业的 32 位导师共招收 32 名硕士生，其中接收 11 名推荐生。

1991 年，国家下达中国农业科学院招生计划 70 名，其中硕士生招生计划 50 名。根据农业部《关于做好一九九一年农科攻读硕士学位研究生招生工作的通知》（［1990］农（教宣研）字第 265 号文）要求，1991 年农业科学硕士研究生招生工作要贯彻稳定数量、调整结构、提高质量、深化改革的方针；农业部不再组织农科基础课（农科数学、化学）的统考命题工作，由招生单位自行命题；对于达到复试基本要求的同等学历考生，在复试时应加强对本科主干课程和基本技能的考核，其中大学本科主干课程的复试，至少有两门笔试。农业部还在《关于部属单位编制一九九一年博士、硕士研究生招生计划的通知》（［1990］农（教宣）函字第 32 号）中要求中国农业科学院的招生计划，应按照本单位的用人需要来编制，一般不再为其他单位培养研究生。按照有关文件精神，1991 年全院 25 个研究所（中心、室）20 专业的 40 位导师共招收 47 名硕士研究生。

1992 年，国家下达中国农业科学院招生计划 70 名，其中硕士生招生计划 50 名。经复试，全院 23 个研究所（中心、室）19 个专业的 51 位导师共招收 56 名硕士生。

1993 年，国家下达中国农业科学院招生计划 71 名，其中硕士生招生计划 50 名。经复试，全院 24 个研究所（中心、室）18 个专业的 50 位导师共招收 50 名硕士生。

1994 年，国家下达中国农业科学院招生计划 74 名，其中硕士生招生计划 52 名。根据国家教委、国家计委、人事部的联合发文《关于编制 1994 年研究生招生计划的通知》（教学［1993］2 号）要求，1994 年研究生招生计划的编制，应继续坚持需要与可能相结合的原则，统筹考虑国家计划和国家计划外招生，以及博士生、硕士生的招生数。国家计划外招生，在坚持委托培养制度的同时，放开高等院校自筹经费招生。1994 年全院 25 个研究所（中心、室）20 个专业 67 位导师共招收 60 名硕士生。另有 4 名应届本科毕业生保留硕士生入学资格。

1995 年国家下达中国农业科学院招生计划 77 名，其中硕士生招生计划 52 名。根据国家教委教学《关于编制一九九五年研究生招生计划的通知》（［1994］13 号文）要求，研究生教育应把保证入学质量和提高培养质量作为主要任务；国家计划内招生，主要解决高等学校、以基础研究为主的科研机构、国家重点企业、由财政拨款的文化、医药卫生公益事业单位、党和国家机关以及人民解放军等单位对研究生的需要。国家计划外招生是对国家计划的补充，是招生单位挖掘潜力，为国家多培养人才，满足上述用人单位以外其他方面对研究生需要的积极措施。在编制计划时，不仅要考虑办学条件，培养力量，还要考虑生源及社会需要的情况，不得盲目扩大招生规模。1995 年全院 24 个研究所（中心、室）25 个专业的 63 位导师共招收 52 名研究生，其中 1 名推荐免试应届本科毕业生，32 名为在职人员。

1996 年，国家下达中国农业科学院招生计划 80 名，其中硕士生招生计划 55 名。经复试，全院 25 个研究所（中心、室）21 个专业 53 位导师招收 55 名硕士生，另有 1 名保留入学资格先参加实践锻炼。

1997 年，国家下达中国农业科学院招生计划 83 名，其中硕士生招生计划 58 名。硕士生录取工作继续贯彻按需招生方针，坚持全面衡量、择优录取、确保质量、宁缺毋滥的原则（农科（研生）字［1997］12 号），全院 26 个研究所（中心、室），25 个专业的 65 位导师共招收 67 名硕士生，另有 1 名保留入学资格。

1998 年，国家下达中国农业科学院招生计划 90 名，其中硕士生招生计划 60 名。经复试，全院 29 个研究所（中心、室）21 个专业的 66 位导师招收 70 名硕士生。

1999 年，国家下达中国农业科学院招生计划 100 名，其中硕士生招生计划 66 名。研究生院在农科字［1998］26 号文中，明确了招生导师资格，要求招收硕士生的导师必须是已在中国农业科学院学位办备案的导师，导师在招生的当年年龄不超过 56 岁，并且有课题、有经费保证，否则不能安排招生。同时明确每名硕士生招生计划可增列 1 名招生导师及硕士生录取原则。1999 年全院 29 个研究所（中心）24 个专业的 71 位导师招收 76 名硕士生。

2000 年，国家下达中国农业科学院招生计划 120 名，其中硕士生招生计划 80 名。研究生院根据国家有关政策、北京市研究生录取工作会议精神，结合中国农业科学院实际情况，对复试工作提出了新的要求。向院属各研究所、中心发出《关于做好2000年硕士研究生复试工作的通知》（农科研生字［2000］15号），其主要内容：复试须增加英语听力测试，作为复试参考成绩；凡破格录取、外校调剂的考生，均作为计划外招生，需自筹经费。2000年，全院共有22个研究所、中心20个专业的75位导师招收80名硕士生，其中非定向生71名，定向生9名。

2001年，国家下达中国农业科学院招生计划143名，其中硕士生招生计划91名。根据 教育部、国家发展计划委员会、人事部《关于下达2001年全国研究生招生计划的通知》（教学［2000］16号）要求，2001年招生工作要重点抓好招生专业结构的调整，要特别对涉及信息科学、生命科学、材料科学、航空航天科学等关系国家经济命脉和安全以及对国民经济和社会发展有重大战略意义的相关专业，在招生计划的安排上给予重点倾斜。研究生院根据教育部《关于做好2001年研究生录取工作通知》以及北京市教育考试院《关于做好2001年研究生录取工作的补充意见》文件精神，向院属各研究所、中心发出《关于做好2001年硕士研究生复试工作的通知》（农科研生字［2001］09号），对复试工作提出了具体要求，重申复试是考核考生整体素质、确保招生质量的重要环节，并就复试小组的组成、复试标准、复试方法、复试内容、同等学力考生复试、京内各所复试、复试结果上报等事项提出了明确要求。对于各单位计划外自筹经费、破格和调剂录取考生的培养费，要求按照《中国农业科学院研究生院关于培养费收费标准的暂行规定》执行。2001年全院23个研究所、中心23个专业的80位导师共招收90名硕士生。

2002年，国家下达中国农业科学院招生计划162名，其中硕士生招生计划100名。根据中国农业科学院科技事业发展的需要，中国农业科学院向教育部提交《关于请求增加中国农业科学院研究生招生指标的请示》（农科院研生字［2002］86号文）。同时，为规范研究生院招生管理工作，研究生院组织编写了《中国农业科学院研究生院招生管理制度汇编》，用于指导各研究所的招生管理工作。2002年全院27个研究所、中心26个专业的110位导师实际招收114名硕士生。

2003年，国家下达中国农业科学院招生计划242名，其中硕士生招生计划156名。根据教育部《关于做好2003年招收攻读硕士学位研究生工作的通知》和北京市教育考试院《关于做好2003年研究生录取工作的补充意见》，研究生院向各研究所、中心发出《关于做好2003年硕士研究生复试工作的通知》（农科研生［2003］11号），在原有复试工作基础上，对复试工作提出新的要求：进一步强调复试采取差额复试方式进行，差额比例为1∶1.2；由于2003年国家硕士生入学考试由5门课程改为4门课程，要求专业课考试在复试中进行，复试成绩包括英语（口语和笔试30%）、专业课（40%）、综合成绩（30%）三部分。复试内容由复试小组拟定，要求全面考核考生的整体素质，包括政治思想、文化、身体和心理等方面，以及分析和解决问题的能力；复试前要组织考生在二类甲级以上医院体检，体检不合格者不予录取。按此《通知》要求，2003年全院32个研究所、中心29个专业的176导师共招收201名硕士生，其中推荐免试生4人，外校调剂生65人，破格生7人、定向生4人，应届本科生128人，在职及往届生73人；192人具有本科学历，9人为同等学力。

2004年，国家下达中国农业科学院招生计划490名，其中硕士生招生计划350名。研究生院向院属各研究所、中心发出《关于做好2004年硕士研究生复试工作的通知》（农科研生［2004］9号文），在2003年复试要求的基础上，进一步规范复试工作：要求各研究所在复试前要对考生进行认真的资格审查；明确复试成绩的测算方法，并要求各研究所在复试中，要参考考生在校期间的学习成绩、科研活动以及工作成绩，并要重点考核了解考生的思想品德表现。2004年全院32个研究所35个专业的289位导师共招收362名硕士生，其中推荐免试生7人，应届本科生214人，在职及往届生149人；352人具有本科学历，10人为同等学力。

2005年，国家下达中国农业科学院招生计划550名，其中硕士生招生计划400名。2005年研究生院对复试和录取工作的指导思想、组织管理、复试、资格审查、录取等事项作出具体安排（农科研生［2005］15号文）。明确了考生调剂原则，进一步明确复试由专业课笔试（100分）、外语测试听力和口语（50分）和综合面试（50分）组成；录取成绩中初试与复试成绩所占比例为6：4。根据教育部规定的2005年硕士生复试分数线，全院符合国家录取分数线考生为410人，生源质量有了较大提高，首次实现符合国家复试分数线的考生数超过招生计划数。2005年全院33个研究所36个专业的324位导师共招收404名硕士生，其中推荐免试生7人，应届本科生289人，在职及往届生115人；399人具有本科学历，5人为同等学力，定向生4人。

根据教育部、国家发展和改革委员会教发［2006］1号文，2006年中国农业科学院研究生招生计划为610名，其中硕士生招生计划450人。教民厅［2005］6号文下达中国农业科学院2006年“少数民族高层次骨干人才”研究生招生计划40名，其中硕士生招生计划30名。为做好2005年招生工作，研究生院向各研究所发出《关于做好2006年硕士研究生复试工作的通知》（农科研生［2006］13号），提出复试工作要坚持录取原则、增加复试录取工作的透明度。要求各研究所在复试工作中要实行责任制度和责任追究制度、监督制度和巡视制度、实行信息公布制度。对复试内容更加细化和量化。复试内容包括笔试（占复试成绩的50%）、外语听力口语测试（占复试成绩的20%）和综合面试（占复试成绩的30%）三部分。根据教育部规定的2006年复试分数线，我院达到国家复试分数线的考生514人，超过计划招生人数64人，超过招生计划的14.2%。2006年中国农业科学院32个研究所38个专业的382位导师共招收463名硕士生，其中推荐免试生7人，定向生3人，同等学力人员4人，“少数民族高层次骨干人才”硕士生1名。2006年10月，中国农业科学院与中国水产科学研究院签署联合开展研究生工作协议。由中国农业科学院研究生院负责整合双方的优势资源，统一招生录取、学籍管理、培养管理以及学位授予。

根据教育部、国家发展和改革委员会教发［2007］2号文，2007年中国农业科学院研究生招生计划为668名，其中硕士生招生计划500名。教民厅［2006］6号文下达中国农业科学院“少数民族高层次骨干人才”研究生招生计划30名，其中硕士生招生计划15名。2007年我院达到国家录取分数线考生为541人，超过招生计划的8.2%。经过复试，2007年全院34个研究所44个专业438位导师共招收516名硕士生，其中非定向生513人、定向生2人、自筹经费生1人，推荐免试生6人，同等学力1人。随着研究生教育事业的发展，招生规模的不断扩大，为了进一步规范研究生院的招生管理工作，提高招生管理工作水平，研究生院于2007年重新编写和修订了《中国农业科学院研究生院招生管理制度汇编》，内容涉及研究生院近年来有关招生、命题、复试和考务全过程。为各研究所招生工作的规范化、制度化管理提供了详实的指导性文件。

根据教育部、国家发展和改革委员会《关于下达2008年全国研究生招生计划的通知》（教发［2008］3号），2008年中国农业科学院的招生计划为683名，其中硕士生招生计划510人。同年教育部（教民厅［2007］6号文）下达给中国农业科学院“少数民族高层次骨干人才”研究生招生计划25名，其中硕士生招生计划10人。根据教育部规定的2008年硕士生复试分数线，全院符合国家录取分数线考生为754人，超过计划招生人数244人，超过招生计划的47.8%。经过初试和复试，全院34个研究所49个专业的475位导师共招收540名硕士生，其中推荐免试生6人，应届本科生442人，占录取总数的81.9%；男生占46.1%；女生占53.9%；以同等学力录取的考生为4人，占录取总数的0.7%。

根据教育部、国家发展和改革委员会《关于下达2009年全国研究生招生计划的通知》（教发［2009］4号），2009年中国农业科学院的招生计划为698名，其中硕士生招生计划520人。同年教育部（教民厅［2008］8号文）下达给中国农业科学院“少数民族高层次骨干人才”研究生招生计划28名，其中硕士生招生计划10人。为更好地适应国家经济社会发展对高层次应用性人才的迫切需要，调整优化研究生教育类型结构，进一步完善研究生教育培养体系，推动硕士研究生教育从以培养学术型人才为主的模式向以培养应用型人才为主的模式转变，教育部在已下达的研究生招生计划（教发［2009］4号）基础上，增加全日制专业学位研究生招生计划5万名（教发［2009］6号），其中下达中国农业科学院全日制专业学位硕士研究生招生计划50人。根据教育部规定的2009年硕士生复试分数线，全院符合国家录取分数线考生为914人，超过计划招生人数334人，超过招生计划的57.6%。经过初试和复试，全院33个研究所51个专业（含4个专业学位领域）的500位导师共招收579名硕士生（学术型研究生531人，全日制专业学位研究生48人；非定向生578人、定向生1人）。其中推荐免试生12人，应届本科生520人，占录取总数的89.8%；男生占48.4%；女生占51.6%；以同等学力录取的考生1人；中国水产科学研究院1人。

1979～2009年中国农业科学院硕士研究生录取、招生情况如表3-1、表3-2、图3-1所示。

表3-1 1979～2009年招收硕士研究生录取情况统计

年　度	计划招生名额	实际录取人数	录取专业	指导教师	录取单位
1979	78	46	11	30	9
1980	52	21	6	18	5
1981	60	60	20	55	21
1982	59	61	22	85	19
1983	86	86	21	61	22
1984	94	87	20	76	23
1985	134	134	21	107	28
1986	100	47	20	47	20
1987	100	59	21	49	25
1988	100	57	21	52	21
1989	100	37	15	31	16

续表

年　度	计划招生名额	实际录取人数	录取专业	指导教师	录取单位
1990	55	32	16	32	21
1991	50	47	20	48	22
1992	50	56	19	51	25
1993	50	50	18	50	24
1994	52	60	20	67	25
1995	52	52	25	63	24
1996	55	55	21	53	25
1997	58	67	25	65	26
1998	60	70	21	66	29
1999	66	76	24	71	29
2000	80	80	20	75	22
2001	91	90	23	80	23
2002	100	114	26	110	27
2003	156	201	29	176	32
2004	350	362	35	289	32
2005	400	404	36	324	33
2006	450	463	38	382	32
2007	515	516	44	438	34
2008	525	540	49	473	34
2009	580	579	51	500	33

注：31 年累计招收硕士生 4609 人。

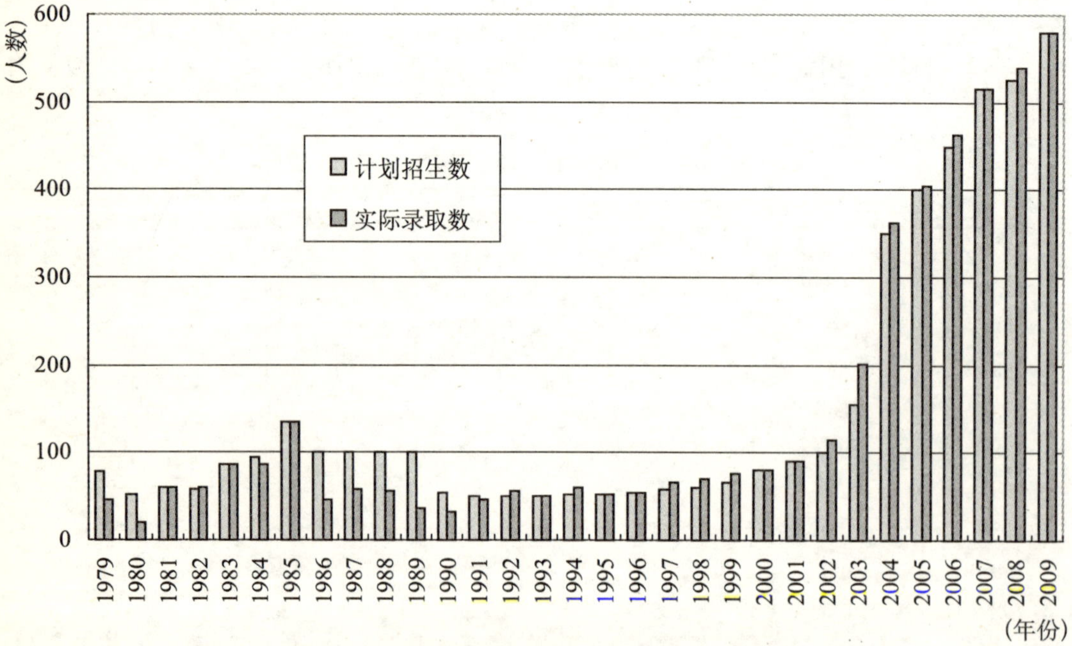

图 3－1　1979～2009 年硕士研究生招生录取情况

表 3－2 1979～2009 年中国农业科学院硕士研究生分专业招生情况

二级学科名称	专业代码	1979	1980	1981	1982	1983	1984	1985	1986	1987	1988	1989	1990	1991	1992	1993	1994	1995	1996	1997	1998	1999	2000	2001	2002	2003	2004	2005	2006	2007	2008	2009	合计
气象学	070601	1	1	3	3	1	3	3		1	2			1	2		1	1		2	2	1	2	2	2	2	4	5	6	3	5	5	64
微生物学	071005	2		2	1		5	7	4	5	4	3	1	2	3	2	3	3	5	5	1	6	4	5	4	16	15	8	15	15	18	15	179
生化与分子生物学	071010																2	9	6	9	3	9	16	15	16	22	36	44	40	51	51	49	378
生物物理学	071011	5		2	3		14	8	1	2	1	4	1	3	2	1	2	1	3	1	2			1	2	2	1	1	3	2	3	6	77
生态学	071012							1														3	3	2	4	9	13	8	10	6	9	13	81
农业机械化工程	082801																													2	1	2	5
农业水土工程	082802					2	1	1	1	2										1		3		1	1	2	2	2	2	3	1	3	28
农业生物环境与能源工程	082803																													3	2	3	8
环境科学	083001																													2	3	7	12
环境工程	083002								1	2				1				2	1	2	2	1	1	4	3	5	15	9	11	6	6	5	77
食品科学	083201																													14	17	22	53
农产品加工及贮藏	083203																					1	2	2		4	6	10	21	7	9	10	72
作物栽培学与耕作学	090101	5	3	2	1	6	3	2		1	2					1						1	2	1	2	6	7	15	14	12	15	10	111
作物遗传育种	090102	13	7	4	13	18	19	20	5	9	11	8	8	10	16	13	9	6	7	11	9	10	14	13	13	17	33	29	35	46	50	35	511
作物种质资源学	090120																										13	11	18	15	19	19	95
农产品质量与食物安全	090121																										9	6	7	14	14	12	62
作物生态学	090122																										1	1					2
作物信息科学	090123																																0
药用植物资源学	090125																												3	6	4	4	17
果树学	090201			2			2	5	1	2	2		1	2	1	3	1			1	1				1	2	2	3	3	4	3	3	45
蔬菜学	090202	1		3	2	1	2	3	1	2	1	1	1	2	1	3	2	3	1	3	3	2	2	3	2	2	11	17	22	27	21	24	169
茶学	090203			3		3		5	1				1	2	1		1	1	1		1	1		1	2	3	4	11	13	8	7	13	83
观赏园艺	090220																														4	4	8
土壤学	090301			3	3	2	4	6	1	3		1	1	1	2		2	2	1	1	3				1	1	6	7	8	13	6	5	83
植物营养学	090302	4			1	1		4	1	1	3	3			1	1	2		1			1	1	4	2	4	5	9	8	12	10	11	90
农业水资源利用	090320																												1		3		4
农业区域发展	090321																												3	7	1	5	16
农业遥感	090322																												1	3	2	2	8
草地资源利用与保护	090323																													1			1
植物病理学	090401		2	3	3	4	6	8	8	1	4	2	3	4	3	5	5	1	3	3	4	4	4	8	9	12	20	20	22	24	27	26	248

续表

二级学科名称	专业代码	1979	1980	1981	1982	1983	1984	1985	1986	1987	1988	1989	1990	1991	1992	1993	1994	1995	1996	1997	1998	1999	2000	2001	2002	2003	2004	2005	2006	2007	2008	2009	合计
农业昆虫与害虫防治	090402	6	4	3	4	9	7	10	3	2	1	1	2	4	1	1	5	4	6	2	5	6	2	3	4	9	16	13	18	22	24	20	217
农药学	090403				1	2	2		2	2		3	1	2		1		4	2	2	1	2		1	2	2	3	6	6	8	10	12	77
杂草科学	090420																												2	2	2	2	8
病虫测报	090421																											1		1		1	3
生物安全	090422																									3	2	7	8	8	8	7	43
农业微生物	090423																									1	7	3					11
动物遗传育种与繁殖	090501	1		6	1	4		2	1	2	4	2				1	1	1	1	2	3	2	2	3	6	12	15	17	13	12	14	20	148
动物营养与饲料科学	090502	2		3	7	17	2	9	4	4	4	1	2	1	8	4	5	4	3	2	5	4	4	3	3	6	24	23	27	29	27	30	267
草业科学	090503						1					2		1	2	1				1	2		2	1	4	4	12	12	13	7	12	7	84
特种经济动物饲养	090504	2		4	7	2	1	6	5				2	1	1		3	1	1	2	2	3	2	2	1	4	4	6	7	8	7	5	89
动物信息科学	090520																														1	1	2
基础兽医学	090601																					1					6	1	1	4	7	1	21
预防兽医	090602		3	9	5	7	1	23	3	7	6	4	1	4	3	6	4	5	7	6	7	5	7	10	11	24	32	55	67	78	83	79	562
临床兽医	090603																				1	2			2	1	1	4	1	2		1	15
中兽医学	090620			1			2	1			1		1																				6
兽药学	090621																															2	2
野生动植物保护与利用	090705		1		1	4	5	2	2	1	2			1		1	1	1	2	1	1	2	2	1	1	2	3	3	1	1	2	1	45
管理科学与工程	120100							1		5	3		1				1							2	4	11	9	6	6	6	6	3	64
农业经济管理	120301	4		5	3		7	6	2	5	6	2	5	5	9	6	10	3	4	10	12	6	8	2	12	13	21	25	21	17	16	17	262
农业资源与环境经济	120320																													1		2	3
农产品贸易	120321																														2	2	4
农业技术经济	120322																														1		1
农业信息管理学	120323																														1		1
农业经营管理	120324																													1	1	1	3
情报学	120502			2	2	3		1																			4	6	6	3	5	4	36
作物	470101																															15	15
园艺	470102																															2	2
农业资源利用	470103																															5	5
兽医硕士	480200																															26	26
合计		**46**	**21**	**60**	**61**	**86**	**87**	**134**	**47**	**59**	**57**	**37**	**32**	**47**	**56**	**50**	**60**	**52**	**55**	**67**	**70**	**76**	**80**	**90**	**114**	**201**	**362**	**404**	**463**	**516**	**540**	**579**	**4609**

二、博士研究生招生

中国农业科学院是国务院批准的全国首批博士学位授予单位之一，自1985年开始招收博士研究生。根据教育部《关于招收攻读博士学位研究生的暂行规定》（［82］教高二字032号）精神，研究生院制定中国农业科学院《一九八五年招收攻读博士学位研究生简章》和《一九八五年攻读博士学位研究生招生目录》。1985年国家下达中国农业科学院博士生招生计划4名，经过初试（笔试）和复试（以口试为主），中国农业科学院首批由原作物研究所鲍文奎研究员（中国科学院学部委员）录取肖栓锁为作物遗传育种专业的博士生，原上海血吸虫病研究室许绶泰研究员录取许传波为兽医寄生虫学与兽医寄生虫病学专业的博士生。从此揭开了中国农业科学院博士研究生教育事业的新篇章。

1986年，国家下达中国农业科学院博士生招生计划10名。根据原国家教育委员会《关于编报一九八六年攻读博士学位研究生招生计划的通知》（［86］教研字004号文）精神，研究生院编制了中国农业科学院1986年攻读博士学位研究生招生简章和专业目录。并组织报名考生参加初试（笔试）和复试（改为笔试和口试相结合），择优录取5名博士研究生。其中，中国农业科学院作物所鲍文奎研究员招收1名报考作物遗传育种专业的博士生，生物防治研究室邱式邦研究员（中国科学院学部委员）招收3名报考昆虫学专业的博士生，畜牧所刘金旭研究员招收1名报考动物营养专业的博士生。

1987年，原国家教委下达给中国农业科学院的博士研究生招生计划为21名。研究生院根据招生计划编制了中国农业科学院1987年攻读博士学位研究生招生简章和专业目录。研究生院与各有关研究所（中心、室）密切配合，通过组织报名考生参加初试（笔试）和复试（笔试和口试相结合），严格把关，坚持录取原则，全院9个研究所的10位博士生导师招收8个专业的博士研究生共12名。

原农牧渔业部《关于分配1988年博士生招生计划的函》（［1987］农（教研）字第264号文）下达给中国农业科学院1988年博士生招生计划20名。研究生院根据招生计划编制中国农业科学院1988年攻读博士学位研究生招生简章和专业目录，初试结束后，研究生院向各研究所（室）发出《关于1988年攻读博士学位研究生复试录取工作的通知》（［88］农科（研生）字第28号文），对复试工作提出基本要求和基本做法，以确保博士生的入学质量。重点要求博士生复试要审阅考生在原学校（工作单位）政治思想表现；参加复试的考生，各科成绩不低于60分。1988年全院8个研究所（室）的9位博士生导师录取6个专业的13名博士生。

根据原国家教委、国家计委、人事部《关于编制一九八九年研究生招生计划的通知》（［88］教研字012号文），中国农业科学院博士生的招生计划为20名。研究生院根据招生计划编制了中国农业科学院1989年攻读博士研究生招生计划、招生简章和招生专业目录，经复试，1989年全院6个研究所的6位博士生导师录取5个专业的7名博士生。

1990年，国家下达中国农业科学院博士生招生计划13名，根据原国家教委（89）教高字014号、015号两个文件精神，研究生院向院属各所（中心、室）发出《关于编制一九九〇年攻读博士学位研究生招生专业目录的通知》（［89］农科（研）字第39号文），强调中国农业科学院1990年博士生招生，要根据社会需求，原则上采取定向培养；改变单纯按导师人数分配招生计划的方式。1990年，全院7个研究所（中心）的7位博士生导师招收5个专业的9名博士生。

根据农业部《关于部属单位编制一九九一年博士、硕士研究生招生计划的通知》（［1990］农（教宣）函字第32号文），1991年中国农业科学院博士生招生计划为20名。研究生院根据农业部要求制定1991年博士生招生简章，编制博士生招生专业目录，做好招生录取工作。并发出《关于一九九一年攻读博士学位研究生复试的通知》（［91］农科（研）字第13号文），要求各研究所（中心、室）按规定做好考生的复试工作。1991年全院10个研究所（中心）的12位博士生导师录取6个专业的15名博士生。

1992年，国家下达中国农业科学院博士生招生计划20名。根据农业部《关于编制一九九二年博士、硕士研究生招生计划的通知》（［1991］农（教）函字第26号文）要求，研究生院编制1992年博士生招生简章和招生专业目录，组织考生报名，参加入学考试，进行复试和录取。1992年全院12个研究所的16位博士生导师招收10个专业的20名博士生，其中在职人员6人，定向、委培4人，提前攻博1人。

1993年国家下达中国农业科学院博士生招生计划21名。根据国家教委、国家计委、人事部教学（1992）15号文和农业部（1992）农（教）函字第40号文《关于编制一九九三年博士、硕士研究生招生计划的通知》要求，研究生院编制1993年博士生招生简章和招生专业目录。通过报名、初试、复试和录取等招生环节，1993年全院12个研究所（中心、室）的12位博士生导师招收8个专业的21名博士生，其中在职人员18名，同等学力者2人。

1994年，国家下达中国农业科学院博士生招生计划25名。根据国家教委、国家计委、人事部《关于编制一九九四年研究生招生计划的通知》（［1993］2号文）和《关于编制一九九四年博士、硕士研究生招生计划的通知》（［1993］农（教宣研）字第84号文）精神，研究生院编制1994年博士生招生计划、招生简章和招生专业目录。通过报名、初试、复试、录取等各个环节的招生工作，1994年全院11个研究所（中心、室）的14位博士生导师共招收8个专业的23名博士生，其中在职人员8人、定向生2人、委培生2人。

1995年国家下达中国农业科学院博士生招生计划25名。根据国家教委《关于编制一九九五年研究生招生计划的通知》（教学［1994］13号文）和农业部《关于编制一九九五年博士、硕士研究生招生计划的通知》（［1994］农（教宣研）字第89号文）要求，研究生院编制1995年博士生招生计划、招生简章和招生专业目录，并组织实施相应的招生工作。由于当年生源充足，质量较高，研究生院向农业部教育司请示（［95］农科（研）字第17号、18号）增加招生名额。1995年全院14个研究所（中心、室）的20位博士生导师共招收10个专业的29名博士生，其中定向生2人、委培生6人，在职人员10人，同等学力者4人。

1996年，国家下达中国农业科学院博士生招生计划25名。根据农业部《关于报送农业部部属单位1996年博士、硕士研究生招生计划的函》（农教函［1995］21号文）的要求，研究生院编制1996年博士生招生计划、招生简章和招生专业目录，并组织实施相应的招生工作。1996年，全院15个研究所（中心、室）的21位博士生导师共招收11个专业的30名博士生，其中：定向生19人、非定向生10人、委培生1人，提前攻博1人、同等学力者3人。

1997年，国家下达中国农业科学院博士生招生计划25名。研究生院按照农业部要求编制博士生招生计划分配表和博士生招生专业目录，认真做好报名考试的各项组织工作，并发出《关于做好一九九七年博士生录取工作的通知》（农科（研生）字［1997］17号文），要求各有关单位加强复试工作，明确复试内容，严格复试程序。1997年全院14个研究所（中心）的23位博士生导师共招收10个专业的30名博士生，其中定向生16人，同等学力者2人。

1998年，国家下达中国农业科学院博士生招生计划30名。研究生院按照国家要求编制博士生招生计划分配表和博士生招生专业目录。为做好复试工作，研究生院向各研究所发出《关于1998年攻读博士学位研究生入学考试复试的通知》（农科研生字［1998］11号文）。1998年全院17个研究所（中心）的27位博士生导师共招收10个专业的36名博士生，其中定向生23人，同等学力者5人。

根据农业部《关于下达1999年部属普通高校研究生招生计划的通知》（农科教高（便）字（1999）32号文），中国农业科学院1999年博士生规模为34名。研究生院根据招生计划编制1999年攻读博士学位研究生招生简章和招生专业目录。通过报名、初试、复试、录取等招生环节，全院18个研究所（中心）的32位博士生导师共招收10个专业的44名博士生，其中定向生24人，统分生20人，同等学力者8人。

根据农业部《关于编制2000年博士、硕士研究生招生计划的通知》（农科教高［2000］21号），2000年中国农业科学院博士生招生计划40名。研究生院根据招生计划编制2000年博士生分专业招生计划汇总表和招生专业目录。研究生院在复试工作中向各研究所发出《关于做好2000年攻读博士学位研究所复试工作的通知》（农科研生字［2000］17号），对复试工作提出具体要求。对于中国农业科学院优秀在职人员初试成绩略低于录取标准、在本专业考生中成绩相对名列前茅者，经导师和本单位同意可以参加复试，但必须以保证质量为前提。2000年全院16个研究所的35位博士生导师共招收8个专业的51名博士生，其中定向委培生28人，同等学力者6人，提前攻博1人、硕博连读2人。

根据教育部、原国家发展计划委员会、人事部《关于下达2001年全国研究生招生计划的通知》（教学［2000］16号文）和北京教育考试院高等学校招生办公室给中国农业科学院的来函，中国农业科学院2001年博士生招生计划为52名。研究生院根据招生计划编制2001年博士生分专业招生计划汇总表和招生专业目录。经过报名、初试、复试等招生阶段，2001年全院22个研究所的38位博士生导师共招收10个专业的56名博士生，其中定向委培生34人，提前攻博2人，同等学力者8人。

根据教育部、原国家发展计划委员会《教育部、国家计委关于下达2002年全国研究生招生计划的通知》（教学［2002］3号文），2002年中国农业科学院博士生招生计划为

62 名。研究生院根据招生计划编制 2002 年博士生分专业招生计划汇总表和博士生招生专业目录。根据中国农业科学院承担繁重科研任务对人才培养的迫切需求情况，中国农业科学向教育部提出了扩大招生规模的申请（农科院研生字［2002］86 号文），希望教育部批准中国农业科学院扩大研究生招生规模。为做好复试工作，2002 年研究生院召开中国农业科学院院属京内研究所研究生招生录取会议，传达北京市研究生录取工作会议精神；安排全院 2002 年研究生录取工作；布置 2003 年招生计划和招生专业目录上报工作；研讨如何做好中国农业科学院研究生招生、培养、学位授予及管理等工作。并向全院各研究所（中心）发出《关于做好 2002 年博士研究生复试工作的通知》（农科研生字［2002］18 号），提出复试工作的具体要求。2002 年全院 22 个研究所（中心）的 49 位博士生导师实际招收 11 个专业的 82 名博士生，其中定向委培生 44 人，硕博连读 2 人、提前攻博 2 人，同等学力者 6 人。

根据教育部、原国家计委印发《教育部、国家计委关于下达 2003 年全国研究生招生计划的通知》（教发［2002］37 号），2003 年中国农业科学院博士生招生计划为 86 名。研究生院根据招生计划发出《关于编制 2003 年博士、硕士研究生招生专业目录的通知》（农科研生字［2002］14 号），对 2003 年研究生招生专业目录的编制工作提出具体要求。根据中国农业科学院科技创新及国家对高层次人才的需求，研究生院分别向北京市研究生招生办公室和农业部科教司申请扩招博士研究生（农科研生［2003］13 号、14 号）。2003 年全院 24 个研究所（中心）的 76 位博士生导师实际招收 15 个专业的 136 名博士生，其中已获硕士学位 56 人，应届毕业生 61 人，同等学力 16 人，定向委培生 49 人，硕博连读生 2 人，提前攻博 3 人。

根据教育部、国家发展和改革委员会印发《教育部、国家发展和改革委员会关于下达 2004 年全国研究生招生计划的通知》（教发［2004］4 号），中国农业科学院 2004 年博士生招生计划 140 名。研究生院在编制 2004 年博士、硕士研究生招生专业目的通知（农科研生［2003］10 号）中，明确了每个招生单位最多只能报 6 个博导招生；划归大学的研究所 2004 年起院里不再下拨计划内招生指标。研究生院根据招生计划编制 2004 年博士生分专业招生计划汇总表。向中国农业科学院院属各单位发出《关于做好 2004 年博士研究生复试工作的通知》（农科研生［2004］15 号），对复试工作提出了一些新的要求。主要包括：复试要全面考核考生的整体素质，包括考生在校期间的学习成绩、科研活动以及工作业绩，并重点考核了解考生的思想品德表现，思想品德考核不合格者，不予录取；提出差额复试比例为 1：1.2。2004 年全院 25 个研究所、117 位博士生导师在 23 个专业共招收 160 名博士生，其中已获硕士学位 77 人，应届毕业生 73 人；定向委培生 59 人，提前攻博 5 人，同等学力者 11 人。

根据教育部、国家发展和改革委员会下达《2005 年全国研究生招生计划》（教发［2005］3 号），中国农业科学院博士生招生计划为 150 人。研究生院根据招生计划向中国农业科学院院属各单位发出《关于编制 2005 年博士、硕士研究生招生专业目录的通知》（农科研生［2004］15 号），要求各单位按照 2004 年研究所录取人数，根据本单位学科建设和各专业学科协调发展的需要，确定符合招生条件的导师人选，填报招生专业目录。研究生院还分别向北京市高招办（农科研生［2005］22 号）和教育部学生司（农科研生

［2005］23 号）提出申请扩招报告，以满足中国农业科学院科技创新的需要。为吸引优秀生源报考中国农业科学院京外研究所，2005 年研究生院在《关于做好 2005 年博士研究生复试工作的通知》（农科研生［2005］19 号）中，对复试工作提出分报考地区划线的办法，即：考试分数线按 A 类、B 类和 C 类地区划分，各研究所按所在地区分数线要求和计划招生人数确定复试名单。2005 年全院 26 个研究所的 128 位博士生导师实际共招收 24 个专业的 160 名博士生，其中定向委培生 47 人，提前攻博 15 人。

根据教育部、国家发展和改革委员会下达《2006 年全国研究生招生计划》（教发［2006］1 号），2006 年中国农业科学院博士生招生计划 160 名，“少数民族高层次骨干人才”博士生招生计划 10 名。基于中国农业科学院科研实力和生源情况，研究生院分别向北京市教育考试院（农科研生［2006］21 号）、教育部学生司（农科研生［2006］22 号）、教育部民族司提出扩招申请。研究生院在《关于做好 2006 年博士研究生复试工作的通知》（农科研生［2006］18 号）中，规定了初试与复试比例，即初试成绩与复试成绩所占录取总成绩比例为 6∶4。要求各研究所对参加复试的考生，按其初试成绩（占 60%）和复试成绩（占 40%）加权计算出录取总成绩，从高分到低分进行名次排序，依序录取考生。2006 年中国农业科学院 28 个研究所的 141 位博士生导师实际共招收 33 个专业的 180 名博士生，其中定向委培生 66 人，提前攻博 20 人，少数民族高层次骨干人才计划 11 人。2006 年根据中国农业科学技术出版社《关于申请作为研究生教育和博士后招收独立单位的请示》（农科出版人［2006］11 号），研究生院发出《关于出版社独立招收研究生的复函》（农科研生函［2006］17 号），同意该出版社成为独立的研究生招生单位，对研究生的教育和管理严格按照研究生院有关文件规定执行。

根据教育部、国家发展改革委员会下达《2007 年全国研究生招生计划》（教发［2007］2 号），中国农业科学院博士生招生计划 168 名、“少数民族高层次骨干人才”博士生计划 15 名。根据中国农业科学院科研综合实力和实际需要，研究生院分别向北京市研招办（农科研生［2007］22 号）和教育部学生司（农科研生［2007］23 号）请示，在调整 2007 年招生规模时，能够向农业领域倾斜，增加中国农业科学院研究生招生规模。研究生院要求各单位在复试过程中，按照农科研生［2007］21 号《关于做好博士研究生复试工作的通知》要求和《中国农业科学院研究生院招收攻读博士学位研究生复试工作管理规定》的具体要求，做好复试录取各项工作。2007 年全院 30 个研究所的 152 位博士生导师实际共招收 34 个专业的 187 名博士生，其中定向委培生 73 人，提前攻博 33 人，少数民族高层次骨干人才计划 15 人。

根据教育部、国家发展改革委员会《2008 年全国研究生招生计划》（教发［2008］3 号），中国农业科学院博士生招生计划为 173 名、“少数民族高层次骨干人才”博士生计划 15 名。研究生院在《关于编制 2008 年博士、硕士研究生招生专业目录的通知》（农科研生［2007］32 号文）中，对招生研究方向进行了统一规范，提出招生研究方向与培养方向一致的新规定，改变了以往由导师随意填报研究方向的做法。同时，提出精简考试科目的要求。2008 年全院 28 个研究所的 157 位博士生导师共招收 38 个专业的 196 名博士生，其中定向委培生 80 人，提前攻博 29 人，少数民族高层次骨干人才计划 15 人。

根据教育部、国家发展和改革委员会《关于下达 2009 年全国研究生招生计划的通知》

（教发［2009］4 号），中国农业科学院博士生招生计划为 178 名、“少数民族高层次骨干人才”博士生计划 18 名。经过报名、初试和复试，2009 年全院 28 个研究所的 178 名博士生导师共招收 36 个专业的 206 名博士研究生，使研究生院博士招生人数首次突破 200 人，其中定向委培生 80 人，硕博连读 24 人，同等学力 6 人，少数民族高层次骨干人才计划 18 人。

1985～2009 年期间，中国农业科学院招收博士研究生共计 1711 人，录取情况如表 3－3、图 3－2 所示。1979～2009 年中国农业科学院博士研究生招生情况如表 3－4 所示。

表 3－3　1985～2009 年招收博士生录取情况统计

年　度	计划招生名额	实际录取人数	录取专业	指导教师	录取单位	备 注
1985	4	2	2	2	2	
1986	10	5	3	4	4	
1987	21	12	8	10	9	
1988	20	13	6	9	8	
1989	20	7	5	6	6	
1990	13	9	5	7	7	
1991	20	15	6	12	10	
1992	20	20	10	16	12	
1993	21	21	8	12	12	
1994	22	23	8	14	11	含兼职博导 1 人
1995	25	29	10	20	14	
1996	25	30	11	21	15	含兼职博导 1 人
1997	25	30	10	23	14	含兼职博导 1 人
1998	30	36	10	27	17	含兼职博导 1 人
1999	34	44	10	32	18	
2000	40	51	8	35	16	
2001	52	56	10	38	22	
2002	62	82	11	49	22	
2003	86	136	15	76	24	
2004	140	160	23	117	25	
2005	150	160	24	128	26	
2006	160	180	33	141	28	实际招生数中含西部计划 11 人
2007	168	188	34	152	30	实际招生数中含西部计划 10 人
2008	173	196	38	157	28	实际招生数中含西部计划 15 人
2009	178	206	36	178	28	

注：1. 表中录取单位均指中国农业科学院院属单位，不含外单位；
2. 25 年累计招收博士研究生 1711 人。

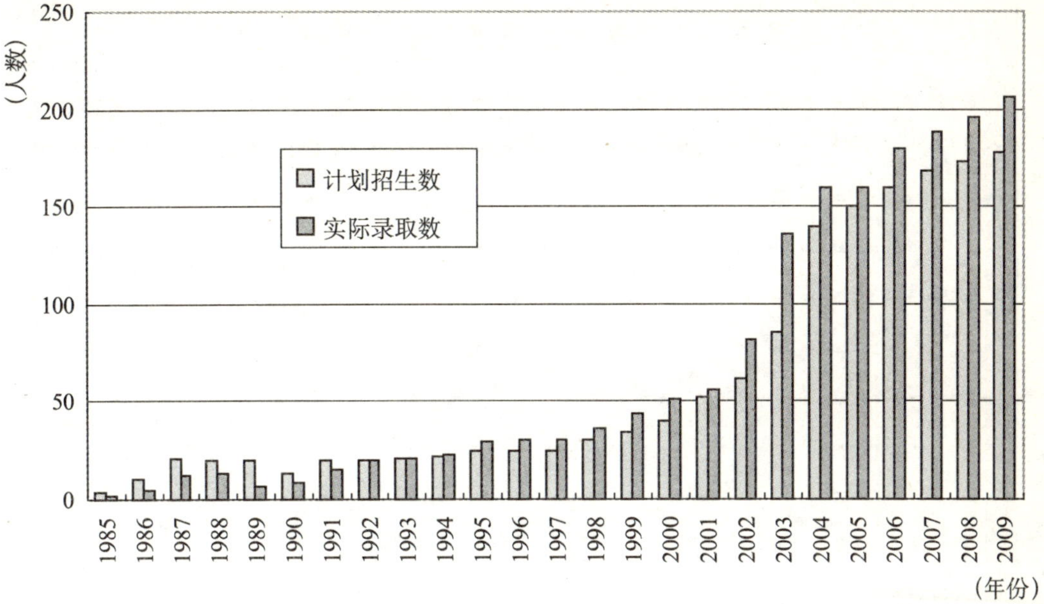

图 3-2 1985～2009 年博士研究生招生录取情况

三、考务工作

研究生入学考试（初试）是选拔高层次专门人才的中心环节，组织好考试是招生部门的一项十分重要的工作。特别是命题和评卷工作，是整个招生工作中重要的一环，对保证新生的质量具有重要的作用。

（一）考试科目的设置

1978 年，恢复研究生教育后，硕士研究生入学考试由国家统一组织，考试分为五个科目进行，即政治理论课（1987 年改为马克思主义理论课）、外国语课、基础课、专业基础课和专业课，卷面满分值均为 100 分。1978 年、1979 年硕士研究生入学考试各科目由招生单位自行命题、自行阅卷。

1980 年，教育部规定，政治理论课和外国语课由国家统一命题，三门业务科由招生单位自行确定考试科目并命题。

1987 年，原国家教委又决定在工学各专业和经济学中部分专业入学考试科目中的数学课进行全国统一命题。同年，原国家教委又委托卫生部、农业部分别组织了医学、农学两门学科中共五种试卷（包括农科数学和化学）的统一命题。

根据（89）教高字 014 号文，从 1990 年起原国家教委不再组织农科数学和化学两门考试科目的统一命题，改由招生单位自行命题。

2003 年起，硕士研究生入学考试科目调整为四门，即马克思主义理论课、外国语课、

表 3－4　1979～2009 年中国农业科学院博士研究生分专业招生情况

二级学科名称	专业代码	1985	1986	1987	1988	1989	1990	1991	1992	1993	1994	1995	1996	1997	1998	1999	2000	2001	2002	2003	2004	2005	2006	2007	2008	2009	合计
生物化学与分子生物学	071010																1	3	14	26	19	19	26	31	26	28	193
生物物理学	071011			1	2		1		2	2	3	3	3		1	1		1		1	1	1	2	1	1	2	29
农业水土工程	082802																					1	2	2	3	1	9
作物栽培学与耕作学	090101																		2	2	2	2	4	3	2	2	19
作物遗传育种学	090102	1	1	2	4	3	5	7	5	7	8	3	5	6	9	14	10	11	8	15	17	17	15	9	15	13	210
作物种质资源学	090102																				3	6	6	7	3	5	30
农产品质量与食物安全	090121																				7	6	7	10	12	12	54
作物生态学	090122																				3	2	6	3	3	2	19
作物信息科学	090123																				4	1	3	1	5	4	18
作物气象学	090124																				4	4		1	1	2	12
药用植物资源学	090125																						1		1		2
果树学	090201																							1	1	1	3
蔬菜学	090202													2	3	3	5	3	3	7	7	6	3	6	2	8	58
茶学	090203																				1	1	1	1	1		5
土壤学	090301			1																	1	3	4	3	8	3	23
植物营养学	090302			1	2	1	1	1	3	3	1	3	2	3	3	1	3	3	4	8	9	8	7	5	6	6	84
农业资源利用	090320																						2		3	3	8
农业区域发展	090321																							6	3	5	14
农业遥感	090322																						2	3	2	2	9
草地资源利用与保护	090323																						6	2	3	1	12
植物病理学	090401								2			2	3	5	2	4	5	1	2	5	2	5	4	3	9	10	64
农业昆虫与害虫防治	090402		3					2	2	1	3	2	1	2	3	3	5	2	6	5	2	3	8	8	6	9	76
农药学	090403																							2	1	2	5
杂草科学	090420																					1	1	1	1	1	5
病虫测报	090421																				3						3
生物安全	090422																			5	2	4	1	1	3	1	17
农业微生物	090423																			1	4	5	4	2	3	4	23
动物遗传育种与繁殖	090501																				5	7	6	7	6	7	38
动物营养与饲料科学	090502		1	1	2	1	1	1	1	3	1	5	5	3	3	2	8	8	9	14	8	11	6	14	11	9	128

续表

二级学科名称	专业代码	1985	1986	1987	1988	1989	1990	1991	1992	1993	1994	1995	1996	1997	1998	1999	2000	2001	2002	2003	2004	2005	2006	2007	2008	2009	合计
草业科学	090503																						1	4	6	8	19
特种经济动物饲养	090504			1		1		1		1	1	1	3	2	1	1		2	4	4	3	4	3	4	4	2	43
基础兽医学	090601																							2		1	3
预防兽医学	090602	1		4	2	1	1		2	2	2	2	3	3	5	7	5	11	9	14	20	21	23	22	21	24	205
临床兽医学	090603																							1			1
兽药学	090621																								1	2	3
农业经济管理	120301			1	1			3	3	2	4	8	5	4	6	8	9	11	21	29	33	22	16	11	14	12	223
农业资源与环境经济	120320																						1	2	1		4
农产品贸易	120321																						1		1	3	5
农业技术经济	120322																						1		2	3	6
农业信息管理	120323																						5	5	3	7	20
农业经营管理	120324																						2	4	2	1	9
合计		**2**	**5**	**12**	**13**	**7**	**9**	**15**	**20**	**21**	**23**	**29**	**30**	**30**	**36**	**44**	**51**	**56**	**82**	**136**	**160**	**160**	**180**	**188**	**196**	**206**	**1711**

基础课和专业基础课，卷面满分值分别为100分、100分、150分、150分，专业课考试放在复试中进行。

2007年，教育部决定（教学厅［2007］5号），从2008年起对全国硕士研究生统一入学考试农学门类初试科目和内容进行优化调整。调整后，初试科目为四门，即政治理论、外国语、农学门类公共基础、农学学科基础综合，卷面满分值分别为100分、100分、150分、150分。农学门类公共基础：设数学、化学科目，农学学科基础综合：按动植物类学科群（含18个二级学科）和农学门类其他学科（含16个二级学科）分设考试科目，动植物类学科群各学科设置动物生理学与生物化学、植物生理学与生物化学科目，其他学科由招生单位自定科目，考察范围须至少涵盖相关学科专业本科教学阶段两门主干课程。联合命题工作由教育部委托学位与研究生教育学会农林工作委员会在教育部考试中心指导下组织实施，各培养单位不再组织农学门类考试科目的自主命题。

（二）命题原则和要求

报考中国农业科学院考生的初试科目，除国家统一命题的考试科目外，其他业务课考试科目均由研究生院招生办公室根据有关规定组织命题。在每年考试前，招生部门根据当年国家有关部门要求，制定中国农业科学院当年自命题科目命题要求，明确命题原则、命题范围、试题难易程度、评分标准、命题人员的职责及保密要求，确保命题工作顺利完成。

中国农业科学院1979～2009年硕士生入学考试自命题情况如表3-5所示。

表3-5　中国农业科学院1979～2009年硕士生入学考试自命题情况

年　度	自命题科目数	年　度	自命题科目数	年　度	自命题科目数
1979	39	1989	48	1999	53
1980	64	1990	49	2000	56
1981	62	1991	46	2001	50
1982	72	1992	54	2002	59
1983	71	1993	44	2003	25
1984	—	1994	49	2004	28
1985	114	1995	43	2005	26
1986	65	1996	49	2006	23
1987	39	1997	63	2007	23
1988	45	1998	58	2008	20
				2009	15

说明：1. 1984年入学硕士生均为调剂录取；

2. 2003年起，硕士生入学考试只考四门，不考专业课。

中国农业科学院自1985年招收博士研究生以来，入学考试外国语课和两门业务课一直由研究生院自行命题，具体情况如表3-6所示。

表 3－6　1985～2009 年博士生入学考试自命题情况

年　度	自命题科目数	年　度	自命题科目数	年　度	自命题科目数
1985	11	1993	18	2001	34
1986	11	1994	16	2002	33
1987	26	1995	29	2003	38
1988	26	1996	28	2004	66
1989	21	1997	32	2005	59
1990	20	1998	31	2006	66
1991	22	1999	31	2007	69
1992	34	2000	22	2008	63
				2009	60

（三）试卷的密封和投寄

研究生院招生办公室根据国家硕士生入学考试试卷管理规定，按照全国各考点报考中国农业科学院考生人数，将试卷分类分装、密封，以机要形式寄至全国各考点单位负责人。

（四）考试工作和考点

做好考务工作，是确保考试工作顺利进行的关键。自建院以来，中国农业科学院始终是全国硕士研究生入学考试北京考点之一。研究生院历届领导非常重视此项工作，每年在入学考试前，研究生院均成立考务工作领导小组和监考工作小组，由主管院长任主监考，统筹考务工作，做好考场组织，监考人员管理，妥善解决考试期间的医疗、通讯、交通和治安问题。考试期间，设立考场办公室，由主管院长值班，负责处理有关考场出现的各种问题，并进行考场巡视，确保考场安全。

（五）评卷工作

1. 准备工作

研究生院招生办公室接收各考点寄来的试卷后，对考试试卷进行分科目整理。登记考卷份数、缺考数和缺考考生编号，拆卷、分科目排序装袋。硕士生的马克思主义理论课、外国语课等统考科目试卷送北京市招生办指定的阅卷点统一组织评卷，其他业务科目试卷由研究生院招生办公室组织评卷。

2. 评卷要求

评卷工作贯彻“严格公正，评分准确”的原则，在评卷过程中，由专人进行复查，发现评分、合分和登分有差错时，需予以纠正，校改人须在更改处签字。应保持卷面整洁，不准损坏试卷和丢页错页。

评卷结束后，评卷小组须将试卷和标准答案完整交回，以便存档备查。各评卷小组要对考试结果、试题的分量和难易程度以及考生在答题中普遍存在的问题，进行分析总结，并写出书面意见，以便改进今后的命题工作。

（六）保密纪律

为切实做好中国农业科学院研究生入学考试的安全保密工作，根据《中华人民共和国保守国家秘密法》（1989 年 5 月 1 日起施行）和《中华人民共和国保守国家秘密法实施办法》（1990 年 5 月 25 日国家保密局令）及教育部关于试卷保密室、试卷印制、试卷保管等管理办法的精神，研究生院结合本院实际情况，2002 年制定了《中国农业科学院研究生院关于研究生招生考试安全和保密工作的规定》，从保密教育、保密责任、保密室建设及管理、命题和审题、试卷印制、试卷保管、阅卷保密要求、考试成绩管理、招生考试工作人员保密要求等方面对考试安全保密工作提出了具体要求和规定。尤其强调全国统一命制的试题及标准答案在开考前属国家绝密级材料；研究生院和各培养单位命制的试题和参考答案在开考前属机密级材料；考生答卷在成绩公布前属秘密级材料。要求参加命题和审题的工作人员必须严格遵守招生考试保密工作的有关规定，签订《中国农业科学院研究生院研究生招生考试命题和审题教师保密承诺书》。要求有关工作人员必须严格遵守有关规定，要以对考生、社会负责的态度，严守保密纪律。对违反安全保密规定造成泄密的，视情节轻重分别给予批评教育和纪律处分，对触犯刑律的应依法追究法律责任。

四、开展计算机辅助管理招生工作

研究生招生工作具有周期长、环节多、时间紧、内容繁杂、工作量大、不能出错、重复性工作较多等特点。传统的手工作业方式不仅工作效率低，而且很难保证工作质量。因此，在研究生招生工作中应用计算机辅助管理是提高招生工作效率和准确性的有力保证，势在必行。

1986 年 10 月，北京市高校招生办公室（以下简称市招办）组织成立了北京市研究生招生计算机应用协作组，当时包括中国农业科学院在内的 37 所高校和科研机构首批参加。同年 11 月，研究生院负责招生工作人员参加北京市招办组织举办的计算机辅助管理系统培训班。随即在 1987 年的研究生招生工作中，中国农业科学院第一次使用计算机，使用结果显示：在报名阶段使用计算机，提高工效近 2 倍；在考试成绩处理阶段使用计算机，工效可提高 3 倍以上，该资料已载入《北京市研究生教育》一书。1988 年，北京市近 200 个招生单位中，仅有 42 个单位能够在招生工作全过程应用计算机，36 个单位能够利用磁盘向市招办报送数据，中国农业科学院均名列其中。1995 年，研究生院编制了《研究生招生管理系统》。该系统具有非标准报表管理、计划管理、数据库管理、准考管理、考生文件检索、初选录取管理、正式录取管理等主要功能，曾被全市 70 多个招生单位采用。在 1997 年全国研究生招生优秀计算机辅助管理软件评选中，中国农业科学院的《研究生招生管理系统》，荣获国家教育委员会高校学生司颁发的一等奖证书。

从 2005 年起，全国硕士研究生招生实行网上报名，考生网上报名后，到省级招办指定的报考点确认报名信息，并缴费、照相。2004 年中国农业科学院结合自身特点研发了博士生网上报名系统，并于 2005 年首次在博士生入学考试中试用，后经不断修改和完善，该系统在 2006 年博士生入学考试中全面使用。系统具有报名数据统计、生成报名库与录取库、下载准考证等功能，且系统的可操作性和实用性更强，较大程度提高了研究生招生工作的管理水平和工作效率，同时也方便了考生报考。从 2004 年起，研究生院每年召开全院研究生招生录取工作会议，传达教育部和北京市有关研究生录取工作会议精神，部署中国农业科学院复试和录取工作，同时对研究生教育管理工作进行交流和研讨。

总之，经过 30 年的不懈努力和经验积累，中国农业科学院研究生招生工作在招生规模、规范化管理、信息化管理等方面取得了显著成绩。1997 年以来先后有 5 人次获得北京市招生管理先进个人；2003 年荣获北京市高等学校招生工作先进集体；2007 年荣获全国高校研究生招生咨询活动一等奖；2007 年荣获北京市研究生招生工作突出贡献奖；“高校科研实力与考生择校”2008 年、2009 年研究生招生咨询大型公益系列活动优秀组织奖。

第二节　学籍管理

一、学籍管理规定

（一）学籍管理规定的修订

自 1978 年恢复研究生招生和 1981 年实施学位制度以来，国家各级教育部门一直高度重视研究生的学籍管理工作。强调为保证国家教育方针的贯彻，维护正常的教学秩序，促进研究生德、智、体、美全面发展，保证研究生的培养质量，在研究生的学籍管理工作中，既要建立健全规章制度，严格管理，又要坚持行政管理与思想教育相结合，以教育为主的原则，调动研究生自我管理的积极性。

1984 年 4 月 2 日，中国农业科学院研究生院以（84）农科院（研生）字第 7 号文，向中国农业科学院各研究所科研处和全体导师转发教育部《研究生学籍管理暂行规定（征求意见稿）》和《中华人民共和国研究生工作条例（征求意见稿）》，作为当时研究生学籍管理工作的基本依据。

1986 年 9 月开始，研究生院学籍管理工作执行原北京市高等教育局制定的《北京地区研究生学籍管理办法（试行）》（1986 年 8 月 28 日颁发）和原国家教育委员会发布的

《普通高等学校学生管理规定》（国家教育委员会令第7号）。

1995年，根据国家教委颁发的《研究生学籍管理规定》的精神，研究生院制定《中国农业科学院研究生院学籍管理规定实施细则》，并编入《研究生手册》。

1998年，根据北京市教委颁发的《北京地区研究生学籍管理规定》，研究生院对《中国农业科学院研究生院学籍管理规定实施细则》进行修改，主要修改内容：①在取消入学资格中，增加"有舞弊行为者"；②在毕业方面增加"未通过毕业论文者，准予结业，发给结业证书。未完成毕业论文者（包括未进行毕业论文答辩者），做肄业处理"；③对研究生提前毕业明确"提前毕业的申请，由研究生本人在中期考核时提出，由考核小组通过，导师和研究所同意，研究生院考核批准"，同时规定"同等学力和跨专业考入的，不准许提前毕业"；④在学习年限方面增加"硕士生应在规定时间内完成学习任务，一般不能延长"，同时取消原"博士生延长学习期限不能超过一学年"的规定；⑤在就业方面取消原"不服从分配、不按规定时间报到者，不授予学位"的规定。

2002年，研究生院对《中国农业科学院研究生院学籍管理规定实施细则》进行修改，主要取消原"第一年课程学习期间和双方都是本校在读研究生"不批准结婚申请的规定。

2004年，研究生院对《中国农业科学院研究生院学籍管理规定实施细则》进行修改。主要修改内容：①增加"公派出国超过三个月、国外提供生活费资助，助学金停发"的规定；②取消研究生申请结婚要"经导师和研究所（中心）同意，研究生院批准后办理"的规定，改为申请结婚"到研究生工作处申请备案后办理"；③取消两条退学规定：一是"休学期满不办理复学手续者"，二是"硕士生一学期内有两门学位课程考试不及格，或全学程内有一门学位课程考试不及格经补考后仍不及格者；博士生有一门学位课程考试不及格，但补考后仍不及格者"；④增加按自动退学处理的规定："因公派出国联合培养滞留不归者"、"假期出国探亲、旅游逾期不归者"、"休学、保留学籍期满无故逾期未复学者"；⑤规定博士生学习年限"最长不超过5年"。

2005年，根据教育部《普通高等学校学生管理规定》（中华人民共和国教育部令第21号、高校学生司［2005］6号文），研究生院制定《中国农业科学院研究生院学生管理规定》（试行）。该规定除学籍部分外，还增加"学生的权利和义务"、"校园秩序和课外活动"，取消就业规定的内容。学籍管理方面具体修改内容：①在注册方面增加"一年级第二学期开学，必须在校历规定的开学日三天内注册。未请假或请假未准逾期两周以上未注册者，视为放弃学籍，按自动退学处理"；②取消纪律与考勤的内容，单独制定《研究生请假办法》放到《研究生手册》中；③增加"考试与成绩记载"一节；④明确可以转专业的条件，也明确不予考虑转专业的情况；⑤放宽休学的条件，改变过去只允许因病休学的规定，允许"学生分阶段完成学业"；⑥允许在校女生在导师及研究所同意情况下，办理计划生育手续，产假前办理休学手续；⑦退学规定方面"将中期考核未通过者"改为"学业成绩未达到学校要求的"，取消"研究生在学期间生育"要退学的规定，增加"未在学校规定的学习年限内（含休学）完成学业的"及"本人申请退学"的两个退学条件；⑧增加"一般不受理博士研究生提前毕业申请"；⑨增加"因毕业论文答辩未通过而结业的学生，结业后两年内，可重新申请答辩一次。答辩通过者，可向研究生院申请换发毕业证书。毕业时间按发证日期填写。符合学位授予规定的授予相应学位"的规定；⑩取消

“勒令退学”处分种类；⑪增加“由他人代替考试、替他人参加考试、组织作弊、使用通信设备作弊及其他作弊行为严重的”给予开除学籍处分规定。

2008 年，研究生院对《学生管理规定》进行修改，主要修改内容：①在入学报到规定中增加“请假一般不超过两周。未请假（含请假未获准）或请假逾期不报到者，除因不可抗拒力等正当事由外，视为自动放弃入学资格”；②在入学复查规定中，增加“复查不合格者，区别情况，予以处理，直至取消入学资格”；③新生取消入学资格情况中，增加“入学前隐瞒、入学后被发现有严重政治、经济、学术道德等问题者”、“保留入学资格期间出现重大违法违纪行为或严重学术品德问题、影响恶劣者”、“拒绝缴纳学校规定的学费等各项费用者”三条，将原规定中“有舞弊行为者”改为“报考过程中有弄虚作假、严重违规违纪或作弊行为者”；④在转专业条件方面，将原规定中“如因特殊原因所学专业有所调整”改为“因专业调整或导师变动，影响继续培养”，增加“学生有特殊困难，经研究生院认定不能在本专业继续学习的”的条件规定，并规定“已转专业者”不能再申请转专业；⑤在休学条件中，增加“一学期内事假累计超过一个月的”应予休学；⑥退学的善后问题，增加“退学的学生必须在退学决定书送达或校内公告之日起两周内办理离校手续”、“退学的学生，不得申请复学”两条规定；⑦在提前毕业规定中，增加“申请提前毕业的学生，一经批准，需按申请提前毕业的时间完成学业。届时不能完成学业的，学校根据其学业的实际情况，分别给予结业或肄业处理”的规定；⑧将请假办法纳入到“校园秩序与课外活动”一章。

（二）其他学生管理规定的制定与修改

1994 年，为进一步规范优秀研究生提前毕业、选拔优秀硕士生提前攻读博士学位工作，研究生院制定《中国农业科学院研究生院研究生提前毕业、硕士生提前攻读博士学位暂行规定》，明确提前毕业和硕士生提前攻读博士学位的条件及审批手续。1995 年在编制《研究生手册》时，将该规定修订为《中国农业科学院研究生院关于硕士研究生提前和直接攻读博士学位的暂行规定》，将提前毕业规定纳入到《学籍管理规定实施细则》中。

1997 年开始，研究生院建立研究生学年鉴定制度，在学年末，每个研究生在《学年鉴定表》上填写个人总结，一年级由班级填写意见，二年级由导师和研究所填写意见后，存入本人档案。在 2005 年制定《学生管理规定》时，纳入到“考核与成绩记载”一节中。

1998 年，为了加速培养高质量、德智体全面发展的高层次农业科技人才，使硕博连读培养工作纳入规范化管理，研究生院制定《关于试行硕博连读的暂行规定》。规定中明确了招生、录取、学制、培养方式、课程学习、资格考试、待遇等内容。主要是在每年硕士生招生计划中安排 10% 的名额招收硕博连读研究生。试行两年后停止。

为改进与完善研究生学制，鼓励少数优秀硕士生提前攻读博士学位，1998 年研究生院制定《中国农业科学院研究生院关于硕士研究生提前攻读博士学位的暂行规定》。规定明确了申请条件、申请程序等。2002 年，又对该规定进行了修订，增加“申请者需在研究生院组织的专家评议组做科研报告，由专家对其是否具有提前攻读博士学位的能力和条件进行评议”规定，并将提前攻博人数比例从 3%～4% 提高到 5% 左右。2004 年进行修改时，进一步明确了申请者的条件：①申请者必须是推荐免试或参加全国硕士研究生入学考试被我校录取的硕士研究生；②课题研究具有创新性，并具有较高的理论价值和应用价值，已取得突破性进展，中期考核小组推荐；③招生类别属定向或委托培养的，还需征得定向或委托培养单位的同意；④提前攻博申请仅限于本专业相近的研究方向，申请人导师应是博士生导师或同一课题组有博士生导师。并将提前攻博的比例提高到10%以上。2005年对申请者条件再次进行了修订。将第一条改为“申请人须是我院在籍硕士研究生”；第二条增加了“中期考核总评分85分以上”；增加“学习认真，修完硕士研究生培养方案规定的全部课程，成绩考核合格（无因考试不合格重考现象）”、“遵守院纪、院规，没有受过任何处分”等两条规定。2008年第三次修订时，对申请者条件又作了以下修改：第一条改为“申请者须是我院非同等学力报考的在籍研究生”；关于课程学习条件要求“成绩优秀”；对申请者的科研工作方面要求“硕士生与博士生阶段的科研工作能够紧密衔接，有可能完成具有创造性的科研成果的博士学位论文”。同时增加“提前攻读博士学位的研究生，在攻读学位期间要求发表1篇被国际四类检索系统（SCI、EI、ISTP、SSCI）收录的学术论文和1篇中文核心期刊论文”、“提前攻读博士学位的研究生，博士学位论文实行双盲评审”两条规定。

2002年，根据教育部《关于做好2002年高等教育学历证书电子注册工作及有关事项的通知》及北京市教育委员会［2002］5号文的要求，自2002年开始高等教育毕（结）业生的相片、身份证号码须同注册证书一同上网，由新华社所属的“中国图片社”完成学历证书相片电子图像的采集工作。鉴于毕（结）业研究生学历证书电子注册工作关系到毕业生办理就业手续和毕业证书的有效性，研究生院于2002年4月8日发出农科研生字［2002］7号文，要求院属各研究所（中心）本着对研究生高度负责的态度，加强对此项工作的领导，配合研究生院确保毕业注册数据按时、准确上报。按北京市教育委员会规定，一年中一般在春季和夏季各上报一次。毕业研究生向学位办公室提交毕业生登记表、论文评议书、答辩报告书、学位申请表等有关材料之后，由研究生工作处集中办理毕业研究生学历证书，并通过“北京普通高等教育研究生学籍学历管理工作平台”向市教委提交毕业注册数据，即毕业注册。通过北京市教委审核的毕业生，研究生院发放毕业证书。

2008年，研究生院制定《研究生违纪处分条例》（试行），以达到维护良好的教学秩序和生活秩序，保持学校稳定和可持续发展，建立健全育人机制，培养良好的校风、学风，促进学生德、智、体、美全面发展的目的。同年制定《研究生婚育管理办法》（试行），规范在校研究生的婚育管理工作。

二、表彰与评优

为了贯彻党和国家的教育方针，促进中国农业科学院研究生德、智、体全面发展，勤奋学习，刻苦钻研，成为有理想、有道德、有文化、有纪律的社会主义接班人和建设者，研究生院根据国家《高等教育法》的有关规定，结合中国农业科学院实际情况，曾先后制订了一系列条例，奖励品学兼优的研究生。

1982 年，研究生院制定《中国农业科学院研究生院三好学生条例》，规定评选比例为参评学生的 10%～20%。一年级单独评选，二、三年级在毕业前评选一次。从 81 级研究生开始，对获得“三好学生”的研究生给予表彰和奖励。

1995 年，根据国家教委、财政部 1994 年颁发的《普通高等学校研究生奖学金办法》的精神，研究生院不再执行《中国农业科学院研究生院三好学生条例》，并制定了《中国农业科学院研究生院优秀生奖励试行规定》，规定了优秀生奖学金的条件、设置种类及发放标准。设置的种类为单科成绩奖、中期考核优秀奖、优秀学生干部奖、社会活动优秀奖、优秀毕业生奖等五种奖项。

2000 年，研究生院对《中国农业科学院研究生院优秀生奖励试行规定》进行修订，改为《中国农业科学院研究生院优秀生奖励办法》，并取消了单科成绩奖项。

2006 年，研究生院重新制订《学生奖励条例》，设置了新生入学成绩优异奖、课程学习优秀奖、中期考核优秀奖、优秀学生干部奖、社会活动优秀奖、优秀毕业生、先进班集体等七种奖项。

研究生院历年表彰学生名单统计如表 3－7 至表 3－11 所示。

表 3－7　表彰中期考核优秀生情况统计

入学年度	硕士生数	博士生数	表彰方式	批准文号
1989	8		通报表扬	（91）农科（研）字第 09 号
1990	11		通报表扬	（92）农科（研）字第 07 号
1991	7	3	通报表彰并奖励	（93）农科（研）字第 11 号
1992	6	4	通报表彰并奖励	（94）农科（研）字第 12 号
1993	9	3	通报表彰并奖励	（95）农科（研）字第 08 号
1994	7	3	通报表彰并奖励	（96）农科（研）字第 18 号
1995	6	3	通报表彰，颁发荣誉证书并奖励	农科（研生）字［1997］24 号
1996	6	3	通报表彰，颁发荣誉证书并奖励	农科（研生）字［1998］23 号
1997	6	3	通报表彰，颁发荣誉证书并奖励	农科（研生）字［1999］15 号
1998			资料不详	
1999	7	5		
2000	8	5		
2001	10	7	通报表彰，颁发荣誉证书并奖励	农科研生字［2003］41 号
2002	20		通报表彰，颁发荣誉证书并奖励	农科（研生）字［2004］41 号
2003	28		通报表彰，颁发荣誉证书并奖励	农科（研生）字［2005］48 号
2004	41		通报表彰，颁发荣誉证书并奖励	农科（研生）字［2006］49 号
2005	45	27	通报表彰，颁发荣誉证书并奖励	农科（研生）字［2007］47 号
2006	60	28	通报表彰，颁发荣誉证书并奖励	农科（研生）字［2008］64 号

表 3－8　表彰优秀学生干部、社会活动积极分子和先进班集体情况统计

年　度	优秀学生干部数	社会活动积极分子数	先进班集体数	表彰方式	批准文号
1995～1996（两年）	13	15		通报表彰并颁发荣誉证书	
1996～1997	15	10		通报表彰并颁发荣誉证书	
1997～1998	11	12		通报表彰并颁发荣誉证书	经院务会议讨论通过
1998～1999	12	14		通报表彰并颁发荣誉证书	经院务会议讨论通过
1999～2000	11	13		通报表彰并颁发荣誉证书	经院务会议讨论通过
2000～2001	13	12	2	通报表彰并颁发荣誉证书	经院务会议讨论通过
2001～2002	16	14		通报表彰并颁发荣誉证书	经院务会议讨论通过
2002～2003	24	29		通报表彰并颁发荣誉证书	农科院［2003］40 号
2003～2004	36	46		通报表彰并颁发荣誉证书	农科院［2004］40 号
2004～2005	56	69	4	通报表彰并颁发荣誉证书	农科院［2005］47 号
2005～2006	74	78	2	通报表彰并颁发荣誉证书	农科院［2006］50 号
2006～2007	75	101	1	通报表彰并颁发荣誉证书	农科院［2007］50 号、51 号
2007～2008	92	115	6	通报表彰并颁发荣誉证书	农科院［2008］62 号

表 3－9　历届优秀毕业生名单

年度	姓名	性别	学历	专　业	导师	单位
1998	聂凤英	女	博士	农业经济及管理	梅方权	文献中心
	王锡锋	男	博士	植物病理学	周广和	植保所
	薛　领	男	硕士	农业系统工程及管理工程	王世耆	计算中心
	孙　毅	男	硕士	昆虫学	万方浩	生防所
	赵建梅	女	硕士	农业经济及管理	孙振玉	农经所
	郭晶心	女	硕士	蔬菜学	孙日飞	蔬菜所
	山　松	男	硕士	分子生物学	沈桂芳	生物中心
1999	马渐新	男	博士	作物遗传育种	董玉琛	品资所
	曹雪芸	女	硕士	作物遗传育种	施巾帼	原子能所
	王桂荣	男	硕士	昆虫学	张志涛	水稻所
2000	王立霞	女	博士	昆虫学	杨怀文	生防所
2001	刘承芳	女	硕士	农业经济管理	张林秀	农经所
2002	张　伟	女	博士	生物化学与分子生物学	范云六	生物中心
2003	刘现武	男	博士	农业经济管理	梅方权	文献中心
2004	任茂智	男	博士	生物化学与分子生物学	郭三堆	生物所
	马雅琴	女	博士	作物遗传育种	董玉琛	品资所
	王晓青	女	硕士	植物病理学	曾红梅	植保所
	何英彬	男	硕士	环境工程	陈佑启	区划所
	杨建玲	女	硕士	生物化学与分子生物学	唐益雄	生物所

续表

年度	姓名	性别	学历	专业	导师	单位
2005	田亚东	男	博士	动物营养与饲料科学	蔡辉益	饲料所
	付 彤	男	硕士	动物营养与饲料科学	刁其玉	饲料所
	蒋彦波	男	硕士	作物遗传育种	揭雨成	麻类所
2006	杜红方	男	博士	动物营养与饲料科学	齐广海	饲料所
	袁 璋	男	博士	农业经济管理	唐华俊	资划所
	张新建	男	博士	植物病理学	何晨阳	植保所
	熊双林	男	硕士	管理科学与工程	诸叶平	信息所
	李 虎	男	硕士	生态学	邱建军	资划所
	张 杨	女	硕士	植物病理学	冯 洁	植保所
2007	陈 青	男	博士	生物化学与分子生物学	万建民	作科所
	周庆祥	男	博士	特种经济动物饲养	张志芳	蚕业所
	郝 利	男	博士	农业经济管理	蒋和平	农经所
	徐东辉	男	博士	蔬菜学	孙日飞	蔬菜所
	高世庆	男	博士	生物化学与分子生物学	马有志	作科所
	杨红军	男	硕士	动物营养与饲料科学	时建忠	畜牧所
	夏文建	男	硕士	植物营养	梁国庆	资划所
	陶丽红	女	硕士	生物化学与分子生物学	林娇娇	上海所
	谭祖猛	男	硕士	作物遗传育种	李云昌	油料所
2008	于 海	男	博士	预防兽医学	童光志	哈兽所
	王贤智	男	博士	作物遗传育种	周新安	油料所
	王瑞霞	女	博士	作物遗传育种	肖世和	作科所
	何心尧	男	博士	作物遗传育种	何中虎	作科所
	狄 冉	女	博士	动物遗传育种与繁殖	马月辉	畜牧所
	游玉波	男	博士	动物营养与饲料科学	董红敏	环发所
	毛雪飞	男	硕士	农产品质量与食物安全	钱永忠	质标所
	王 燕	女	硕士	土壤学	王晓彬	资划所
	张恩来	男	硕士	作物种质资源学	张宗文	作科所
	徐 宁	男	硕士	作物种质资源学	程须珍	作科所
	聂淑晶	女	硕士	作物遗传育种	卢长明	油料所

表 3－10 表彰课程学习优秀生情况统计

入学年度	硕士生数	表彰方式	批准文号
2004	40	通报表彰并颁发荣誉证书	农科研生［2005］52 号
2005	38	通报表彰并颁发荣誉证书	农科研生［2006］48 号
2006	45	通报表彰并颁发荣誉证书	农科研生［2007］48 号
2007	51	通报表彰并颁发荣誉证书	农科研生［2008］66 号

表3－11　历年新生入学成绩优异奖名单

年度	学科门类	姓名	性别	录取专业	录取单位	入学成绩
2004	农学	顾渝娟	女	农业昆虫与害虫防治	环发所	411
		彭伍平	女	预防兽医学	哈兽研	393
	理学	盛文萍	女	生态学	环发所	384
		武晓丽	女	生物化学与分子生物学	环发所	393
	工学	康国虎	男	环境工程	环发所	377
	管理学	郑宇鹏	女	农业经济管理	农经所	386
		李　鹏	女	农业经济管理	农经所	376
2005	农学	高晴晴	女	茶学	茶叶所	400
		张月娟	女	植物病理学	植保所	396
		刘　丹	女	预防兽医学	哈兽所	396
	理学	金　琳	女	气象学	环发所	402
		袁　静	女	气象学	环发所	390
	工学	刘　爽	女	环境工程	环发所	386
	管理学	李　化	女	农业经济管理	农经所	388
		徐继峰	男	农业经济管理	农经所	377
2006	理学	李　鹏	男	生态学	环保所	389
	工学	孙伟峰	女	农产品加工及储藏工程	加工所	389
		黄叶飞	男	环境工程	环发所	383
	农学	吴　健	男	作物遗传育种	作科所	403
		邢俊吉	男	预防兽医学	哈兽研	395
	管理学	东　湖	男	农业经济管理	农经所	388
		徐小妹	女	情报学	信息所	380
2007	理学	贾小妨	女	生态学	环发所	387
		王友华	男	生物化学与分子生物学	生物所	383
	工学	刘媛媛	女	食品科学	加工所	362
	农学	杨一龙	男	作物遗传育种	作物所	399
		王　鑫	男	生物安全	植保所	389
		段淑辉	女	土壤学	资划所	387
	管理学	沈　萌	男	农业经济管理	农经所	385
		罗婷婷	女	管理科学与工程	信息所	375
2008	理学	李建政	男	生态学	资划所	422
		张　蕊	女	生物化学与分子生物学	饲料所	399
	工学	张付凯	男	食品科学	加工所	403
	农学	马燕玲	女	作物种质资源学	作物所	435
		黄永东	男	茶学	茶叶所	401
	管理学	崔　凯	男	农业经济管理	农经所	400

三、奖、助学金管理

研究生院对研究生奖、助学金的发放和管理工作，一贯遵照教育部（国家教委）、财政部的有关文件执行，同时根据中国农业科学院的实际情况，采取了多种积极措施，以妥善解决研究生学习期间的生活待遇问题。

根据教育部（78）教高字031号文的精神，各部委所属研究机构招收的研究生学习期间的生活待遇等费用一律从各研究机构的事业费开支。统一按照国务院国发［1977］112号和教育部、财政部（77）教计字530号、（77）财事字180号文的有关规定执行。1979～1981年期间，中国农业科学院在学硕士研究生的助学金按每生每月40元发放，另发给书籍费每生每年40元。

1981年12月10日，教育部、财政部下发（81）教计财字266号文，废止过去有关研究生助学金和书籍费的规定，对普通高等学校研究生在校期间的生活待遇问题重新进行规定。没有参加过实际工作的硕士研究生助学金标准为每人每月46元，另加副食品价格补贴10元；对国家职工录取为普通高校脱产学习的研究生，一律实行人民币助学金制度，其标准按所在地同工种、同级别职工标准工资的90%计算，另加副食品价格补贴10元，不再享受原单位的工资待遇。如折算后不足46元，按照46元标准发给。研究生在校学习期间的书籍费，硕士研究生每人每年40元。

1985年12月12日，国家教委、财政部经商劳动人事部发出（85）教计字180号文（1985年9月1日起执行）规定：①博士研究生入学前没有参加过实际工作的，每生每月76元。入学前为国家正式职工的，按本人的基础工资、职务工资（按学生所在地相同职务人员计算，下同）和工龄津贴三项之和计算，如低于76元，则按每生每月76元的标准执行。学习期间书籍补助费标准：每生每年100元。②硕士研究生入学前没有参加过实际工作的每生每月58元。入学前为国家正式职工的，按本人的基础工资、职务工资之和的90%，另加本人工龄津贴计算，如低于58元，则按每生每月58元的标准执行。另加副食品价格补贴10元。学习期间书籍补助费标准：每生每年60元。

根据国家教委（89）教政字第001号文精神，1989年4月7日，由中国农业科学院刘更另副院长主持召开了该院京内各所（中心、室）分管研究生工作的所长、科研处长参加的研究生工作专题会议。经与会同志共同讨论分析，认为因物价上涨，研究生负担加重，参考北京市其他高校解决研究生生活费低的办法，商定：在国家教委没有统一提高研究生生活补助费之前，采取以下办法解决研究生生活补助费低的问题。研究生第一学年集中学习期间，除发放助学金外，由研究生院从收入中给每位研究生每月补助20元，第二、三学年进入导师课题进行论文研究和写作期间，由研究所的收入中或导师的研究生经费中，每月支付给不少于20元的劳动报酬，作为研究生的生活补助费。这次会议形成的《中国农业科学院研究生专题工作会议纪要》，以（89）农科院（研）字第170号文转发给院属研究所（中心、室），要求各单位结合实际情况妥善酌处。

1991年12月29日，国家教委、财政部发出《关于印发〈高等学校研究生奖学金制度试行办法〉的通知》（教财［1991］98号文）中规定：①博士研究生入学前没有参加过实际工作的（指应届毕业生及其他非在职人员，下同），每生每月90元。入学前为国家正式职工的，大学毕业后，参加实际工作累计时间满2年以上者，每生每月100元；大学毕业后，参加实际工作累计时间满4年以上者，每生每月110元。②硕士研究生入学前没有参加过实际工作的，每生每月70元。入学前为国家正式职工的，大学毕业后，参加实际工作累计时间满2年以上者，每生每月80元；大学毕业后，参加实际工作累计时间满4年以上者，每生每月90元。③在此基础上每人按规定发放副食品价格补贴10元。④学习期间书籍补助费标准，博士生每生每年100元，硕士生每生每年60元。

1994年9月26日，根据国家教委、财政部颁发修订后的《普通高等学校研究生奖学金办法》（教财［1994］50号），中国农业科学院奖学金发放办法如下：①博士研究生入学前没有参加过实际工作（指应届毕业生及其他非在职人员，下同）和参加实际工作累计时间不满两年者，每生每月190元。入学前为国家正式职工的，大学毕业后，参加实际工作累计时间满两年以上者，每生每月210元；大学毕业后，参加实际工作累计时间满4年以上者，每生每月230元。②硕士研究生入学前没有参加过实际工作和参加实际工作累计时间不满两年者每生每月147元。入学前为国家正式职工的，大学毕业后，参加实际工作累计时间满两年以上者，每生每月167元；大学毕业后，参加实际工作累计时间满四年以上者，每生每月187元。③在此基础上每人按规定发放副食品价格补贴41元。④取消书籍补助费。

1996年10月22日，根据国家教委、财政部发出《关于提高普通高等学校研究生奖学金标准的通知》（教财［1996］85号），研究生院提高奖学金标准，自1997年1月1日开始执行：①博士研究生普通奖学金标准由原来的每生每月190元、210元、230元三档分别提高到240元、260元、280元。②硕士研究生普通奖学金标准由原来的每生每月147元、167元、187元三档分别提高到200元、220元、240元。③在此基础上每人按规定发放副食品价格补贴41元。

为执行教财［1996］85号文，经中国农业科学院研究生工作领导小组讨论决定，从1997年开始，取消原来研究生院下拨的研究生回所做论文期间给导师的科研补助费，同时要求招收研究生的研究所（中心）发给回所做论文的研究生每月不少于100元的生活补助和实验保健费（农科研生字［1998］16号）。

1999年，鉴于当时物价调整指数较大，经中国农业科学院研究生工作领导小组研究决定（农科研生字［2000］1号），将回所做论文工作期间研究生的生活补助费，由原来的每月不少于100元调整为每月不少于150元（在职研究生除外）。

2002年7月26日，中国农业科学院向院属各单位发出《关于调整我院研究生生活补助费的通知》（农科院研生［2002］249号），对回所做论文工作的研究生生活补助费在原来基础上，作如下调整：硕士研究生每月不低于200元，博士研究生每月不低于300元。经费由研究所（中心）或导师自行解决。此通知自2002年9月起执行。

2004年3月，为了鼓励研究生在学期间勤奋学习和创新进取，更好地吸引优秀生源，促进人才成长，中国农业科学院向院属单位发出农科院研生［2004］75号文，对研究生助学金及研究助理津贴发放办法做如下规定：

①助学金发放标准。助学金发放对象为中国农业科学院非定向培养的在学硕士研究生和博士研究生。经费由研究生院统一支出。博士研究生实际工作少于2年的，每月为290元；2～4年的为310元；4年以上的为330元。博士研究生在课程学习期间，研究生院每月另增加150元生活补贴。硕士研究生实际工作少于2年的，每月为250元；2～4年的为270元；4年以上的为290元。一年级硕士研究生由研究生院每月另增加100元生活补贴。

②研究助理津贴发放标准。研究助理津贴为研究生回研究所后，协助导师承担相应的研究助理工作所给予的经济补贴。研究助理津贴由导师科研经费支出。研究助理津贴标准：硕士研究生不低于400元/月，博士研究生不低于600元/月。

2007年9月，因物价上涨，为不影响研究生的正常生活，课程学习期间研究生院在原生活补贴基础上每月增加50元。

1996年，根据教财［1994］50号、教财［1996］85号等有关文件精神，研究生院坚持改善与改革相结合的原则，切实做好研究生兼任助教、助研、助管的改革工作，制定了《中国农业科学院关于研究生“三助”制度的暂行办法》和《中国农业科学院研究生院特困生补助实施办法（试行）》等规章制度，以妥善解决研究生学习期间生活待遇问题。

2004年12月，大连三仪动物药品有限公司在中国农业科学院设立“三仪助、奖学金”，以帮助中国农业科学院优秀贫困学生顺利完成学业，嘉奖在科技创新方面有突出业绩的在校研究生。为此，研究生院制定《中国农业科学院研究生院“三仪助、奖学金”评选办法（试行）》，对评选对象、获奖条件、评选时间、评选程序、奖励办法和管理机构等事项作出明确规定，自2005年4月起实行。“三仪助、奖学金”的颁发情况如表3－12所示。

表3－12　表彰“三仪助、奖学金”获奖者情况统计

评奖年度	获助学金人数	获奖学金人数	表彰方式	批准文号
2005	39	11	通报表彰并颁发荣誉证书和奖金	农科研生［2005］30号
2006	29	7	通报表彰并颁发荣誉证书和奖金	农科研生［2006］42号
2007	34	14	通报表彰并颁发荣誉证书和奖金	农科研生［2007］33号、39号
2008	40	10	通报表彰并颁发荣誉证书和奖金	农科研生［2008］49号、55号

注：“三仪助学金”获得者，每人奖金1000元；“三仪奖学金”获得者，每人奖金2000元。

为促进中国农业可持续发展，培养更多优秀的社会主义新农村建设人才，支持中国的教育事业，鼓励在校学生勤奋学习、努力工作、提高综合素质，瑞士先正达（中国）投资有限公司设立“先正达”研究生奖学金，用以奖励有志于从事农业科学研究工作、品学兼优的研究生。目前，全国有11所农业高等院校可推荐研究生申请该项奖学金，中国农业科学院获准每年申报2名研究生。为做好此项工作，研究生院制定《中国农业科学院“先正达”研究生奖学金评奖办法（试行）》，对评选原则、奖学金设置与奖励金额、申报对象与申报条件、推荐办法与评选程序等作了说明，并于2007年和2008年组织各研究所进行了两次申报。两年中，中国农业科学院推荐的4名申请人均已获奖，具体情况如表3－13所示。

表 3－13　获“先正达”研究生奖学金情况统计

获奖年度	研究生	性别	类别	专业	研究所	导师	奖励方式
2007	刘　洋	男	博士生	作物遗传育种	作科所	路　明	颁发获奖证书和奖金
	刘　冰	女	硕士生	蔬菜学	蔬菜所	杜永臣	颁发获奖证书和奖金
2008	崔海兰	女	博士生	杂草科学	植保所	张朝贤	颁发获奖证书和奖金
	赵彦杰	女	硕士生	植物病理学	蔬菜所	李宝聚	颁发获奖证书和奖金

注：获奖研究生每人奖金 5000 元。

第三节　分配与就业

一、分配、就业指导与服务

1979 年 1 月，经原农林部批准成立中国农业科学院研究生院，旨在为加速实现我国农业现代化和农业科技现代化，大力培养高层次的农业科研人才。根据教育部有关文件精神，国务院各部委所属研究机构招收研究生，其培养费一律从各研究机构的事业费开支，毕业研究生主要面向本系统、本行业分配工作。自 1981～1987 年，对于毕业研究生分配，我国实行国家负责，按计划分配的制度。即由各培养单位根据国家规定的分配方针、原则、重点和社会各方面的需要，结合研究生本人的志愿和指导教师的意见，经与用人单位协商后，按人提出分配建议，再经主管部门审核，由省市教育主管部门签发毕业分配派遣证，汇总正式计划下达执行。为了贯彻既有利于加强宏观指导，又有利于微观搞活的原则，进一步搞好毕业研究生分配工作，教育部主管部门不断对分配工作进行总结、评价、调研、改进，使其与经济、科技、教育等方面的发展和改革相适应。

1982 年，中国农业科学院有了首批毕业研究生，研究生院本着坚持集中使用、加强重点、照顾特殊需要和学用一致的分配原则，制定并公布了中国农业科学院研究生分配派遣办法和派遣程序。严格执行国家分配计划，维护国家分配计划的严肃性，把毕业研究生分配到国家最需要的工作岗位。

1988 年，遵照原国家教委、农业部有关文件精神，在毕业研究生分配去向上，中国农业科学院优先自留，其次充实中央和省、市、自治区科研单位的技术力量，同时顾及到农业生产、农业管理部门以及少数边远地区的需要，还输送了一些毕业生充实高等学校的师资力量。同年开始试行“双向选择”的分配办法。鼓励一部分毕业生根据学用一致的原则，联系用人单位进行自我推荐，这种做法得到毕业生的拥护和好评。经过毕业生自荐和用人单位选择，当年就有 20 多位毕业生落实到中国农业科学院以外的农业科研单位。

1989 年，研究生院会同中国农业科学院人事局，认真探讨中国农业科学院毕业研究生的留用问题，以求有一个恰当的比例，首先满足中国农业科学院各所需要。经院人事局与各所协调、选择，当年中国农业科学院毕业研究生69%留院工作。对于因增干指标、进京指标所限而未列入国家统一分配的毕业生，研究生院支持和鼓励他们自行联系用人单位，支持和鼓励他们到边远地区工作。为严肃毕业分配工作，增强培养单位、用人单位和毕业研究生三方的信用观念，制定了《中国农业科学院研究生院毕业研究生分配协议书》。凡是落实用人单位，均须签订三方协议书，协议书一经签字，任何一方不得毁约，否则按违约处理。研究生院根据已签订的协议书制定建议分配计划，并报上级主管部门审批。1990年中国农业科学院毕业研究生分配办法仍是以院属各所留用为主，适当面向其他单位。

1991～1992年，研究生分配坚持改革开放、稳定现行政策、加强宏观管理、完善分配办法；贯彻统筹安排、合理使用、加强重点、兼顾一般和面向教学、科研、生产技术应用第一线的方针；在保证国家需要的前提下，坚持学以致用、人尽其才、择优录用以及个人志愿服从国家需要的原则。研究生院采取举办座谈会、个别谈话等多种形式，做好毕业生的思想政治教育。教育毕业研究生在选择志愿时，要把国家利益放在第一位，以事业为重，树立艰苦创业的思想，到基层去，走与实践相结合、与工农相结合的成长之路。对人事部提出的向国家机关推荐优秀毕业生的要求，研究生院明确规定，只有曾经连续两年被评为“三好学生”的毕业生才能推荐为优秀毕业生。1991～1992年中国农业科学院毕业研究生的分配去向，仍以满足院属各所的需要为主，部分面向全国农业部门或高校分配。

1993年4月，研究生院调整机构，毕业生分配工作由办公室移交研究生管理处（1996年3月改名为研究生工作处）负责。随着改革开放和经济体制变化，加上劳动人事制度的制约，原国家教委1989年对科研单位招收硕士研究生实行定向的规定已不符合实际情况。面临当时社会对毕业研究生需求明显下降而出现“分配难”的状况，研究生院向农业部、北京市高教局提出请求，从政策上适当放宽中国农业科学院毕业研究生的就业渠道，让学有所长的毕业研究生在祖国需要的岗位上做出他们应有的贡献。1994年中国农业科学院毕业研究生全部是京外生源，1995年绝大部分是京外生源。研究生院严格按照原国家教委、农业部和北京市高教局有关分配文件精神，结合中国农业科学院实际情况，制定分配办法。并采取“四结合”方式，即：大会与小会相结合、集体与个别相结合、学校与导师相结合、分配管理部门与党团组织相结合，做好毕业生的思想政治教育工作，帮助毕业生树立正确的择业观。要求毕业生择业时努力做到“三结合”：理想与现实相结合、利益与奉献相结合、自身专业特长与具体工作岗位相结合。同时，多渠道、多方位收集人才需求信息，了解需求情况，积极主动向有关单位推荐本院毕业生，并发挥导师的作用，广开就业门路。及时通过各种宣传媒介公布已知需求信息，供毕业生选择，创造公平竞争的良好环境。研究生院在报送上级主管部门的中国农业科学院1994年、1995年毕业研究生分配工作总结中，建议上级有关部门对毕业生分配工作不做指令性的定向指标，应根据实际情况保证每年中国农业科学院50%～60%的毕业生留用，允许其余毕业生在本系统、本行业中择业；每年人事部门下达进人指标的时间应与毕业生分配工作同步；根据社会需求量适当调整招生数量。1994年、1995年的毕业分配中，均有50%的毕业研究生留在院属各所工作，其余毕业生的分配基本做到流向合理、专业对口。

1996～1999年的毕业分配中，研究生院均严格按照原国家教委、农业部和北京市教委的有关文件精神，结合中国农业科学院实际情况，制定了当年的《中国农业科学院毕业研究生分配办法》，严格执行当年农业部教育司下达的《毕业研究生就业计划》。除采取往年行之有效的“四结合”方式做好毕业生的思想工作，还举办毕业生择业讲座，使毕业生有所准备地把自己推向社会，供需见面，双向选择。同时要求毕业生树立正确的择业观，择业时做到“三结合”，选好自己的位置，努力做到专业对口，流向合理。

2000年毕业研究生就业工作，根据教育部《普通高等学校就业工作暂行规定》和北京市教委《2000年北京地区毕业研究生就业工作意见》的精神，结合中国农业科学院实际情况，研究生院首次制定了《中国农业科学院研究生院2000年毕业研究生就业工作实施细则》。

2001年1月，研究生院对《实施细则》作出修订。将“在一定范围内选择职业”修改为“在国家规定的就业范围内选择职业”，增加了毕业生需“到急需人才的西部地区、艰苦行业、基层企事业单位去建功立业”和“在国家指定就业服务范围内择业”条款。删去“就业范围需在由国家拨款的学校、全民所有制科研单位及文化、医药、卫生等公益事业单位，中国人民解放军，党政机关、国家重点企业内择业。”

2004年，根据国家就业政策和就业形势的变化，研究生院再次对《实施细则》进行修订。增加了“鼓励毕业生到西部地区工作。到西部地区工作的硕士研究生，三年以后拟报考中国农业科学院博士研究生的，优先录取，并享受计划内指标；到西部地区工作的博士研究生，三年以后拟回中国农业科学院做博士后研究工作的，享受国家计划内指标待遇”的就业政策。规定对于在派遣时，还未落实工作单位的毕业生，不再执行户口和档案保管在中国农业科学院的政策，一律回原籍二次分配。

为适应中国农业科学院研究生教育跨越式发展的需要，2006年12月，研究生院设立研究生招生就业处，专门负责研究生招生与就业派遣工作。2007年11月，研究生招生就业处重新制定《毕业生就业工作实施细则》，并出台《关于鼓励毕业生到西部地区就业的暂行办法》。该《实施细则》根据教育部《普通高等学校毕业生就业工作暂行规定》等有关文件精神，结合中国农业科学院实际，对毕业研究生的就业工作方针与原则、就业派遣流程、升学（含提前攻博、考博、做博士后）、申请出国（境）留学、灵活就业、延缓派遣、待就业、就业方案的变更、违反就业规定的处理等一系列重要事项，作出明确的规定。《暂行办法》中，对于毕业第一次派遣时，志愿到西部地区单位工作的西部省区生源毕业生，给予一次性奖励人民币1000～3000元。

2006年以后，为应对近年来日趋严峻的就业形势，研究生院根据教育部、北京市教委等部门有关文件精神，结合中国农业科学院实际，积极探索中国农业科学院毕业研究生就业工作的新思路和新途径，提出诸多行之有效的举措，确保毕业研究生就业工作的顺利进行。主要做法：第一，加强对就业工作的组织领导。认真实施“一把手工程”，研究生院以党委书记为组长的就业领导小组，以服务学生、服务用人单位、搭建毕业生与用人单位之间“双向选择”的桥梁为就业工作的根本出发点，建立健全就业工作制度，统筹全院研究生就业工作。第二，加大就业指导力度。分阶段有针对性地召开就业会议，举办就业讲座，邀请有关领导、专家和知名人士，从就业形势、就业政策、就业市场、就业流程、职业生涯规划、就业应试技巧和就业心理准备等方面，对毕业生进行指导，提高毕业生求职能力、应试能力和心理承受能力，提高就业质量。第三，积极开拓就业市场。根据中国农业科学院的特点和优势，加强与各省、市、自治区中国农业科学院的联系和合作，主动推荐中国农业科学院毕业生。充分发挥中国农业科学院各研究所和导师的作用，加强与兄弟院校的联系，广开就业门路。同时积极邀请有关用人单位特别是涉及高新技术企业到中国农业科学院进行就业宣讲和招聘活动。组织毕业生参加全市大中型人才招聘会。第四，做好就业服务。在校园网开通就业短信平台，配备专人及时采集、发布、更新重要招聘信息和资讯，并利用发送手机短信、电子邮件等方式通知京内外有关专业毕业生选择、联系。同时在校园网上对就业派遣政策有关问题作出解答，供毕业生查询。还开通就业热线、就业邮箱，随时为毕业生就业释疑解难。第五，重视就业对招生的导向作用。根据毕业生就业情况，适时调整招生计划。对就业难度相对较大的专业，适当减少招生名额；对就业前景看好的专业，扩大招生计划。通过采取上述行之有效的措施，在近年来研究生就业日趋严峻的形势下，中国农业科学院研究生整体就业率呈上升趋势。2006 年中国农业科学院研究生整体就业率为 91.5%，2007 年为 92.1%，2008 年为 94.8%。

二、就业情况

1982 年，中国农业科学院首届毕业硕士生共 43 人，全部按照国家分配计划，愉快地离开学校，走上工作岗位。其中 31 人分配到中国农业科学院 10 个研究所（室）从事农业科研工作，占毕业生总数 72.1%，分布在作物所 9 人、品资所 3 人、畜牧所 2 人、蚕业所 2 人、生防室 2 人、原子能所 4 人、气象室 1 人、棉花所 1 人、土肥所 5 人、农经所 2 人。其余 12 人分配到北京市、原南京农学院、原西北农学院、河北省、河南省、广东省、陕西省、辽宁省、内蒙古自治区从事农业科研、教学工作，专业基本对口。

1983 年，中国农业科学院有毕业硕士生 21 人，按当年国家分配计划，其中 15 人留在院属各研究所（室）工作，占毕业生总人数的 71.4%；其余分配到河北、河南、江苏、上海等 4 省（市）从事农业科研、教学工作。

1984 年，中国农业科学院毕业硕士生共 59 人，按国家分配计划，分配到院属各研究所（室）47 人，占毕业生总人数的 79.7%；其余分配到原农牧渔业部和安徽、甘肃、吉林、山西、湖北、广东、上海等 7 省（市）。

1985 年，中国农业科学院有毕业硕士生 61 人，分配情况是：院属各研究所（室）43 人，占毕业生总人数的 70.5%；其余分配到国家部委和河北、安徽、山西、浙江、湖北等 5 省。

1986 年，中国农业科学院毕业硕士生共 81 人，分配情况如下：院属各研究所（室）52 人，占毕业生总人数的 64.2%；中直机关和国家部委 8 人；其余分配到北京、河北、山东、河南、山西、吉林、湖北、广东、云南、安徽、青海、天津、上海、内蒙古、新疆等 15 省（市、自治区）。

1987 年，中国农业科学院毕业研究生共计 88 人，分配情况是：院属各研究所（室）51 人，占毕业生总人数的 58%；国家部委 5 人；其余分配到北京、广东、山西、江苏、天津、上海、新疆等 7 省（市、自治区）。

1988 年，中国农业科学院毕业研究生共计 136 人，其中毕业博士生 2 人、毕业硕士生 134 人。按国家分配计划，分配到院属各研究所（室）65 人，占毕业生总人数的 47.8%；国家部委 15 人；其余分配到北京、河北、山西、辽宁、吉林、山东、江苏、安徽、湖北、湖南、陕西、广东、云南、四川、浙江、天津、内蒙古、新疆等 18 省（市、自治区）。

1989 年，中国农业科学院毕业硕士研究生共 49 人。按国家分配计划，分配去向是：院属各研究所（室）22 人，占毕业生总人数的 44.9%；其余分配到北京、青海、陕西、浙江、山东、湖北、黑龙江、内蒙古等 8 省（市、自治区）。

1990 年，中国农业科学院毕业研究生共计 71 人，其中毕业博士生 12 人、毕业硕士生 59 人。分配去向是：院属各研究所（室、中心）34 人，占毕业生总人数 47.9%；国家部委 10 人；其余分配到北京、山东、河北、河南、江西、湖南、四川、天津、内蒙古等 9 省（市、自治区）。

1991 年，中国农业科学院毕业研究生共计 67 人，其中毕业博士生 13 人、毕业硕士生 54 人。分配去向是：中国农业科学院 41 人，占毕业生总人数的 61.2%；国家部委 6 人；其余分配到北京、安徽、河南、湖北、江苏、广东、福建、贵州、上海、天津、内蒙古等 11 省（市、自治区）。

1992 年，中国农业科学院毕业研究生共计 44 人，其中毕业博士生 7 人、毕业硕士生 37 人。分配去向是：中国农业科学院 30 人，占毕业生总人数的 68.2%；科研单位 39 人，占毕业生总人数的 88.6%；去京外和西部地区 7 人，占毕业生总人数的 15.9%。

1993 年，中国农业科学院毕业研究生共计 42 人，其中毕业博士生 11 人、毕业硕士生 31 人。分配去向是：中国农业科学院 21 人，占毕业生总人数的 50%；科研和教学单位 32 人，占毕业生总人数的 76.2%；去京外和西部地区工作 16 人，占毕业生总人数的 38.1%。

1994 年，中国农业科学院毕业研究生共计 63 人，其中毕业博士生 19 人、毕业硕士生 44 人。就业去向是：中国农业科学院 36 人，占毕业生总人数的 57.1%；科研和教学单位 44 人，占毕业生总人数的 69.8%；去京外和西部地区工作 22 人，占毕业生总人数的 34.9%。

1995 年，中国农业科学院毕业研究生共计 68 人，其中毕业博士生 21 人、毕业硕士生 47 人。就业去向是：中国农业科学院 34 人，占毕业生总人数的 50%；科研和教学单位 48 人，占毕业生总人数的 70.6%；去京外和西部地区工作 19 人，占毕业生总人数的 27.9%。

1996 年，中国农业科学院毕业研究生共计 65 人，其中毕业博士生 16 人、毕业硕士生 49 人。就业去向是：中国农业科学院 32 人，占毕业生总人数的 49.2%；科研和教学单位 42 人，占毕业生总人数的 64.6%；去京外和西部地区工作 21 人，占毕业生总人数的 32.3%。

1997 年，中国农业科学院共有 77 名毕业研究生，其中毕业博士生 16 人、毕业硕士生 61 人。按国家就业计划，就业去向是：中国农业科学院 35 人，占毕业生总人数的 45.5%；科研和教学单位 49 人，占毕业生总人数的 63.6%；去京外和西部地区工作 16 人，占毕业生总人数的 20.8%。

1998 年，中国农业科学院毕业研究生共计 84 人，其中毕业博士生 35 人、毕业硕士生 49 人。按国家就业计划，就业去向是：中国农业科学院 32 人，占毕业生总人数的 38.1%；科研和教学单位 49 人，占毕业生总人数的 58.3%；去京外和西部地区工作 20 人，占毕业生总人数的 23.8%。

1999 年，中国农业科学院毕业研究生共计 80 人，其中毕业博士生 23 人、毕业硕士生 57 人。就业去向是：中国农业科学院 25 人，占毕业生总人数的 31.2%；科研和教学单位 41 人，占毕业生总人数的 51.2%；去京外和西部地区工作 28 人，占毕业生总人数的 35%。

2000 年，中国农业科学院共有毕业研究生 94 人，其中毕业博士生 31 人、毕业硕士生 63 人。按国家就业计划，就业去向是：中国农业科学院 36 人，占毕业生总人数的 38.3%；科研和教学单位 58 人，占毕业生总人数的 61.7%；去京外和西部地区工作 41 人，占毕业生总人数的 43.6%。

2001 年，中国农业科学院共有毕业研究生 99 人，其中毕业博士生 34 人、毕业硕士生 65 人。按国家就业计划，就业去向是：中国农业科学院 39 人，占毕业生总人数的 39.4%；科研和教学单位 59 人，占毕业生总人数的 59.6%；去京外和西部地区工作 42 人，占毕业生总人数的 42.4%。

2002 年，中国农业科学院毕业研究生共计 114 人，其中毕业博士生 42 人、毕业硕士生 72 人。就业去向是：中国农业科学院 38 人，占毕业生总人数的 33.3%；科研和教学单位 69 人，占毕业生总人数的 60.5%；去京外和西部地区工作 47 人，占毕业生总人数的 41.2%。

2003 年，中国农业科学院毕业研究生共计 113 人，其中毕业博士生 42 人、毕业硕士生 71 人。就业去向是：中国农业科学院 33 人，占毕业生总人数的 29.2%；科研和教学单位 57 人，占毕业生总人数的 50.4%；去京外和西部地区 68 人，占毕业生总人数的 60.2%。

2004 年，中国农业科学院毕业研究生共计 131 人，其中毕业博士生 48 人、毕业硕士生 83 人。就业去向是：中国农业科学院 42 人，占毕业生总人数的 32.1%；科研和教学单位 63 人，占毕业生总人数的 48.1%；京外和西部地区 70 人，占毕业生总人数的 53.4%。

2005 年，中国农业科学院共有 177 名毕业研究生，其中毕业博士生 74 人、毕业硕士生 103 人。就业去向是：中国农业科学院 57 人，占毕业生总人数的 32.2%；科研和教学单位 94 人，占毕业生总人数的 53.1%；事业单位 10 人，企业 17 人；京外和西部地区 106 人，占毕业生总人数的 59.9%。

2006 年，中国农业科学院共有毕业研究生 286 人，其中毕业博士生 117 人、毕业硕士生 169 人。就业去向是：中国农业科学院 61 人，占毕业生总人数的 21.3%；科研和教学单位 131 人，占毕业生总人数的 45.8%；事业单位 21 人；企业单位 37 人；京外和西部地区 189 人，占毕业生总人数的 66.1%。

2007 年，中国农业科学院毕业研究生共计 495 人，其中毕业博士生 151 人、毕业硕士生 344 人。就业去向是：中国农业科学院 81 人，占毕业生总人数的 16.4%；科研和教学单位 178 人，占毕业生总人数的 36%；事业单位 49 人；企业单位 66 人；应聘为北京市村官4人，京外和西部地区332人，占毕业生总人数的67.1%。

2008年，中国农业科学院毕业研究生共计546人，其中毕业博士生165人、毕业硕士生381人。就业去向是：考取博士生和做博士后研究52人，自费出国留学8人，中国农业科学院77人，占毕业生总人数的14.1%；灵活就业142人，占毕业生总人数的26%；应聘为北京市村官3人，科研和教学单位168人，占毕业生总人数的30.8%；事业单位28人，企业单位98人；京外和西部地区322人，占毕业生总人数的58.9%。

总之，中国农业科学院研究生院建院30年来，共培养高层次农业人才3254名（表3-14），他们已成为我国各行各业的骨干力量，为我国农业科技事业和农村经济的发展做出了重要贡献。据不完全统计，截至2008年底，在研究生院的毕业生中，约有33.9%的毕业生留在中国农业科学院各个研究所工作；约有44.9%的毕业生在科研单位工作；约有9.1%的毕业生在高等院校工作；约有49%的毕业生在京外省市区就业；约有5%的毕业生自愿去西部地区就业。在中国农业科学院现任所局级领导干部中，有55人为研究生院毕业生，占所局级领导总数的33.7%；在中国农业科学院的中央联系专家中，研究生院毕业生为17人，占39.5%；在中国农业科学院的农业部有突出贡献中青年专家中，研究生院毕业生48人，占42.9%；在中国农业科学院的国家“百千万人才工程”人选名单中，研究生院毕业生为18人，占45%；在中国农业科学院招聘的一级岗位人才中，研究生院毕业生16人，占在岗一级人才总数的37.2%；在中国农业科学院招聘的二级岗位人才中，研究生院毕业生56人，占在岗二级人才总数的45.9%。

表3-14　1982～2008年毕业生就业性质及就业去向统计

年度	就业性质											就业去向				
	留院	党政机关	科研单位	高教单位	事业单位	企业单位	升学	出国	二分	灵活就业	其他	北京	京外	西部	出国	总数
1982	31	0	36	6	1	0	0	0	0	0	0	31	10	2	0	43
1983	15	0	19	2	0	0	0	0	0	0	0	10	11	0	0	21
1984	47	2	55	2	0	0	0	0	0	0	0	33	22	4	0	59
1985	43	1	48	11	1	0	0	0	0	0	0	31	27	3	0	61
1986	52	4	63	9	2	0	2	1	0	0	0	33	38	9	1	81
1987	51	2	62	4	0	2	2	0	0	0	16	46	40	2	0	88
1988	65	3	87	14	10	8	5	0	0	0	9	62	57	17	0	136
1989	22	2	29	1	0	1	1	0	0	0	15	15	28	6	0	49
1990	34	5	42	6	4	1	5	0	3	0	5	47	20	4	0	71
1991	41	4	50	3	0	0	5	2	2	0	1	46	17	2	2	67
1992	30	2	39	0	0	1	2	0	0	0	0	37	6	1	0	44
1993	21	2	26	6	0	3	4	0	0	0	1	26	14	2	0	42
1994	36	3	42	2	3	6	5	0	2	0	0	41	17	5	0	63
1995	34	4	43	5	2	6	5	3	0	0	0	46	15	4	3	68

续表

年度	就业性质											就业去向				
	留院	党政机关	科研单位	高教单位	事业单位	企业单位	升学	出国	二分	灵活就业	其他	北京	京外	西部	出国	总数
1996	32	4	37	5	5	3	7	1	1	0	2	43	19	2	1	65
1997	35	9	43	6	0	4	8	4	2	0	1	57	16	0	4	77
1998	32	4	40	9	5	6	5	13	2	0	0	51	18	2	13	84
1999	25	0	32	9	5	8	18	4	4	0	0	48	24	4	4	80
2000	36	7	45	13	4	7	11	5	2	0	0	48	38	3	5	94
2001	39	1	48	11	3	11	17	4	4	0	0	53	39	3	4	99
2002	38	5	56	13	5	12	8	8	6	0	1	59	45	2	8	114
2003	33	2	42	15	10	11	21	4	7	0	1	45	57	7	4	113
2004	42	5	52	11	6	6	24	4	22	0	1	57	63	7	4	131
2005	57	7	71	23	10	17	16	3	23	6	1	68	100	6	3	177
2006	61	12	92	39	21	37	40	5	20	19	1	102	167	12	5	286
2007	81	15	138	40	49	66	46	6	45	83	7	157	305	27	6	495
2008	77	15	134	34	28	98	51	8	76	99	3	166	357	15	8	546
总计	1110	120	1471	299	174	336	306	75	221	207	65	1458	1590	151	75	3254

第四章

培养与教学

第一节　培养管理

保证和提高研究生培养质量，是研究生培养的永恒主题。中国农业科学院研究生的培养一直采用“院所结合、两段式培养”模式：第一阶段，各研究所的研究生集中在研究生院本部或由研究生院安排进行课程学习，硕士生为期一年，博士生为期半年；第二阶段，研究生回到各所跟随导师从事课题研究和论文写作。院所结合培养模式，充分利用了院所两级的优势和资源，保证了高质量研究生的培养。

一、研究生工作会议

为总结研究生院建院以来研究生教育的经验，按照农业部有关文件精神，1988 年 6 月 23～25 日，召开研究生院建院以来第一次由各研究所研究生管理人员参加的研究生工作会议，对各专业的学位授予质量进行自检评估。

1991 年 4 月 22～26 日召开中国农业科学院第二次研究生工作会议，时任农业部副部长兼中国农业科学院院长王连铮、农业部教育司副司长云泽民，对中国农业科学院研究生教育、培养和管理工作特别是研究生中期考核试点工作给予充分肯定，要求进一步总结经验，完善考核指标，提高考核和管理水平。

1995 年 10 月召开中国农业科学院第三次研究生工作会议，国务院学位办和农业部教育司有关领导传达国务院学位委员会、国家教委关于加强和改进研究生工作的若干意见，提出研究生教育的 24 字方针：“立足国内、适度发展、优化结构、相对集中、推进改革、提高质量。”明确“九五”期间我国研究生教育的中心是内涵发展，强调提高培养质量。研究生院根据这一方针，提出“质量是生命，规范是关键，强化过程管理，保证目标管理”的理念。

1999 年 11 月在中国农业科学院研究生院建院 20 周年庆典期间，召开了中国农业科学院第四次研究生工作会议，进一步总结交流了研究生教育的经验，并寻找差距，把进行素质教育、提高培养质量作为重要目标，使研究生教育更推进一步。同年 12 月，在国务院学位委员会和教育部召开的全国学位与研究生教育工作会议上，中国农业科学院研究生院获得“全国学位与研究生教育管理工作先进集体”光荣称号。这是对几代研究生院人不懈奋斗的肯定，更是激励研究生院向更高水平前进的动力和新的起点。

2000 年教育部发出了《关于加强和改进研究生培养工作的几点意见》（教研［2000］1 号），提出了研究生工作新 24 字方针：“深化改革，积极发展；分类指导，按需建设；注重创新，提高质量。”其中特别强调推进素质教育，突出对研究生创新能力、实践能力、创业精神的培养，增进研究生的人文素养和科学素质。强化全面质量观，把保证和提高研究生培养质量放在更加突出的位置上。建立健全研究生教育的素质保证体系，确保并进一步提高研究生培养质量。为了落实这一方针，研究生院开始了跨越式发展的新征程。

2004 年 1 月，召开中国农业科学院研究生教育质量工作会议，会议由中国农业科学院院机关负责人、各研究所所长、科研处管理人员、导师代表参加，会议主旨是研讨进一步推进研究生教育改革、加强导师队伍建设以及提高研究生教育质量的有效方法和途径，会议通过了“关于进一步提高研究生教育质量的若干意见”，在学科建设、师资、管理队伍建设、生源结构、论文质量、思想政治教育和环境条件建设等方面，提出了指导性要求。目的是适应社会发展的需要，在扩大规模、加速发展的同时，切实保证和提高研究生培养质量，对在全院范围充分认识研究生教育质量的重要性、推动各项工作起到了积极作用。

根据“中国农业科学院研究生教育质量工作会议”要求，2004 年 7 月，成立了“中国农业科学院教学委员会（简称教学委员会）”，以充分发挥全院各学科专家、学者对研究生教育教学改革与建设的研究和指导作用。

在中国农业科学院学位评定委员会、中国农业科学院教学委员会的指导下，研究生院各职能部门充分发挥组织、监督、服务、管理、协调的职能，与各研究所科研处、研究生会等机构形成了相对完善的多层次研究生教育管理体系以及齐抓共管的运行机制，对提高中国农业科学院研究生教育质量起到了重要的作用。

二、培养管理制度建设

制度是管理体制的核心内容，是保持并不断提高研究生质量的重要保障。

1982 年 8 月，研究生院遵照学位条例的规定，制订了《中国农业科学院研究生院攻读硕士学位研究生培养管理暂行规定（草案）》；1986 年 5 月，制订了《中国农业科学院研究生院攻读博士学位研究生培养工作试行办法》，明确了院所两级管理的职责和要求，对研究生的培养目标、培养年限、培养方式、课程学习、学术活动等提出了具体规定。1995 年，研究生院进一步修订了《硕士生培养工作暂行规定》、《博士生培养工作暂行规定》，对课程学习阶段的各项规定进行了修订，如研究生选课要求、成绩管理、课程考试规定、跨专业补课办法、监考制度、补考办法等，从而使教学管理的各项规定逐步规范完善。根据科研单位研究生培养管理的特点，研究生院提出了“加强院所联系，跟踪培养过程，协调师生关系，保证论文质量”的方针，修订后的硕士生培养暂行规定和博士生培养暂行规定，明确了研究生过程管理的程序，使过程管理向规范化推进。1996 年研究生院对机构进行了调整，在体制上加强了研究生培养的全过程管理，使培养工作由课程学习管理拓宽到回所阶段的中期考核、开题报告、实验阶段、学术活动的全过程管理。1997 年底，研究生院协同中国农业科学院人事局召开了博士生培养研讨会，中国农业科学院领导对导师教书育人提出要求，庄巧生等院士、专家介绍了培养博士生的经验，研究生院介绍了《博士生培养暂行规定》和培养路线图，使培养工作进一步规范化。

研究生院不断完善各项管理制度，修订了《中国农业科学院研究生院博士研究生培养方案》、《中国农业科学院研究生院硕士研究生培养方案》、《中国农业科学院研究生院博士研究生培养工作暂行规定》、《中国农业科学院研究生院硕士研究生培养工作暂行规定》、《研究生中期考核规定》、《关于研究生课程学分与成绩登记的规定》、《关于考试纪律的规定》等培养管理规定 11 项，制定《研究生在学期间发表论文的规定》、《关于涉密研究生学位论文管理的暂行规定》、《研究生开题报告暂行规定》、《优秀教师评选办法》、《研究生培养管理先进集体和先进个人评选办法》等 5 项规定和评选办法，强化对研究生课程学习、开题报告、中期考核、发表文章、学术活动、学位论文的管理要求，加强了对考勤制度、考试纪律、中期考核、答辩资格审查、论文评阅以及教学评估等涉及学生和教师约束环节的控制和管理，在研究生教育、培养过程中形成了一个规范、有序的机制。通过设立课程学习优秀奖、中期考核优秀奖、优秀学位论文、优秀教师、研究生培养管理先进集体、研究生培养管理先进个人等奖项，建立了覆盖研究生、主讲教师和培养管理人员的全方位激励机制。2005 年至今，获得课程学习优秀奖研究生已达 174 人。自 2008 年起，已表彰优秀教师 80 人，以及在研究生管理工作中做出突出成绩的研究所 16 个和先进个人 47 人次，研究生管理特别荣誉奖 8 人，有力地促进了全院研究生教育工作水平的提高。

研究生院重视管理队伍建设，要求管理部门树立责任意识、机遇意识、发展意识，爱岗敬业，兴学习之风、调研之风、实干之风，鼓励管理人员结合工作参加科研活动，提高管理水平。2007 年，为了解学生的学习情况和对研究生教育的意见和建议，改进研究生管理工作，研究生院培养处进行了针对 2005 级研究生培养过程的调研工作，调查内容涉及生源结构、课程设置、教学效果、导师指导、培养环节落实、生活待遇以及存在问题等，通过分析问题并探寻原因，得出了要进一步提高研究生培养质量，涉及生源质量、课程体系、导师指导、学术氛围、相关机制等多方面的工作。近年来，研究生院不断探讨研究生培养新模式、新方法，完善各项培养管理制度，已发表论文多篇，2008 年研究成果《基于高水平科研的农科研究生培养质量控制》荣获北京市高教学会研究生教育研究会北京区研究生培养工作优秀成果二等奖。

第二节　培养方案

研究生院建院初期，对研究生教育工作并不熟悉。在教育部、国务院学位办公室和农牧渔业部教育司的支持和指导下，中国农业科学院研究生教育从无到有，从弱到强，逐步规范，建立健全各项规章制度。

1979年中国农业科学院第一批研究生入学。根据教育部和农业部的有关精神，研究生院在当年9月发文至中国农业科学院各研究所“中国农业科学院研究生院关于各研究所制定研究生培养方案的意见”，提出了培养目标、制定研究生培养方案的几项原则和研究生培养方案的内容。培养方案包括：培养目标；研究方向及其具体内容和要求；学习年限和时间分配；学习课程；毕业论文；生产劳动；考核；培养方法，其中学习课程涵盖学习总时数、学习课程（外国语、专业基础课和专业课）、参加学术活动等。最后提出了各所制定培养方案的要求。

1981年11月，国务院学位委员会批准中国农业科学院15个硕士学位授权专业。农牧渔业部教育司随即要求各相关培养单位抓紧制定各相关硕士学位授权专业培养方案。1982年，农牧渔业部以（82）农（教）字第59号文，组织有关院校制定作物栽培学等15个专业硕士学位研究生培养方案和学位论文要求。1982年6月，教育部、农牧渔业部在南京召开文、理、工、农部属高等院校六个专业研究生培养工作经验交流会，此后中国农业科学院各研究所相继上报了有关专业的培养方案。

在中国农业科学院各研究所相继制定培养方案，并以此开展研究生教育的基础上，1983年，农牧渔业部教育司以《关于召开土壤学等八个专业硕士研究生培养方案审定会议的通知》（[83]农（教高）字第138号文），要求各培养单位的培养方案综合由专家审定提出部颁培养方案。中国农业科学院参加了4个专业的培养方案审定，即：作物栽培学与耕作学、植物病理学、动物营养学和作物营养与施肥。此后对各硕士专业培养方案都进行了部级审定，至此该院的十五个专业都有了部颁培养方案，除上述4个专业外，还包括作物遗传育种、昆虫学、微生物学、蚕桑学、生物物理学、饲料科学、农业经济及管理、动物繁殖学、动物生产学、传染病与预防兽医学、兽医寄生虫学与寄生虫病学。

1982～1985年在全国农业科学36个专业硕士生培养方案和学位论文要求的制定中，中国农业科学院参加了16个专业的编写工作，即：作物栽培学与耕作学、作物营养与施肥、植物病理学、昆虫学、蔬菜学、农业经济及管理、农业史、农业气象学、蚕业、农业生物物理、动物营养学、动物繁殖学、动物生产学、饲料科学、传染病与预防兽医学、兽医寄生虫学与寄生虫病学。其中，中国农业科学院畜牧所熊德邵研究员是饲料科学专业的主编，哈尔滨兽医所袁庆志研究员是传染病与预防兽医学专业的主编，其余专业中国农业科学院皆为参与编写单位。

1990年，农业部以《关于修订和制定农科研究生培养方案的通知》（[1990]农（教宣）字第9号发文），决定修订16个专业硕士生培养方案和新制定5个专业硕士生培养方案。此次修订涉及中国农业科学院13个专业：微生物学、农业气象学、农药及农用化学试剂、兽医病理学、传染病与预防兽医学、动物繁殖学、作物栽培学与耕作学、果树学、蔬菜学、土壤学、作物营养与施肥、植物病理学、昆虫学。研究生院组织各有关研究所和导师积极参与了这项工作。其中，中国农业科学院刘更另研究员担任了作物营养与施肥学科专业培养方案的主编工作，其他专业中国农业科学院均是参加编写单位。1992年后，农业部等上级部门不再组织统一修订培养方案，由培养单位在研究生培养实施基础上不断进行培养方案的修订。

1997年教育部进行了授予博士、硕士学位和培养研究生的学科专业目录调整，以便拓宽研究生教育的知识结构，适应社会主义建设的需求。新专业目录学科与专业面显著拓宽，一级学科由原来的72个增至88个；二级学科由原来654个减至381个，还增加一个管理学门类。1996年，中国农业科学院有博士学位授予专业12个，硕士学位授予专业31个。按照修订后的专业目录经过评估合格后，到2000年共有博士学位授予专业10个，一个一级学科；硕士学位授予专业28个，涉及4个门类、14个一级学科。

1998年，教育部研究生工作办公室发文《教育部关于修订研究生培养方案的指导意见》（教研办［1998］1号），要求各研究生培养单位按照新专业目录修订各专业培养方案。为此，研究生院结合中国农业科学院研究生教育的特点，征集整理了33个中国农业科学院院属研究所及有关院校200多位专家对专业培养方案的修订意见，提出了中国农业科学院28个硕士学位授予专业的研究方向与学位课程设置方案，同时修订了10个博士学位授予专业的培养方案。在课程设置中，以知识结构和素质教育为基础，注意基础课程整体系统的优化并将相关课程在学科内拓宽。为更好地适应当前国家经济建设和学科发展的需求，结合中国农业科学院相关学科的发展，及时提出新的研究方向。例如：确定转基因植物安全性的研究方向，继2000年招收1名博士生后，在2001年硕士研究生招生专业目录上正式公布。这在我国农业院校和科研单位是首次提出，并在这一领域占据了优势地位。

根据国务院学位委员会和教育部联合发文《关于做好博士学位授权一级学科范围内自主设置学科、专业工作的几点意见》（学位［2002］47号）的规定，研究生院2002年在具有博士学位授权的一级学科内自主设置了作物种质资源学等9个博士学位授权专业。根据教育部关于修订研究生培养方案的指导意见，结合中国农业科学院学科建设需求，研究生院在大量前期调查研究的基础上，2003年启动了研究生培养方案的修订工作。本次培养方案修订遵循"坚持质量，优化环节，规范管理，突出特色"的原则，体现"院所结合，分段培养"办学模式的特点。于2004年6月完成了《中国农业科学院研究生院博士生培养方案（讨论稿）》和《中国农业科学院研究生院硕士生培养方案（讨论稿）》。根据新修订的研究生培养方案，硕士生要求33学分，博士生要求21学分。培养方案包括学科简介、培养目标、研究方向、培养年限、培养方式、培养环节、学位论文、毕业与学位授予八个部分，其中培养环节包括制定培养计划、课程学习、开题报告、中期考核、学术活动、发表论文环节，对硕士研究生还提出了社会实践的要求。2004年7月3日召开的中国农业科学院研究生院第一届教学委员会第一次会议审核博士生和硕士生培养方案（讨论稿）。经过充分讨论，会议通过了微生物学等38个硕士学位授权专业培养方案和生物化学与分子生物学等26个博士学位授权专业培养方案。

2006年7月9日，第一届教学委员会第三次会议在北京举行。会议原则通过了药用植物资源学、果树学、草业科学、农业水资源利用、农业区域发展、农业遥感、草地资源利用与保护、基础兽医学、临床兽医学、农业资源与环境经济学、农产品贸易、农业技术经济、农业信息管理学、农业经营管理14个新增博士学位授权专业培养方案和药用植物资源学、农业水资源利用、农业区域发展、农业遥感、草地资源利用与保护、农业资源与环境经济学、农产品贸易、农业技术经济、农业信息管理学、农业经营管理、农业机械化工程、农业生物环境与能源工程、食品科学、环境科学14个新增硕士学位授权专业研究生培养方案，从2006级研究生开始组织实施。

2007年7月4日，第一届教学委员会第四次会议在北京举行。会议通过了观赏园艺、动物信息学、中兽医、兽药学4个新增硕士学位授权专业和新增博士学位授权专业的培养方案，从2007级研究生开始组织实施。

研究生培养方案的修订工作是一项重要的基础性工作。各研究所在执行新修订研究生培养方案的过程中，对一些专业的研究方向设置提出了修改意见。为此，研究生院在2008年11月组织部分教学委员会委员和专家进行了专门讨论和修订，并经研究生院教学委员会审核通过，至2008年底完成了中国农业科学院44个博士学位授权专业和56个硕士学位授权专业的培养方案修订工作，基本建立了一套科学、规范、适用、具有农业科研单位特色的研究生培养方案。

表4-1 研究生培养方案制（修）定情况

学科门类	一级学科	二级学科	制（修）定年份
07 理学	0706 大气科学	070601 气象学☆	2004年修订
	0710 生物学	071005 微生物学☆	2004年修订
		071010 生物化学与分子生物学☆★	2004年修订
		071011 生物物理学☆★	2004年修订
		071012 生态学☆	2004年修订
08 工学	0828 农业工程	082801 农业机械化工程☆	2006年制定
		082802 农业水土工程☆	2004年修订
		082803 农业生物环境与能源工程☆	2006年制定
	0830 环境科学与工程☆☆	083001 环境科学☆	2006年制定
		083002 环境工程☆	2004年修订
	0832 食品科学与工程	083201 食品科学☆	2006年制定
		083203 农产品加工及贮藏工程☆	2004年修订
09 农学	0901 作物学 ☆☆★★	090101 作物栽培学与耕作学☆★	2004年修订
		090102 作物遗传育种☆★	2004年修订
		090120 作物种质资源学☆★	2004年制定
		090121 农产品质量与食物安全☆★	2004年制定
		090122 作物生态学☆★	2004年制定
		090123 作物信息科学☆★	2004年制定
		090124 作物气象学☆★	2004年制定
		090125 药用植物资源学☆★	2006年制定

续表

学科门类	一级学科	二级学科	制（修）定年份
09 农学	0902 园艺学☆☆★★	090201 果树学☆★	2004年修订硕士培养方案；2006年制定博士培养方案
		090202 蔬菜学☆★	2004年修订
		090203 茶学☆★	2004年修订
		090220 观赏园艺☆★	2007年制定
	0903 农业资源利用☆☆★★	090301 土壤学☆	2004年修订
		090302 植物营养学☆★	2004年修订
		090320 农业水资源利用☆★	2006年制定
		090321 农业区域发展☆★	2006年制定
		090322 农业遥感☆★	2006年制定
		090323 草地资源利用与保护☆★	2006年制定
	0904 植物保护☆☆★★	090401 植物病理学☆★	2004年修订
		090402 农业昆虫与害虫防治☆★	2004年修订
		090403 农药学☆★	2004年修订
		090420 杂草科学☆★	2004年制定
		090421 病虫测报☆★	2004年制定
		090422 生物安全☆★	2004年制定
		090423 农业微生物☆★	2004年制定
	0905 畜牧学☆☆★★	090501 动物遗传育种与繁殖☆★	2004年修订
		090502 动物营养与饲料科学☆★	2004年修订
		090503 草业科学☆★	2004年修订硕士培养方案；2006年制定博士培养方案
		090504 特种经济动物饲养（含蚕、蜂）☆★	2004年修订
		090520 动物信息科学☆★	2007年制定
	0906 兽医学 ☆☆★★	090601 基础兽医学☆★	2004年修订硕士培养方案；2006年制定博士培养方案
		090602 预防兽医学☆★	2004年修订

续表

学科门类	一级学科	二级学科	制（修）定年份
09 农学	0906 兽医学 ☆☆★★	090603 临床兽医学☆★	2004年修订硕士培养方案；2006年制定博士培养方案
		090620 中兽医学☆★	2007年制定
		090621 兽药学☆★	2007年制定
	0907 林学	090705 野生动植物保护与利用☆	2004年修订
12 管理学	1201 管理科学与工程	☆	2004年修订
	1203 农林经济管理☆☆★★	120301 农业经济管理☆★	2004年修订
		120320 农业资源与环境经济学☆★	2006年制定
		120321 农产品贸易☆★	2006年制定
		120322 农业技术经济☆★	2006年制定
		120323 农业信息管理学☆★	2006年制定
		120324 农业经营管理☆★	2006年制定
	1205 图书馆、情报与档案学	120502 情报学☆	2004年修订

注：1. “★★”为一级学科博士学位授权点，共计7个；“★”为博士学位授权专业，共计44个；
2. “☆☆”为一级学科硕士学位授权点，共计8个；“☆”为硕士学位授权专业，共计56个。

第三节　课程教学

研究生院创建初期，由于条件所限没有自行开设研究生课程，1979～1983年招收的前五批研究生，按专业分别送到北京农业大学、南京农学院、西北农学院、浙江农业大学，以及福建农学院、山西农学院、华中农学院、东北农学院、武汉水力水电学院、解放军长春兽医大学、内蒙古农牧学院、兰州大学、复旦大学等兄弟院校，进行为期一年的课程学习。其中部分学生因所在学校不能满足课程学习需要，在北京大学、北京工业学院、中国人民大学、北京师范大学等有关院校选课。除了研究生第一年的公共课、专业基础课、主要专业课在院外学习外，按当时培养方案的要求，研究生回所后由导师开设一门专业课，主要内容是与论文研究有关的本专业前沿进展，并有一定学分要求。为着力培养研究生的科学研究素质，研究生院创造条件使学生能够选修各院校的优势课程，为研究生后续的科研工作打下了良好的知识基础。研究生教学管理主要由教务长章一华和潘哲两位同志负责运作，联系代培学校，确定研修课程，安排住宿，结算代培费用，实行一揽子管理。1981 年 8 月研究生院正式设立教务处，负责教学管理工作。

1984 年，研究生院教务处结合农业科研单位特点开始自行组织课程教学，负责课程设置、选聘教师、课表安排等工作，结束了第一学年学生全部外送他校学习的状况，也是研究生院自行完成研究生全过程培养工作的开始。随着学科专业的不断增加，所开课程门数和聘请教师人数逐年增加。对于招生人数过少的专业，仍然外送原北京农业大学等高校借读。

国务院学位办、农业部教育司于 1986 年和 1987 年对研究生院的三个硕士学位研究生专业进行了质量评估，给予了较好的评价，指出："农业科学研究机构培养研究生，办研究生院是一个新的尝试，与农业院校有所不同，在培养方案中，课程学习与毕业论文的比重，各类课程的教学内容和方法，院、所试行了一些与农业院校不完全相同的做法，探索了一些经验，做出了成绩。"

一、课程设置

1982～1984 年农业部组织制定的硕士学位研究生培养方案（试行草案）构建了农科硕士学位研究生课程体系，提出课程内容的基本要求，在我国学位制度刚刚建立初期，对于各高等学校把握研究生课程体系建设方向，提高教学质量具有重要的指导意义。课程学习采取学分制，研究生课程分为必修课程（包括学位课、方向必选课两种）和选修课程两类三种。

1984 年，研究生院教务处经过大量调研，采取边建设，边改革，按照培养方案的要求，首次组织研究生课程教学工作，抓紧开设研究生的学位课程、专业必修课和选修课，从原北京农业大学、北京师范学院、北京工业学院等高校选聘主要公共基础课、专业基础课教师，从中国农业科学院科研人员中选聘专业课、实验课教师，并在中国农业科学院有关研究所组织实验课教学，提高研究生的实验操作技能。受当时条件的限制，第一学期只开设了自然辩证法、英语、日语（基础）、日语（提高）、英语提高班、俄语、计算机原理与 Fortran 语言、Basic 语言、线性代数、概率论与数理统计、群体遗传学、细胞生物学、植物遗传工程、同位素示踪技术及应用等 14 门课程，第二学期除继续开设英语、日语、俄语课程外，还开设了仪器分析、电镜技术、高级生物统计、家畜传染病学、植物核酸化学、植物生理专题、作物起源与进化、细胞遗传学、数量遗传学、细胞遗传学专题、作物育种专题、农业生态与数学生态、动物营养专题、兽医微生物学与免疫学等课程，全学年共开设 28 门课程，基本满足了留校学习的作物遗传育种等 9 个专业研究生课程学习的需要（生物物理学等 10 个专业继续外送原北京农业大学等院校学习）。由于指导思想明确，聘用重点高校教师开设基础课，中国农业科学院科研人员开设专业课及实验课，既保证了学生扎实掌握基础知识，又使他们尽快接触到科研前沿的最新信息，积累了培养研究生的经验。但同时也存在课程开设没有高校规范、基础课教学相对薄弱，选修课开设难以达到学生充分选择的程度等不足。1985 年研究生院组织开设的课程增至 40 门，其中"作物育种专题"分别由鲍文奎、李竞雄和庄巧生三位院士主讲，实验动物学基础课由北京医科大学实验动物科学部专家主讲。

1992 年，农学门类研究生课程体系已经形成，学位课程有：公共学位课由外语和政治理论课组成；其他学位课按二级学科设置，一般有 4 门，即专业基础理论课、专业理论课、专业技术方法类课程和研讨类课程。研究生院在注重专业基础理论教学的同时，精练课程门类和内容，增设前沿性专题、技术方法类和新兴学科领域新课程，逐步形成科学、系统的课程结构。

1997 年专业目录调整后，按照新专业目录，在大量调研的基础上，1998 年重新修订了博士、硕士研究生专业培养方案。同时，对常年开设的近百门课程做了优化与补充，重新编写了 83 门课程的教学大纲，汇编了《研究生课程内容简介》。在课程设置上，增加了一级学科课程和方法论、素质教育类课程，保留了由著名专家主持的各学科系列专题讲座课程和 Seminar 课，强化了外语和计算机教学。各专业专题课程以活跃在科研第一线的导师为主体讲授，采用拼盘式组织教学，教师结合国际学科前沿和自身科研实践进行授课，取得了良好的教学效果。在教学方法上，减少灌输式教学，增加电化、远程、网络教学。在 2003 年非典期间，基本上采用网络教学，没有影响课程教学进度。据不完全统计，研究生院自行开课以来，1984 年开设课程 28 门，1985 年开设课程 40 门，1987 年开设课程 35 门，1990 年开设课程 47 门，1993 年开设课程 89 门，到 1999 年开设课程 91 门，共涉及 20 个硕士学位授权专业，开课数量随着全院硕士学位授权专业的增加而逐步增加。

2003～2008 年间，新开课程专业达到 14 个，除招生人数较少的气象学、农业机械化工程、农业水土工程及农药学专业外，其他专业硕士研究生全部留院进行课程学习，全年开课 130 门左右。新增分子遗传学专题、农产品质量安全研究进展、作物种质资源学、蛋白质组学与分析技术等新兴学科、前沿领域的课程 52 门，占全学年课程的 40%。通过优化课程体系，扩大学生选课范围，力争营造一个能够让学生主动学习、发展个性的空间。推广研讨式教学，加强师生互动，促进学生的自主学习能力，截至 2008 年，开展研讨式教学的课程已达 19 门。大力推进专题课教学，以引进多角度的思路，开拓学生的视野，提高研究生科研能力，已经开设的专题课程已达 26 门。同时，一些课程如高级农业生态学、土壤物理学、设施农业工程学等还增加了实践教学等环节。通过组织研究生到实验基地现场参观、实地考察，使他们学会如何利用所学知识分析和解释农业生产中的相关现象，启发他们独立思考问题、提高将专业知识融会贯通的能力。积极探索多元化的课程考试方式，注重研究生能力的考察。研究生院 2007 年组织的跟踪调查结果显示，83.74% 硕士生、87.83% 博士生对总体教学效果表示满意。

二、外国语、实验与计算机等课程教学工作

多年来，研究生院始终强调基本技能的教学，加强研究生能力培养。重视外国语、应用数理统计、统计软件 SAS 等课程以及科技论文写作、文献信息检索和生物化学实验、分子生物学实验、仪器分析等实验课程的教学工作。

（一）外国语教学工作

尽管建院初期研究生开课外送他校，但研究生院对外语教学从未放松，1980 年就成立了外语教研室，李秀云教授亲自授课。当时主要对返校后进行科研工作的研究生进行英语提高班教学，同时还开设日语、俄语和德语等一外和二外课程。

在改革开放初期，与国际接轨进行国际交流，选送出国进修生等项目中，外语起着重要作用。当时的外语教研室，不仅对研究生院的学生进行外语口语阅读训练，同时还组织了中国农业科学院出国留学预备生的培训班。多次出国预备生选拔也由研究生院外语教研室承担。为提高学生阅读农业英语书刊的能力，李秀云教授在研究生院支持下选编了农科专业英语阅读材料两册作为研究生教材。

由于研究生院重视外语教学，老师精心教学，小班辅导，1982 年研究生院第一届硕士毕业生有一半通过了美国洛克菲勒基金会的口试，多人获得出国进修的机会。

1985 年开始招收博士生，研究生院又开设了博士生英语教学，聘请了北京师范大学外语系主任赵太和教授担当博士生英语教学工作，并于翌年建立了电教室，完善了语音教学设备。

截至目前，先后聘请了来自美国、英国、加拿大等国家的 12 位外籍教师来院专职教授英语。同时也聘有日语和俄语老师，为学生提供了第二外语选修课。来自美国的马克先生（Mark Stevenson）在研究生院教授英语五年，教学效果好，深受师生欢迎，他本人也获得了研究生院授予的优秀教师称号。1992 年中国农业科学院研究生首次参加北京地区研究生外语统一考试，当年及格率在 92%，此后每年参加外语统考，成绩始终保持优良。

按照北京市研究生教学研究会制定的研究生英语教学大纲要求，从 20 世纪 80 年代中期开始为硕士生成功开设了口语、写作、翻译、阅读等课程，为博士生开设了科技写作、听力和口语交际等课程，并常年开设英语角，为广大同学提供交流沟通的平台。自 1997 年起国家对以同等学力申请学位在职人员实行全国英语统考以来，研究生院在职人员申请学位的学生英语水平考试的通过率每年都在 50% 以上，在 2007 年以同等学力申请学位在职人员全国外国语统考中，研究生院参加考试人数为 20 人，实际通过人数为 20 人，合格率达到 100%。

（二）实验和计算机课程教学工作

按照培养方案中课程设置要求，研究生院始终注重实验课程教学，1984 年自行组织课程开始，充分利用中国农业科学院各研究所的设备条件，组织了电子显微镜、仪器分析、同位素示踪技术等课程及相应实验，同时结合各研究所的相关科研工作安排了生物化学实验。1985 年起研究生院利用周边大学进行合作培养，相继在暑假期间送研究生到北京大学进行生物化学实验、显微摄影实验等。

1987 年研究生院教学办公楼建成，改善了办学条件。专门建立了生物技术教研室、生物化学教研室。1988 年自行开设了石蜡切片技术、染色体分带技术、根尖染色体镜检技术、植物组织培养等实验课。1990年开设了显微摄影实验课，1992年开设了生物化学实验课。鉴于分子生物学专业在1990年获得硕士学位授权，且分子生物学的深入发展对农业科研愈显重要性，1991年，研究生院开始与中国科学院发育生物研究所合作进行分子生物学实验课教学，经过几年协同准备，1996年开设研究生院自行组织分子生物学实验课。近年来，研究生院投入了近500万元改善生物学教研室的实验教学条件，基本满足了研究生生物化学和分子生物学实验的需要。

在信息化时代，研究生的知识结构需要拓宽，科研手段也逐渐更新，仪器设备的微机化，使得计算机在科研方面应用越来越广。研究生院1984年始自主开设了Basic语言、Fortran语言，以后又开设了C语言、计算机基础、DBase Ⅲ等课程。1988年筹建计算机室，1994年建立计算机教研室，先后两次更新计算机设备，1995年建成网络教室，1997年开课讲授国际通用大型统计软件，并为多元统计及其应用、经济计量学等课程开设计算机实习课。2000年以后陆续开设了WEB程序设计、多媒体与虚拟农业技术、数据库原理与应用等课程。

三、教学队伍建设

师资水平是影响研究生培养质量的主导与关键因素。自1984年研究生院自主开课以来，采用选聘北京地区尤其是地处海淀区的北京大学、清华大学、原北京农业大学、中国人民大学、北京师范大学、首都师范大学等各高校和中国科学院相关研究所的知名专家教授讲授重要的基础课、专业基础课，使研究生接触到各高校一流教授的课程，以弥补科研单位办研究生教育师资的不足。通过选聘中国农业科学院各研究所专家讲授农业科研前沿的专业课程，使研究生尽快熟悉本专业领域的最新知识。这种广泛优选师资的做法，既保证了研究生扎实的基础知识，也加快了研究生尽快进入研究领域的步伐。如1984年聘请中国农业大学敖光明教授讲细胞生物学，聘请首都师范大学郭平仲教授讲群体遗传与数量遗传学，聘请中国农业大学陆银初教授讲授自然辩证法。此后又聘请北京大学吴相钰教授主讲生物化学、吴鹤龄教授主讲分子遗传学，聘请中国科学院植物研究所谭克辉教授主讲植物生理学。1987年，聘请中国农业大学宋同明教授主讲细胞遗传学，聘请中国科学院微生物研究所田波院士主讲植物病毒专题，聘请中国农业大学裴鑫德教授主讲多元统计分析。1989年至今，聘请中国科学院发育生物研究所吴乃虎教授讲授基因工程原理。

除上述专家、教授外，研究生院还聘请了许多知名院外专家讲课，曾经应聘来研究生院讲授研究生课程的部分专家学者如表4－2所示。

表4－2　研究生院部分外聘教师讲课情况

专家姓名	所在单位、职务	讲授课程
高鸿业	中国人民大学教授	西方经济学
厉以宁	北京大学光华管理学院院长	经济学专题

续表

专家姓名	所在单位、职务	讲授课程
纪宝成	中国人民大学校长	市场营销学
林毅夫	世界银行首席经济学家兼负责发展经济学的副行长	经济学专题
张维迎	北京大学光华管理学院副院长、经济学教授，北京大学工商管理研究所所长	西方经济学
陈锡文	中央财经领导小组办公室副主任、中央农村工作领导小组办公室主任	农业经济管理学专题
杜　鹰	国家发展和改革委员会副主任	农业经济管理学专题
蔡　昉	中国社会科学院人口与劳动经济研究所所长	发展经济学
吴晓求	中国人民大学研究生院常务副院长，金融与证券研究所所长	经济学专题
顾海良	武汉大学校长	建设中国特色社会主义
陈超尘	台湾大学教授	科学的本质与结构
樊　刚	中国经济体制改革研究基金会秘书长，国民经济研究所所长	经济学专题
柯炳生	中国农业大学校长	农业经济管理学专题
唐　忠	中国人民大学农业经济系主任	资本论
马晓河	产业经济与技术经济研究所所长	农业经济管理学专题
张晓山	中国社会科学院农村发展研究所所长	农业经济管理学专题
韩　俊	国务院发展研究中心农村经济研究部部长	农业经济管理学专题
张红宇	农业部产业政策与法规司司长	农业经济管理学专题
谭向勇	北京工商大学校长	农业政策学
刘迎秋	中国社会科学院副院长	资本论
李　扬	中国社会科学院金融研究所所长	经济学专题
种　康	中国科学院植物研究所副所长，中国科学院光合作用与环境分子生理学重点实验室主任	植物生理学专题
匡廷云	中国科学院院士，植物生理学家	植物生理学专题
许智宏	中国科学院院士、原北京大学校长	植物生物技术
陈章良	原中国农业大学校长，现任广西壮族自治区人民政府副主席	现代农业生物技术专题
李子奈	清华大学经管学院副院长	计量经济学
万广华	澳大利亚悉尼大学教授	计量经济学应用
朱　祯	中国科学院遗传研究所副所长	现代农业生物技术专题
李家洋	中国科学院副院长	高级作物育种学专题
李振声	中国科学院院士，国家最高科学技术奖获得者	高级作物育种学专题
张爱民	中国科学院遗传研究所副所长	高级作物育种学专题

续表

专家姓名	所在单位、职务	讲授课程
陈受宜	原中国科学院遗传研究所所长	现代农业生物技术专题
朱立煌	中国科学院遗传研究所研究员	现代农业生物技术专题
孙其信	中国农业大学副校长	高级作物育种学专题
戴景瑞	中国工程院院士，中国农业大学教授，玉米遗传育种专家	高级作物育种学专题
曾士迈	中国工程院院士，中国农业大学有害生物综合治理研究所所长	植物病理学专题
彭友良	中国农业大学教授，973 科研项目首席科学家	植物病理学专题

20 世纪 90 年代初，研究生院的师资队伍基本稳定在 150 名左右，其中 28% 来自中国农业科学院京区各研究所，23% 来自中国农业大学，20% 来自中国科学院各研究所，12% 来自北京大学、清华大学、中国人民大学、北京师范大学、首都师范大学等综合性大学，8% 由研究生院专职教师担任。这种选聘制度体现了研究生院研究生教育的特色和优势，也得到了农业部和国务院学位办的肯定。

“十五”以来，研究生院充分利用和挖掘指导教师资源，特别是在中国农业科学院“杰出人才工程”中选聘兼职教师，使中国农业科学院各研究所的任课教师比例逐年增加，同时与著名高校和科研单位建立相对稳定的合作关系，选聘高水平的知名专家长期任教，共同组成了一支高水平、多元化、教学和科研并重的专、兼职教师队伍，取得了较好的教学效果。以 2007 年为例，全年任课教师 356 人中，中国农业科学院专职教师和导师 235 人，院外高校及科研单位教师占近 1/3，网上课程教学评估优良课程达 95% 以上，保证了教学质量。研究生院不断采取有效措施，加强和规范教师的管理。2004 年起，逐步调整提高外聘教师的讲课津贴标准，2006 年修订规范了《中国农业科学院研究生院关于支付兼职教师讲课津贴的暂行规定》，2007 年进一步提高了外聘教师讲课津贴标准。2008 年起，每年与外聘教师签订“外聘兼职教师聘用协议书”，明确双方的权责。对于年龄和身体原因不宜继续担任教学任务的教师以及教学评估不满意的教师，及时调整、更换，优化教师队伍结构。2008 年组织实施《中国农业科学院研究生院优秀教师评选及奖励办法》，评选表彰优秀任课教师 80 名，占主讲教师队伍的 52. 8% 。

研究生院始终重视专职教师队伍的建设，2006 年经研究决定在培养处设立外语教研室和生物学教研室，并明确了教研室职能。教研室成立后，制定规范了教研室的各项规章制度，并执行《中国农业科学院研究生院课程专职教师岗位管理办法（试行）》和《中国农业科学院研究生院课程专职教师工作量考核实施细则（试行）》。2001～2008 年，研究生院先后引进专职教师 8 人，截至 2008 年底，专职教师共计 11 人。专职教师共承担了硕士生英语（课型分为口语、翻译、写作、阅读）、博士生英语（课型分为听力、科技写作、口语交际），农业推广硕士英语、生化研究技术、糖生物学、发酵工程、微生物学专题（合讲）、分子生物学、专业外语、植物细胞工程（合讲）、实用统计学和 SAS、分子生物学大实验、生物化学大实验、运筹学、高级生物化学（合讲）等 15 门课程的教学工作。教研室充分发挥了职能作用，不断开展教学改革，承担了大量的相关学科课程的教学组织、教学管理和教学研究工作。同时，专职教师通过参加科研工作、研究生培养和学术活动，不断提高教学水平。在2008年度，研究生院专职教师全部被评为优秀教师。

四、教材建设

教材建设是课程建设的重要组成部分，除建院初期外语教研室李秀云教授选编了两册农业科学专业英语阅读材料外，研究生院基本上是选用高校教材或参考书。

2005年以来，植物营养的土壤化学、概率论与数理统计、经济学说史、农业区域发展学等部分课程的任课教师结合在研究生院教学的具体情况，总结多年的教学经验，编写了相应的研究生教材，受到了同学们的欢迎。

2007年研究生院制定了《中国农业科学院研究生院院级主干课程建设规划》和《中国农业科学院研究生院院级主干课程建设实施暂行办法》，启动院级主干课程建设，提高全院整体教学水平。截至2008年，已立项41门课程。2009年高级蔬菜育种学、食品检测技术、高级植物病毒学、现代食品安全保证体系、高级动物生殖生理、环境经济学、微观经济学、外国农业经济、管理信息系统、农业信息技术等13门课程通过了第二届教学委员会的评审验收工作。

五、教学管理

2004年以来，按照新培养方案的要求，研究生院组织任课教师全面开展了教学大纲的制定和修订工作，注重更新教学内容，体现课程深度，建立教学规范，截至2008年，已完成104门课程教学大纲的制定并通过院教学委员会审定。要求教师按照教学大纲要求和研究生院的具体安排组织课程教学和考核，不能随意降低标准。同时加强管理，明确要求教师考试结束后三周内提交成绩单。在加强课程管理的同时，重视学风建设，严格执行教学管理规定，定期组织查课，公布检查情况，缺课1/3以上者取消考试资格。促使研究生在读期间能认真刻苦地学习，遵守校纪校规，保证教学效果。不断完善考试考核制度并加以落实，明确规定课程论文与参考文献雷同300字以上者视为作弊，对于违反制度的学生严格按规定处理，以端正学风。2002年启用“教学管理信息系统”，通过网络实现了对研究生成绩、选课的管理，简化了工作程序，提高了工作效率和管理水平。

六、教学评估

1984～1990年期间，研究生院每年都就课程教学效果向研究生进行随访以便改进工作或更换教师。1990年开始在每个学年结束时对课程进行评估。1992年，研究生院开始评选优秀教师，1995 年，开始对任课教师教学方法进行评估，使教学工作更加完善，并有了一定量化指标。1997 年开始，每学期都进行教学评估工作。

2004 年，启用网上教学质量评估体系，重点评价任课教师教学态度、教学内容、教学方法与手段等，加强对课程质量的监控。充分发挥课代表的积极性和作用，注重建立师生沟通渠道，以便及时反馈教学内容、方法和效果，对不符合要求的要进行调整、更换，以保证教学质量。2007 年为深入了解课程学习现状，分析影响研究生课程学习的因素，查找学生缺课的原因，发现研究生课程学习的薄弱环节，培养处成立了项目组，以 2007 级研究生为调查对象，开展了课程教学情况的专项调查研究。调查包括公共课、专业基础课和专业课，项目组制定了实施方案，对缺课学生追踪调查缺课原因，并在期末进行课程综合情况调查，完成了 35 门重点课程的课程教学效果调查和研究生缺课原因调查，并对调查结果进行了分析，为进一步改进教学管理，提高教学质量提供依据。

第四节　教学委员会

根据中国农业科学院研生［2004］第 213 号文成立的中国农业科学院研究生院教学委员会，是由中国农业科学院具有正高级职称，治学严谨，热爱研究生教育工作，作风正派，办事公正，在教学和科研一线工作并取得显著成绩的博（硕）士研究生指导教师组成的专家组织。教学委员会在中国农业科学院院长领导下开展工作，对研究生院学科建设、教学体系、教学管理等工作中重要问题的决策进行咨询、审议、监督和实施。

教学委员会履行下列职责：审议各专业培养方案及教学计划；审议职能部门提出的关于教学工作的规划、教学改革措施、教学管理制度，并提出意见；参与审议师资队伍建设规划；审议教学实验室设置和建设规划；参与审议大型实验教学设备采购计划；组织实施院级重点课程评估工作，并制定奖惩条例；审议教材建设规划，评选优秀教材；对其他有关问题提出指导意见和建议。

教学委员会设主任委员 1 人，副主任委员 3～5 人，秘书 1 人，委员 40～50 人。主任委员由院长担任，副主任委员由主任委员提名、院长办公会议决定。委员由培养单位提名推荐，教学委员会办公室依据本人条件、学科（专业）布局平衡初审，报院长办公会议审议批准。教学委员会办公室是其办事机构，设在研究生院培养处，负责日常工作。

教学委员会下设 4 个学科组：作物科学学科组、动物科学学科组、资源与环境学科组、管理与工程学科组。

教学委员会在需要采用表决的方式决定事项时，采用无记名投票方式进行，表决结果以超过全体委员总数的半数为通过。委员如因特殊情况不能到会表决时，可用无记名通信投票方式进行。

教学委员会每届任期四年。如因特殊情况需要缩短或延长任期时，须经院长批准，但延长时间最多不得超过一年。教学委员会委员需要变动调整时，由教学委员会办公室会同有关单位拟定出名单，报请院长批准。

第一届教学委员会于2004年7月成立，时由48名委员组成，翟虎渠教授任主任委员，章力建研究员、方智远研究员、陈宗懋研究员、韩惠鹏研究员、王秀玲研究员任副主任委员，陆庆光研究员任秘书长。

表4-3 第一届教学委员会名单（按学科分组）

姓名	研究所	技术职称	专业	学科组
翟虎渠	中国农业科学院	教授	作物遗传育种	作物科学学科组
方智远	蔬菜所	研究员	蔬菜学	作物科学学科组
陈宗懋	茶叶所	研究员	茶学	作物科学学科组
路铁刚	生物所	研究员	生物化学与分子生物学	作物科学学科组（组长）
赵　明	作物所	研究员	作物栽培学与耕作学	作物科学学科组（副组长）
卢长明	油料所	研究员	作物遗传育种	作物科学学科组
何中虎	作物所	研究员	作物遗传育种	作物科学学科组
李立会	作物所	研究员	作物种质资源	作物科学学科组
李少昆	作物所	研究员	作物信息科学	作物科学学科组
王志强	郑州果树所	研究员	果树学	作物科学学科组
杜永臣	蔬菜所	研究员	蔬菜学	作物科学学科组
何晨阳	植保所	研究员	植物病理学	作物科学学科组
罗礼智	植保所	研究员	农业昆虫与害虫防治	作物科学学科组
曹坳程	植保所	研究员	农药学	作物科学学科组
张朝贤	植保所	研究员	杂草科学	作物科学学科组
程登发	植保所	研究员	病虫测报	作物科学学科组
才学鹏	兰兽所	研究员	预防兽医学	动物科学学科组（组长）
蔡辉益	饲料所	研究员	动物营养与饲料科学	动物科学学科组（副组长）
李　奎	畜牧所	研究员	动物遗传育种与繁殖	动物科学学科组
高洪文	畜牧所	研究员	草业科学	动物科学学科组
郭锡杰	蚕业所	研究员	特种经济动物饲养（含蚕、蜂等）	动物科学学科组
吴　杰	蜜蜂所	研究员	特种经济动物饲养（含蚕、蜂等）	动物科学学科组
梁剑平	兰牧药	研究员	基础兽医学	动物科学学科组
王笑梅	哈兽研	研究员	预防兽医学	动物科学学科组
薛飞群	上海所	研究员	临床兽医学	动物科学学科组
杨福合	特产所	研究员	野生动植物保护与利用	动物科学学科组

续表

姓名	研究所	技术职称	专业	学科组
陆庆光	研究生院	研究员	农业昆虫与害虫防治	动物科学学科组
金继运	土肥所	研究员	植物营养学	资源与环境学科组（组长）
万方浩	环发所	研究员	生物安全	资源与环境学科组（副组长）
李玉娥	环发所	研究员	气象学	资源与环境学科组
邱德文	环发所	研究员	微生物学	资源与环境学科组
崔海信	环发所	研究员	生物物理学	资源与环境学科组
徐　斌	区划所	研究员	生态学	资源与环境学科组
徐应明	环保所	研究员	环境工程	资源与环境学科组
徐明岗	土肥所	研究员	土壤学	资源与环境学科组
彭于发	植保所	研究员	生物安全	资源与环境学科组
韩惠鹏	研究生院	研究员	农业经济管理	资源与环境学科组
魏益民	加工所	研究员	农产品质量与食物安全	管理与工程学科组（组长）
许世卫	信息所	研究员	农业经济管理	管理与工程学科组（副组长）
叶志华	质标所	研究员	农产品质量与食物安全	管理与工程学科组
王　强	加工所	研究员	农产品加工及贮藏工程	管理与工程学科组
王文生	信息所	研究员	农业经济管理	管理与工程学科组
张陆彪	国合局	研究员	农业经济管理	管理与工程学科组
秦　富	农经所	研究员	农业经济管理	管理与工程学科组
孟宪学	信息所	研究员	农业经济管理	管理与工程学科组
章力建	中国农业科学院	研究员	生物化学与分子生物学	管理与工程学科组
王秀玲	研究生院	研究员	农业经济管理	管理与工程学科组
段爱旺	灌溉所	研究员	农业水土工程	管理与工程学科组

2006年，随着学科发展和教学改革的深入，需要增补新增学科专业和研究生基础教学领域的专家以加强教学委员会的工作，陆庆光研究员因退休不再担任教学委员会秘书长职务，经研究决定，由研究生院现任副院长刘荣乐研究员任教学委员会秘书长，增补6名委员，至此，教学委员会委员共计54人。新增的7名教学委员会委员名单如表4－4所示。

表4－4　第一届教学委员会增补委员名单

姓名	性别	工作单位	技术职务	学科专业	所在学科组
刘荣乐	男	研究生院	研究员	植物营养学	资源与环境学科组
邓良伟	男	沼气所	副研究员	农业生物环境与能源工程	资源与环境学科组

续表

姓名	性别	工作单位	技术职务	学科专业	所在学科组
王英平	男	特产所	研究员	药用植物资源学	作物科学学科组
严昌荣	男	环发所	研究员	农业水资源利用	资源与环境学科组
易中懿	男	农机所	研究员	农业机械化工程	管理与工程学科组
刘兰芝	女	研究生院	教授	外国语教学	管理与工程学科组
闫艳春	女	研究生院	教授	生物化学	资源与环境学科组

自成立之日至2008年底，研究生院第一届教学委员会共召开四次会议。2004年7月，第一次会议审议通过了《中国农业科学院研究生院教学委员会暂行条例》，翟虎渠院长对培养方案的审定提出了应注重优化知识结构，突出学科特点，优化培养环节，强化素质教育，强调层次分配，体现分类指导的原则要求。会议审议通过了微生物学等38个学科硕士生培养方案和生物化学与分子生物学等26个学科博士生培养方案。

2005年7月，第二次教学委员会会议主要审定教学大纲，目的是加强内涵建设，建立教学规范，强化创新能力的培养。课程设置要突出一个“新”字，剔除陈旧内容，提高研究生自学能力；在教学方法上倡导讨论式、交流式和启发式教学；会议审议通过了《基因工程原理》等78门研究生课程的教学大纲。会议还讨论了《关于构建“院、系、所结合”研究生教育管理模式的意见》。

2006年7月，第三次会议审议通过了药用植物资源学等14个新增博士学位授权专业，环境科学等14个新增硕士学位授权专业研究生培养方案，以及茶学等5个专业硕士研究生培养方案的修订方案；审议通过了分子生物学等12门课程的教学大纲。

2007年7月，第四次会议讨论通过了观赏园艺等4个新增硕士学位授权专业和博士学位授权专业的培养方案；通过地理信息系统、农业区域发展等14门课程的教学大纲，通过《中国农业科学院关于涉密研究生学位论文管理的暂行规定》和《中国农业科学院博士研究生入学考试科目设置》等文件。

根据《中国农业科学院研究生院教学委员会暂行条例》的有关规定，2009年经研究决定，进行中国农业科学院研究生院教学委员会的换届工作。第二届教学委员会由55名委员组成，主任委员翟虎渠，副主任委员方智远、韩惠鹏、王秀玲，秘书长刘荣乐，分作物科学、动物科学、资源与环境、管理与工程4个学科组。分组名单如下：

中国农业科学院研究生院第二届教学委员会名单（55人）

主任委员：翟虎渠

副主任委员：方智远　韩惠鹏　王秀玲

秘书长：刘荣乐

作物科学学科组（19人）

组长：路铁刚

副组长：邱德文　赵　明

委员：卢长明 何中虎 李立会 李少昆 王志强 杜永臣 阮建云 何晨阳
罗礼智 曹坳程 张朝贤 程登发 王英平 万方浩 翟虎渠 方智远

动物科学学科组（11 人）

组长：才学鹏

副组长：李 奎

委员：高洪文 吴 杰 李建科 梁剑平 齐广海 王笑梅 薛飞群 杨福合
韩惠鹏

资源与环境学科组（12 人）

组长：徐明岗

副组长：唐世荣

委员：李茂松 崔海信 徐 斌 彭于发 邓良伟 严昌荣 周 卫 曾希柏
闫艳春 刘荣乐

管理与工程学科组（13 人）

组长：秦 富

副组长：魏益民

委员：叶志华 王 强 王文生 张陆彪 李先德 孟宪学 易中懿 潘淑敏
段爱旺 许世卫 王秀玲

中国农业科学院研究生院教学委员会第二届一次会议于 2009 年 6 月 30 日在北京举行。会议的主题是审议《中国农业科学院研究生院主干课程》及教学大纲，讨论研究生培养及教学管理有关问题。会议原则通过《高级蔬菜育种学》、《食品检测技术》、《高级植物病毒学》、《现代食品安全保证体系》等 13 门课程建设成果，会议还讨论了进一步整合全院生物物理学研究生教育资源，加强学科建设、优化研究生课程体系，加强培养过程管理，提高研究生培养质量的有关问题，提出了具体意见和建议。

教学委员会的成立是中国农业科学院研究生教育工作的一项创新。自成立以来，教学委员会充分发挥了咨询、审议和监督的作用，认真履行职责，为加强研究生教学管理、优化课程体系，切实提高教学质量，不断探索具有本院特色的农科创新人才培养模式做出了重要贡献。

第五节 学位论文管理

中国农业科学院研究生院建院 30 年来，根据国家社会经济发展的需要，遵循研究生教育的客观规律，逐步改进对研究生学位论文的管理，促进研究生学位论文水平的不断提高。

1981 年国务院颁布的《中华人民共和国学位条例暂行实施办法》对学位论文的选题、写作、评阅及答辩等环节都做出了明确规定，其中第八条规定“硕士学位论文对所研究的课题应当有新的见解，表明作者具有从事科学研究工作或独立担负专门技术工作的能力”，第十三条规定“博士学位论文应当表明作者具有独立从事科学研究工作的能力，并在科学或专门技术上做出创造性的成果”。

1982 年 8 月，研究生院遵照学位条例的规定，制订了《中国农业科学院研究生院攻读硕士学位研究生培养管理暂行规定（草案）》；1986 年 5 月，制订了《中国农业科学院研究生院攻读博士学位研究生培养工作试行办法》；1987 年 7 月根据《中华人民共和国学位条例暂行实施办法》第二十五条关于“学位授予单位可根据本暂行办法制定本单位授予学位的工作细则”的规定，并结合本院的实际情况，制订了《中国农业科学院授予学位工作细则（草案）》。在该细则“第三章学位论文的基本要求”中，第十条和第十一条分别对硕士学位论文和博士学位论文的内容提出基本要求，第十二条和第十三条对学位论文的写作格式提出了具体的要求。

根据国家教委《关于改进和加强研究生工作的通知》（［86］教研 030 号文）和农业部《关于进一步改革农科研究生教育的意见》（［88］农教字第 25 号文）的要求，研究生院制定了《关于开展研究生中期考核工作的试行办法》、《学习成绩评分细则》、《政治思想评分细则》等相关文件。

中期考核是对研究生课程学习、论文进展和政治思想的全面考核，同时也是专业学习中一次学术性的活动。1990 年 11 月，研究生院首次开展中期考核试点工作，对 89 级研究生进行了全面的中期考核和评价。在中期考核试点过程中，不仅对研究生的学习成绩、开题报告、政治思想等进行考核，还对学生的科研能力、治学态度、团结互助、公益劳动和行为规范等进行全面考核。首次参加中期考核的 89 级 41 名研究生中，考核总分在 80 分以上的共 38 名，80 分以下的 3 名。根据中期考核结果，评选出 8 名中期考核优秀生，其中 1 名被批准提前一年毕业。

2002 年 7 月，研究生院修订《中国农业科学院研究生院研究生中期考核办法》（以下简称“考核办法”）。该“考核办法”规定，中期考核时间：博士研究生在第三学期初，硕士研究生在第三学期末进行。同时规定“开题报告”和“文献综述”作为考核的重要内容。对中期考核结果，该“考核办法”第四条提出了“中期考核分流办法”：优秀者可以提前攻读博士学位或提前一年毕业；合格者（业务考核成绩 70～89 分）可继续进行学位论文工作；对不合格者确认不宜继续培养的，按相关规定予以劝退。该“考核办法”对“评分办法和考核标准”从政治思想考核和业务考核两个方面做了详细的规定，其中论文选题、开题报告、科研思维、文献综述、写作能力、外语水平等是业务考核的重点。中期考核制度的建立，对加强学位论文管理，保证培养质量发挥了重要作用。

为加强研究生培养过程管理，提高研究生学位论文质量，研究生院 2004 年进一步修订《研究生中期考核暂行规定》，将研究生开题报告和中期考核分开，中期考核分优（总评分≥90 分）、良（80≤总评分≤89）、合格（70≤总评分≤79）、不合格（总评分＜70 分）四级，并规定未按时完成中期考核的研究生，其论文答辩申请将推迟半年受理，取消其评优资格。“十五”以来，研究生院相继制定了《研究生开题报告暂行规定》、《研究生在学期间发表论文的暂行规定》、《关于涉密研究生学位论文管理的暂行规定》等规定，修订了《博士学位研究生培养管理暂行规定》、《硕士学位研究生培养管理暂行规定》、

《研究生中期考核规定》、《硕士研究生提前攻读博士学位工作的暂行规定》、《学位论文与摘要写作规范（试行）》，为不断提高研究生的学位论文水平提供制度保障。在总结研究生培养工作实践经验的基础上，研究生院提出以中期考核为纽带，建立覆盖制定培养计划、开题报告、中期考核、学术活动、发表论文、论文答辩的全程质量管理体系，将研究生培养质量控制由以论文评审和学位授予的终端把关逐步转变为全过程跟踪、关键环节控制。研究生培养环节时间对照表如表 4－5 所示。

表 4－5　研究生培养环节对应时间表

培养环节	对应材料	硕士生完成时间	博士生完成时间
培养计划	培养计划表	第一学期 12 月底	第一学期 12 月底
开题报告	开题报告表	第三学期 10 月底	第二学期 5 月底
中期考核	中期考核表 提前毕业申请表 提前攻博申请表	第四学期 5 月底 （提前毕业、提前攻博 3 月底）	第四学期 5 月底
学术报告	学术报告表	第六学期 3 月 15 日	第六学期 3 月 15 日
发表论文	发表论文复印件或论文接受函	第六学期 3 月 15 日	第六学期 3 月 15 日

为了进一步提高学位论文的规范化水平，经中国农业科学院第五届学位评定委员会议讨论通过《中国农业科学院学位论文与摘要写作规范（试行）》，于 2002 年 4 月发布实施（农科研生字［2002］8 号）。从 2003 年起，每年进行两次学位授予工作，并评选院级优秀学位论文。硕士（包括同等学力人员）、博士研究生一般在每年 6 月 30 日前完成学位论文答辩；因故不能完成者，应在每年 12 月 30 日前完成论文答辩（农科研生［2003］7 号）。

2003 年 9 月，为了加强对研究生学位论文质量的监督，提高学位论文水平，扩大评审专家的选择范围，根据中国农业科学院学位评定委员会第五届第七次会议精神，决定建立“中国农业科学院研究生学位论文评审专家库”（以下简称专家库），对入选专家库的条件提出了具体的要求。专家库中的专家将作为研究生中期考核专家组成员、学位论文评阅人和学位论文答辩委员会委员的主要来源，为推进学位论文的匿名评审创造条件。专家库中专家信息每年更新一次（农科研生［2003］39 号）。

2004 年 4 月，为贯彻落实中国农业科学院研究生教育质量工作会议精神，根据学位委员会专家的意见和建议，对《中国农业科学院学位论文与摘要写作规范（试行）》进行了修订，并予发布实施。经研究决定，改革学位评阅和答辩办法，从 2004 年起，所有研究生的学位论文评阅人和答辩委员会成员，均由研究生院学位办利用学位论文评审专家库随机确定。同时决定，2005 年开始试行学位论文匿名评审（农科研生［2004］8 号）。

2005 年 3 月，《中国农业科学院学位授予工作细则（修订稿）》发布执行（农科院学位评定委员会农科学位［2005］5 号文）。随着中国农业科学院学位授予专业和学位类别（学术类型学位和应用类型学位）的增加以及研究生规模的不断扩大，对学位授予工作提出了更高的要求。为此，对学位论文的要求做了相应的调整和补充，《中国农业科学院学位授予工作细则（修订稿）》（以下简称《学位工作细则》）第四章学位论文第十条专业学位（应用型学位）论文的基本要求，分别对硕士专业学位论文和博士专业学位论文提出了具体要求，第十一条和第十二条分别对硕士（学术型学位）学位论文和博士（学术型学位）学位论文提出了基本要求。第十一条硕士（学术型学位）学位论文的基本要求包括：①选题具有一定的理论意义和应用价值，对所研究的课题有新的见解；②论文实验有一年以上工作量，参考文献 80 篇以上（含一定数量外文文献），论文正文 2 万～4 万字；③论文应表明申请人具有科学研究的能力，掌握坚实的基础理论和系统的专门知识。第十二条博士学位（学术型学位）学位论文的基本要求包括：①选题在学术上或国民经济建设上有较大的理论意义和应用价值，对所研究的课题有创造性的见解；②论文实验有两年半以上工作量，参考文献 150 篇以上（含大量外文文献），论文正文 4 万～6 万字；③论文应表明申请人具有独立从事科学研究的能力，掌握坚实宽广的基础理论和系统深入的专门知识。该《学位工作细则》第五章“论文答辩”对申请人答辩资格的审查、答辩委员会的构成与职责、论文答辩程序及答辩结果等均做了详细的规定。

2005 年，研究生院制定了《中国农业科学院研究生院学位论文双盲制评阅的实施办法》（农科学位［2005］4 号）。2005 年 1 月 21 日，中国农业科学院学位评定委员会第五届第十次会议讨论决定，开始进行学位论文双盲制评阅试点工作。学位论文的“双盲制评阅”即：一是将评阅人姓名对学位论文作者及其导师小组和答辩委员会成员隐匿；二是将学位论文作者及其导师姓名对论文评阅人隐匿。每年从应届毕业研究生中随机抽取一定比例的论文进行双盲制评阅，此项工作在论文答辩截止后的一周内进行。“双盲制评阅”对学位论文提出了更严格的要求，规定：“双盲制评阅实行一票否决，即如果有一位评阅专家的评分成绩为差，并明确提出不同意进行答辩，则该学位论文必须修改后再次提出评阅申请，由学位办公室重新组织双盲评阅。如果再次评阅后仍被否决，则本次申请无效，申请人需对其论文进行补充和修改后，下一年再重新申请答辩。”

2005 年 4 月 22 日，根据第五届第十次学位评定委员会会议精神，在研究生院举行了首批双盲制评阅抽签仪式，常务副院长韩惠鹏研究员、副院长陆庆光研究员以及部分研究所的负责人及学生代表出席了抽签仪式。按照公平、公正、公开为原则，从当年毕业研究生硕士学位论文抽样 10%，博士学位论文抽样 20%，共随机抽取 28 名，参加首批双盲制论文评阅（中国农业科学院学位评定委员会农科学位［2005］8 号文）。

第五章

学位授予

第一节　学位委员会

根据《中华人民共和国学位条例》和《中华人民共和国学位条例暂行实施办法》，中国农业科学院设立学位评定委员会。学位评定委员会组成人员，由中国农业科学院提出，报农业部批准，农业部转报国务院学位委员会备案。

学位评定委员会按学科门类设置了若干分委员会，协助学位评定委员会工作。

中国农业科学院学位评定委员会的职责：作出授予硕士学位的决定；作出授予博士学位的决定；作出撤销错授或违反规定而授予学位的决定；审批院级优秀论文；审批增列博士生指导教师的申请；审查上报增设博士、硕士学位授权学科和专业点的申请；研究和处理授予学位工作中的争议问题和其他有关学位授予的问题；决策我院学位与研究生教育业务工作的重大事宜。

分委员会职责：审查相关学科学位申请人的有关情况，提出建议授予学位的人员名单；提出因违反规定而撤销授予学位的人员名单；推荐优秀论文；审查推荐相关学科博士生指导教师；审查申报学位授权点材料，组织学位授权点学位授予质量的评估工作；研究处理有关研究生培养和学位授予的事项。

1982 年，农业部（82）农业（教）字第 25 号文批复同意中国农业科学院首届学位评定委员会委员名单，如表 5 -1 所示。

表 5 -1　首届学位评定委员会委员名单

姓名	性别	出生年月	技术职务	专业	备注
金善宝	男	1895	研究员	作物遗传育种	主席
鲍贯洛	男	1915	研究员	农学	副主席
戴松恩	男	1907. 01	研究员	作物遗传育种	副主席
徐冠仁	男	1914. 03	研究员	农业生物物理	委员
李竞雄	男	1913. 10	研究员	作物遗传育种	委员
鲍文奎	男	1916. 04	研究员	作物遗传育种	委员
张乃凤	男	1904. 02	研究员	作物营养与施肥	委员

续表

姓名	性别	出生年月	技术职务	专业	备注
许运天	男	1923.03	研究员	作物遗传育种	委员
陈善铭	男	1909	研究员	植物病理	委员
邱式邦	男	1911.09	研究员	昆虫学	委员
郑丕留	男	1911.01	研究员	动物繁殖学	委员
杨诗兴	男	1911.09	研究员	动物营养学	委员
许绶泰	男	1916.06	研究员	家畜寄生虫病学	委员
袁庆志	男	1920.12	研究员	兽医微生物学	委员
吕鸿声	男	1926	研究员	昆虫病毒学	委员
吴大炘	男	1916.11	研究员	外国农业经济	委员
刘若柏	男	1921.08	研究员	兽医药物学	委员
王宇霖	男	1925	研究员	果树学	委员
张纪增	男	1916.06	研究员	蔬菜遗传育种	委员
靳家声	男	1923.02	研究员	家畜寄生虫病	委员
阮宇成	男	1918	研究员	茶叶化学	委员

1984 年，原农牧渔业部（84）农（教）字第 134 号文批复同意中国农业科学院第二届学位评定委员会委员名单，如表 5－2 所示。

表 5－2　第二届学位评定委员会委员名单

姓名	性别	出生年月	技术职务	专业	备注
卢良恕	男	1924.11	研究员	作物遗传育种	主席
刘更另	男	1929.02	副研究员	土肥植物营养	副主席
杨忠源	男	1930.03	副研究员	畜禽营养	副主席
潘　哲	男	1924.10	副研究员	畜禽疫病防治	委员兼秘书
刘志澄	男	1928.01	副研究员	农业经济	委员
徐冠仁	男	1914.03	研究员	农业生物物理	委员
鲍文奎	男	1916.05	研究员	作物遗传育种	委员
许运天	男	1923.03	研究员	作物遗传育种	委员
许绶泰	男	1916.06	研究员	家畜寄生虫病学	委员
吕鸿声	男	1926.03	研究员	昆虫病毒学	委员
刘若柏	男	1921.08	研究员	兽医药物学	委员
王宇霖	男	1925.03	副研究员	果树学	委员

续表

姓名	性别	出生年月	技术职务	专业	备注
阮宇成	男	1918	研究员	茶叶化学	委员
牛若峰	男	1928.05	副研究员	外国农业经济	委员
董玉琛	女	1926.05	副研究员	作物遗传育种	委员
范云六	女	1930.05	副研究员	分子生物分子遗传	委员
黄滋康	男	1927.12	研究员	棉花育种	委员
孙大容	男	1921.02	研究员	作物遗传育种	委员
闵绍楷	男	1931.12	研究员	水稻遗传育种	委员
马思奇	男	1930.10	副研究员	兽医微生物	委员
姜春生	男	1939.11	副研究员	野生经济动物饲养	委员
秦志锐	男	1921.03	副研究员	动物遗传育种	委员
李光博	男	1922.06	研究员	昆虫学	委员
钮心恪	男	1937	副研究员	蔬菜育种	委员
贾大林	男	1923.09	研究员	土壤改良	委员

1989 年，农业部（1989）农（教）字第 14 号文批复同意中国农业科学院第三届学位评定委员会委员名单，如表 5－3 所示。

表 5－3 第三届学位评定委员会委员名单

姓名	性别	出生年月	技术职务	专业	备注
王连铮	男	1930.10	研究员	作物遗传育种	主席
刘更另	男	1929.02	研究员	土肥植物营养	副主席
杨忠源	男	1930.03	研究员	畜禽营养	副主席
刘志澄	男	1928.01	研究员	农业经济	委员
林　葆	男	1933	研究员	耕作学	委员
徐冠仁	男	1914.03	研究员	农业生物物理	委员
鲍文奎	男	1916.05	研究员	作物遗传育种	委员
许运天	男	1923.03	研究员	作物遗传育种	委员
吕文顺	男	1933.06	研究员	家畜寄生虫病学	委员
吕鸿声	男	1926.03	研究员	昆虫病毒学	委员
刘若柏	男	1921.08	研究员	兽医药物学	委员
叶荫民	男	1925.03	研究员	园艺	委员
李明君	男	1931	研究员	植物化学	委员

续表

姓名	性别	出生年月	技术职务	专业	备注
屠予钦	男	1928.08	研究员	植保农药	委员
范云六	女	1930.05	研究员	分子生物分子遗传	委员
崔续昌	男	1932	研究员	农业气象	委员
孙大容	男	1921.02	研究员	作物遗传育种	委员
熊振民	男	1931	研究员	作物遗传育种	委员
马思奇	男	1930.10	研究员	兽医微生物	委员
秦志锐	男	1921.03	研究员	动物遗传育种	委员
李光博	男	1922.06	研究员	昆虫学	委员
钮心恪	男	1937	研究员	蔬菜育种	委员
李　博	男	1929	教授	植物生态学草原生态学	委员
牛若峰	男	1928.05	研究员	外国农业经济	委员
董玉琛	女	1926.05	研究员	作物遗传育种	委员

1995 年，农业部农教函［1995］字第 17 号文批复同意中国农业科学院第四届学位评定委员会委员名单，如表 5－4 所示。

表 5－4　第四届学位评定委员会委员名单

姓名	性别	出生年月	技术职务	专业	备注
吕飞杰	男	1943.11	教授	农产品加工	主席
刘更另	男	1929.02	研究员	土肥、作物营养	副主席
王汝谦	男	1937.12	研究员	果树育种	副主席
王连铮	男	1930.10	研究员	作物遗传育种	委员
刘志澄	男	1928.01	研究员	农业经济与管理	委员
杨忠源	男	1930.03	研究员	动物营养	委员
黄发松	男	1938.12	研究员	作物遗传育种	委员
贾继增	男	1945.08	副研究员	作物遗传育种	委员
李　博	男	1929.09	研究员	草原生态	委员
方智远	男	1939.10	研究员	蔬菜育种	委员
金继运	男	1950.12	研究员	作物营养与施肥	委员
贾士荣	男	1937.01	研究员	作物遗传育种	委员
辛志勇	男	1942.02	研究员	作物遗传育种	委员
喻树迅	男	1953.11	副研究员	作物遗传育种	委员

续表

姓名	性别	出生年月	技术职务	专业	备注
黄大昉	男	1942.08	研究员	分子生物学	委员
周广和	男	1938.10	研究员	植物病理学	委员
郭予元	男	1933.01	研究员	昆虫学	委员
夏敬源	男	1958.03	研究员	植物病理学	委员
程启坤	男	1937.03	研究员	生物化学	委员
李英能	男	1940.02	研究员	灌溉工程	委员
曹国印	男	1940.01	副研究员	放射化学	委员
宋　未	女	1943.11	研究员	生物物理	委员
朱希刚	男	1940.04	研究员	农业经济与管理	委员
霍启光	男	1937.11	研究员	动物营养	委员
蔡正华	男	1940.04	副研究员	动物繁殖	委员
沈荣显	男	1923.12	研究员	兽医免疫	委员
谢庆阁	男	1939.03	研究员	兽医传染病学	委员

1996 年，农业部农教函［1996］3 号文批复同意中国农业科学院第四届学位评定委员会增补委员名单，如表 5－5 所示。

表 5－5　第四届学位评定委员会增补委员名单

姓名	性别	出生年月	技术职务	专业	备注
朱秀岩	男	1946.07	副研究员	科技管理	副主席
杨炎生	男	1940.01	研究员	作物遗传育种	副主席
王　韧	男	1955.11	研究员	生物防治	委员
叶志华	男	1955.08	研究员	昆虫学	委员

1997 年，农业部农教函［1997］18 号文批复同意，王红谊任中国农业科学院第四届学位评定委员会副主席。

2000 年，农业部农科教函［2000］1 号文批复同意中国农业科学院第五届学位评定委员会委员名单，如表 5－6 所示。

表 5－6　第五届学位评定委员会委员名单

姓名	性别	出生年月	技术职务	专业	备注
吕飞杰	男	1943.11	教授	农产品加工及贮藏工程	主席
王红谊	男	1950.02	副教授	管理科学与工程	副主席
刘更另	男	1929.02	研究员	植物营养学	副主席

续表

姓名	性别	出生年月	技术职务	专业	备注
曹国印	男	1940.01	研究员	生物物理学	副主席
王汝谦	男	1937.12	研究员	果树学	委员
金继运	男	1950.12	研究员	植物营养学	委员
范云六	女	1930.05	研究员	作物遗传育种	委员
杨炎生	男	1940.01	研究员	作物遗传育种	委员
贾继增	男	1945.08	研究员	作物遗传育种	委员
贾士荣	男	1937.01	研究员	作物遗传育种	委员
辛志勇	男	1942.02	研究员	作物遗传育种	委员
程式华	男	1958.11	研究员	作物遗传育种	委员
王汉中	男	1964.01	研究员	作物遗传育种	委员
张子仪	男	1925.03	研究员	动物营养与饲料科学	委员
杨曙明	男	1963.03	副研究员	动物营养与饲料科学	委员
方智远	男	1940.10	研究员	蔬菜学	委员
黄大昉	男	1942.08	研究员	植物病理学	委员
成卓敏	男	1942.10	研究员	植物病理学	委员
夏敬源	男	1958.03	研究员	农业昆虫与虫害防治	委员
叶志华	男	1955.08	研究员	农业昆虫与虫害防治	委员
陆庆光	男	1945.11	副研究员	农业昆虫与虫害防治	委员
黄季焜	男	1962.09	研究员	农业经济管理	委员
梅方权	男	1938.07	研究员	农业经济管理	委员
童光志	男	1962.10	研究员	预防兽医学	委员
蔡幼民	男	1940.12	研究员	预防兽医学	委员
谢庆阁	男	1939.03	研究员	预防兽医学	委员
郑友民	男	1957.07	副研究员	动物遗传育种与繁殖	委员
林而达	男	1947.04	研究员	环境科学与工程	委员
钱　平	男	1946.06	副研究员	管理科学与工程	委员

2001 年，农业部农科教函［2001］10 号文批复同意，翟虎渠教授担任中国农业科学院学位评定委员会主席，吕飞杰教授不再担任学位委员会主席职务。

2002 年，由于工作调离、退休等原因，第五届学位评定委员会委员夏敬源、黄季琨、王汝谦、杨炎生、曹国印、蔡幼民六人不再担任委员。农业部办公厅农办科［2002］7 号文批复同意中国农业科学院第五届学位评定委员会增补委员名单，如表 5－7 所示。

表5－7 第五届学位评定委员会增补委员名单

姓名	性别	出生年月	技术职务	专业	备注
章力建	男	1952.07	研究员	生物化学与分子生物学	副主席
刘　旭	男	1953.12	研究员	作物遗传育种	委员
屈冬玉	男	1963.10	研究员	蔬菜学	委员
郭予元	男	1933.01	研究员	农业昆虫与害虫防治	委员
钱克明	男	1962.09	研究员	农业经济管理	委员
林矫矫	男	1956.01	研究员	预防兽医学	委员

2005年，农业部农科教发［2005］9号文批复同意中国农业科学院第六届学位评定委员会委员名单，如表5－8所示。

表5－8 第六届学位评定委员会委员名单

姓名	性别	出生年月	技术职务	专业	备注
翟虎渠	男	1950.08	教授	作物遗传育种	主席
刘　旭	男	1953.12	研究员	作物遗传育种	副主席
韩惠鹏	男	1956.02	研究员	农业经济管理	副主席兼秘书长
方智远	男	1940.01	研究员、院士	蔬菜学	副主席
万建民	男	1960.06	教授	作物遗传育种	委员
才学鹏	男	1958.01	研究员	预防兽医学	委员
文　杰	男	1963.07	研究员	动物营养与饲料科学	委员
王汉中	男	1964.01	研究员	作物遗传育种	委员
王红谊	男	1950.12	研究员	农业经济管理	委员
王志强	男	1963.09	研究员	果树学	委员
叶志华	男	1955.08	研究员	农业质量标准与食品安全	委员
刘更另	男	1929.02	研究员、院士	植物营养学	委员
许世卫	男	1962.05	研究员	农业经济管理	委员
何晨阳	男	1959.07	研究员	植物病理学	委员
吴孔明	男	1964.07	研究员	农业昆虫与害虫防治	委员
杨福合	男	1956.08	研究员	野生动植物保护与利用	委员
屈冬玉	男	1963.01	研究员	蔬菜学	委员
林矫矫	男	1956.01	研究员	预防兽医学	委员
范云六	女	1930.05	研究员、院士	作物遗传育种	委员
郑友民	男	1957.07	研究员	动物遗传育种与繁殖	委员

续表

姓名	性别	出生年月	技术职务	专业	备注
金继运	男	1950.12	研究员	植物营养学	委员
唐华俊	男	1960.01	研究员	农业区域发展	委员
郭予元	男	1933.01	研究员、院士	农业昆虫与害虫防治	委员
钱克明	男	1962.09	研究员	农业经济管理	委员
梅旭荣	男	1963.04	研究员	农业水资源利用	委员
章力建	男	1952.07	研究员	农业经济管理	委员
段爱旺	男	1963.03	研究员	农业水土工程	委员
喻树迅	男	1953.11	研究员	作物遗传育种	委员
程式华	男	1958.11	研究员	作物遗传育种	委员
童光志	男	1962.10	研究员	预防兽医学	委员
魏益民	男	1957.11	教授	农业质量标准与食品安全	委员

2006年，中国农业科学院学位评定委员会六届二次会议讨论通过了（农科学位［2006］4号文）中国农业科学院第六届学位评定委员会分委员会组成人员名单：

作物科学分委员会（15人）：包括生物学、作物学两个一级学科，依托于作物科学所。

主　席：万建民（作科所）

副主席：王汉中（油料所）　程式华（水稻所）　喻树迅（棉花所）

委　员：黎志康　李立会　毛龙　贾继增（作科所）　林敏　路铁钢（生物所）
钱前（水稻所）　熊和平（麻类所）　王元英（烟草所）
王华忠（甜菜所）　王英平（特产所）

植保园艺分委员会（12人）：包括园艺学、植物保护两个一级学科，依托于植保所。

主　席：吴孔明（植保所）

副主席：杜永臣（蔬菜所）

委　员：何晨阳　程登发（植保所）　孙日飞　李锡香　谢丙炎（蔬菜所）
万方浩（资环所）　王志强（郑州果树所）　刘凤之（兴城果树所）
杨亚军（茶叶所）　周常勇（柑橘所）

动物科学分委员会（15人）：包括畜牧学、兽医学、林学三个一级学科，依托于兰州兽医所。

主　席：才学鹏（兰兽研）

副主席：童光志（哈兽研）

委　员：柳纪省（兰兽研）　孔宪刚（哈兽研）　林矫矫　薛飞群（家寄所）
时建忠　文杰　李向林（畜牧所）　杨福合（特产所）　吴杰（蜜蜂所）

杨志强（兰牧药） 郭锡杰（蚕业所） 王宗礼（草原所）
蔡辉益（饲料所） 郑友民（质标所）

资源环境分委员会（12 人）：包括大气科学、环境科学与工程、食品科学与工程、农业资源利用四个一级学科，依托于环发所。

主 席：梅旭荣（环发所）

副主席：魏益民（加工所）

委 员：董红敏 邱德文 李玉娥（环发所） 张维理 金继运 梁永超
徐明岗（资划所） 王强（加工所） 李玉浸（环保所）
段爱旺（灌溉所）

管理与工程分委员会（12 人）：包括管理科学与工程、农业工程、农林经济管理、图书馆、情报与档案学四个一级学科，依托于农经所。

主 席：秦富（农经所）

副主席：唐华俊（资划所）

委 员：王东阳 李先德（农经所） 张陆彪（国合局） 叶志华（质标所）
钱永忠 许世卫 王文生（信息所） 黄修桥（灌溉所） 张辉（沼气所）
梁建（农机化所）

专业学位分委员会（15 人）：负责专业学位研究生学位授予的有关工作，依托于研究生院。

主 席：韩惠鹏（研究生院）

副主席：刘荣乐（研究生院） 吴敬学（农经所）

委 员：周卫 罗其友 姜文来（资划所） 张志斌（蔬菜所） 陈万权（植保所）
李少昆 王天宇（作科所） 李锁平 汪三贵（农经所） 徐柱（草原所）
王加启（畜牧所） 孟宪学（信息所）

2009 年，农业部农科教发［2009］5 号文批复同意中国农业科学院第七届学位评定委员会委员名单，如表 5－9 所示。

表 5－9 第七届学位评定委员会委员名单

姓名	性别	出生年月	技术职务	专业	备注
翟虎渠	男	1950.08	教授	作物遗传育种	主席
韩惠鹏	男	1956.02	研究员	农业经济管理	副主席
方智远	男	1940.10	研究员、院士	蔬菜学	副主席
刘 旭	男	1953.12	研究员	作物遗传育种	副主席
杨亚军	男	1961.09	研究员	茶学	委员
文 杰	男	1963.07	研究员	动物营养与饲料科学	委员

续表

姓名	性别	出生年月	技术职务	专业	备注
王志强	男	1963.09	研究员	果树学	委员
秦　富	男	1960.09	研究员	农业经济管理	委员
许世卫	男	1962.05	研究员	农业经济管理	委员
郭予元	男	1933.01	研究员、院士	农业昆虫与害虫防治	委员
吴孔明	男	1964.07	研究员	农业昆虫与害虫防治	委员
唐华俊	男	1960.10	研究员	农业区域发展	委员
段爱旺	男	1963.03	研究员	农业水土工程	委员
梅旭荣	男	1963.04	研究员	农业水资源利用	委员
魏益民	男	1957.11	教授	农业质量标准与食品安全	委员
叶志华	男	1955.08	研究员	农业质量标准与食品安全	委员
侯向阳	男	1963.10	研究员	生态学	委员
屈冬玉	男	1963.10	研究员	蔬菜学	委员
杨福合	男	1956.08	研究员	野生动植物保护与利用	委员
才学鹏	男	1958.01	研究员	预防兽医学	委员
孔宪刚	男	1955.03	研究员	预防兽医学	委员
童光志	男	1962.10	研究员	预防兽医学	委员
何晨阳	男	1959.07	研究员	植物病理学	委员
刘更另	男	1929.02	研究员、院士	植物营养学	委员
刘荣乐	男	1963.03	研究员	植物营养学	委员
周　卫	男	1966.08	研究员	植物营养学	委员
程式华	男	1958.11	研究员	作物遗传育种	委员
范云六	女	1930.05	研究员、院士	作物遗传育种	委员
万建民	男	1960.06	教授	作物遗传育种	委员
王汉中	男	1964.01	研究员	作物遗传育种	委员
喻树迅	男	1953.11	研究员	作物遗传育种	委员

2009年6月，中国农业科学院公布（农科研生［2009］155号）中国农业科学院第七届学位评定委员会分委员会组成人员名单：

作物科学分委员会（15人）：包括生物学、作物学两个一级学科，依托于作物科学所。

主　席：万建民（作科所）

副主席：王汉中（油料所）　程式华（水稻所）　喻树迅（棉花所）

委　员：黎志康　李立会　毛龙　贾继增　赵明（作科所）　林敏
　　　　路铁刚（生物所）　钱前（水稻所）　熊和平（麻类所）
　　　　王元英（烟草所）　王英平（特产所）

植保园艺分委员会（15 人）：包括园艺学、植物保护两个一级学科，依托于植保所。

主　席：吴孔明（植保所）

副主席：杜永臣（蔬菜所）

委　员：何晨阳　邱德文　程登发　万方浩（植保所）　孙日飞　李锡香　谢丙炎
葛红（蔬菜所）　王志强（郑州果树所）　丛佩华
刘凤之（兴城果树所）　杨亚军（茶叶所）　杨其长（环发所）

动物科学分委员会（15 人）：包括畜牧学、兽医学、林学三个一级学科，依托于兰州兽医所。

主　席：才学鹏（兰兽研）

副主席：童光志（上海兽医所）

委　员：柳纪省（兰兽研）　孔宪刚（哈兽研）　林矫矫　薛飞群（上海兽医所）
时建忠　文杰　李向林　李奎（北京畜牧所）　杨福合（特产所）
吴杰（蜜蜂所）　杨志强（兰牧药）　侯向阳（草原所）
蔡辉益（饲料所）

资源环境分委员会（11 人）：包括大气科学、环境科学与工程、农业资源利用三个一级学科，依托于环发所。

主　席：梅旭荣（环发所）

副主席：段爱旺（灌溉所）

委　员：董红敏　李玉娥（环发所）　张维理　梁永超　徐明岗　周卫
周清波（资划所）　唐世荣（环保所）　黄修桥（灌溉所）

管理与工程分委员会（13 人）：包括管理科学与工程、农业工程、食品科学与工程、农林经济管理、图书馆、情报与档案学五个一级学科，依托于农经所。

主　席：秦富（农经所）

副主席：魏益民（加工所）

委　员：王东阳　李先德（农经所）　张陆彪（国合局）　叶志华
钱永忠（质标所）　王强（加工所）　许世卫　王文生（信息所）
王道龙（资划所）　张辉（沼气所）　梁建（农机化所）

专业学位分委员会（15 人）：负责专业学位研究生学位授予的有关工作，依托于研究生院。

主　席：韩惠鹏（研究生院）

副主席：刘荣乐（研究生院）　吴敬学（农经所）

委　员：罗其友　姜文来（资划所）　蒋卫杰（蔬菜所）　陈万权（植保所）
李少昆　王天宇（作科所）　李锁平　夏英（农经所）　吕加平（加工所）
王加启　李刚（畜牧所）　孟宪学（信息所）

第二节　学位评定

中国农业科学院按照理学、工学、农学、管理学等学科门类，授予硕士、博士两级学位。凡是中国农业科学院在籍研究生和备案申请学位的在职人员，拥护中国共产党的领导，拥护社会主义制度，热爱祖国，遵纪守法，品德良好，完成培养环节，修满学分，完成学位论文并通过论文答辩者，可向中国农业科学院学位评定委员会申请相应的学位。符合学位授予条件者，颁发学位证书。

1982 年 5 月 12 日，中国农业科学院首届学位评定委员会第一次会议经评审决定：授予金继运等 5 名硕士研究生硕士学位。

1982 年 11 月 2 日，中国农业科学院学位评定委员会首届二次会议经评审决定：授予王少可等 39 名硕士研究生硕士学位。

1983 年 11 月 8 日，中国农业科学院学位评定委员会首届三次会议经评审决定：授予张志涛等 27 名硕士研究生硕士学位（其中含吉林省农业科学院 3 人，西北农学院 3 人，华南农学院 1 人）。

1985 年 2 月 7～8 日，中国农业科学院学位评定委员会二届一次会议经评审决定：授予 1981 级郭锡杰等 52 名硕士研究生硕士学位。

1985 年 11 月 25 日，中国农业科学院学位评定委员会二届二次会议经评审决定：授予童光志等 61 名硕士研究生硕士学位。

1986 年 11 月 11～13 日，中国农业科学院学位评定委员会二届三次会议经评审决定：授予于力等 79 名硕士研究生硕士学位。

1987 年 9 月 17～19 日，中国农业科学院学位评定委员会二届四次会议经评审决定：授予中国农业科学院首批博士研究生肖栓锁、许传波博士学位，授予陈凡等 68 名硕士研究生硕士学位。

1988 年 10 月 26 日，中国农业科学院学位评定委员会二届五次会议经评审决定：授予陶碧华等 134 名硕士研究生硕士学位。

1989 年 9 月 25～28 日，中国农业科学院学位评定委员会三届一次会议经评审决定：授予博士研究生杜杰、万方浩、罗绪刚博士学位，授予伍晓明等 44 名硕士研究生硕士学位。

1990 年 10 月 23～26 日，中国农业科学院学位评定委员会三届二次会议经评审决定：授予储瑞银等 11 名博士研究生博士学位，授予彭泽斌等 58 名硕士研究生硕士学位，授予李育军等 9 名在职干部以研究生毕业同等学力申请的硕士学位（待 1990 年度国家检查通过后才能生效）。

1991 年 9 月 21～23 日，中国农业科学院学位评定委员会三届三次会议作出决议：授予周洪生等 10 名博士研究生博士学位，授予刘四新等 55 名硕士研究生硕士学位；授予在职科技干部郭太君等9人以研究生毕业同等学力申请的硕士学位（国家1991年度检查验收合格后生效）。

1992年10月13～15日，中国农业科学院学位评定委员会三届四次会议作出决议：授予张学勇等8名博士研究生博士学位，授予赵亚光等37名硕士研究生硕士学位；授予在职人员李健以研究生毕业同等学力申请的硕士学位（国务院学位办验收合格后生效）。

1993年9月16～18日，中国农业科学院学位评定委员会三届五次会议作出决议：授予刘国栋等7名博士研究生博士学位，授予杨文才等31名硕士研究生硕士学位；授予魏景芳等8位在职科技人员以研究生毕业同等学力申请的硕士学位，但须经国务院学位办公室验收合格后生效。

1994年9月22～24日，中国农业科学院学位评定委员会三届六次会议作出决议：授予林鸿宝等16名博士生的博士学位；授予胡张华等42名硕士生的硕士学位；授予王耀东等9名在职科技人员以研究生毕业同等学力申请的硕士学位，但须经国务院学位办检查验收合格后生效。

1995年9月26～28日，中国农业科学院学位评定委员会四届一次会议作出决议：授予游志鹏等20名博士研究生的博士学位，授予王晓峰等51名硕士研究生的硕士学位；授予任贤等3名在职科技人员以研究生毕业同等学力申请的硕士学位。

1996年8月26～28日，中国农业科学院学位评定委员会四届三次会议作出决议：授予颜辉煌等18名博士研究生的博士学位；授予崔洪志等48名硕士研究生的硕士学位；授予刘好宝等14名在职科技人员以研究生毕业同等学力申请的硕士学位。

1997年8月25～26日，中国农业科学院学位评定委员会四届五次会议作出决议：授予刘旭等19名博士研究生的博士学位；授予赵炳宇等56名硕士研究生的硕士学位；授予李信等7名在职人员以研究生毕业同等学力申请的硕士学位。

1998年8月25～27日，中国农业科学院学位评定委员会四届七次会议作出决议：授予博士研究生张增艳等36人申请的博士学位；授予硕士研究生王志斌等49人申请的硕士学位；授予在职人员李辉等23人以研究生毕业同等学力申请的硕士学位。

1999年9月15～17日，中国农业科学院学位评定委员会四届九次会议作出决议：授予康健等23名博士研究生申请的博士学位；授予王彩祥等56名硕士研究生申请的硕士学位；授予郭蓓等23名在职人员以研究生毕业同等学力申请的硕士学位。学位授予时间以1999年8月27日为准。

2000年8月24～25日，中国农业科学院学位评定委员会五届二次会议作出决议：授予张杰等30名博士研究生申请的博士学位；授予谭维嘉等2名在职人员以研究生毕业同等学力申请的博士学位（经3个月的争议期确认后颁发学位证书）；授予李斐斐等63名硕士研究生申请的硕士学位，授予伍宁丰等53名在职人员以研究生毕业同等学力申请的硕士学位。

2001年9月6日，中国农业科学院学位评定委员会五届四次会议作出决议：授予博士研究生刘昱辉等33人申请的博士学位，授予张京以研究生毕业同等学力申请的博士学位（经3个月的争议期确认后颁发学位证书）；授予硕士研究生曲春红等66人申请的硕士学位，授予张新生等36人以研究生毕业同等学力申请的硕士学位。学位授予时间为2001年

8月30日。

2002年9月9日，中国农业科学院学位评定委员会五届六次会议作出决议：授予博士研究生徐领会等40人申请的博士学位，授予程明芳以研究生毕业同等学力申请的博士学位（经3个月争议期确认后颁发学位证书）；授予硕士研究生王劲波等71人申请的硕士学位，授予古燕翔等34人以研究生毕业同等学力申请的硕士学位。

2003年7月12～13日，中国农业科学院学位评定委员会五届七次会议作出决议：授予博士研究生朱振东等36人博士学位；授予硕士研究生李森等72人硕士学位；授予吴蓓蕾等24人以研究生毕业同等学力申请的硕士学位。

2004年1月12日，中国农业科学院学位评定委员会五届八次会议作出决议：授予博士研究生陈明等10人博士学位；授予硕士研究生孙威等2人硕士学位；授予王小辉等9人以研究生毕业同等学力申请的硕士学位。学位授予时间为2003年12月30日。

2004年7月14～15日，中国农业科学院学位评审委员会五届九次会议作出决议：授予博士研究生王吉峰等39人博士学位；授予硕士研究生乔红波等82人硕士学位；授予谢鹏等24人以研究生毕业同等学力申请的硕士学位。

2005年1月22日，中国农业科学院学位评定委员会五届十次会议作出决议：授予博士研究生纪雪梅等6人博士学位；授予张凤廷等3人以研究生毕业同等学力申请的硕士学位。学位授予时间为2005年1月22日。

2005年7月13～14日，中国农业科学院学位评定委员会六届一次会议作出决议：授予博士研究生赵卫国等72人博士学位；授予硕士研究生刘同海等101人硕士学位；授予钱荷英等16人以研究生毕业同等学力申请的硕士学位。

2006年1月14日，中国农业科学院学位评定委员会六届二次会议作出决议：授予博士研究生李君明等10人博士学位；授予硕士研究生段成立等2人硕士学位；授予李进波等10人以研究生毕业同等学力申请的硕士学位；授予姜淑苓等7人农业推广专业硕士学位。学位授予时间为2006年1月14日。

2006年7月8日，中国农业科学院学位评定委员会六届三次会议作出决议：授予博士研究生卜登攀等104人博士学位；授予硕士研究生丁桂玲等166人硕士学位；授予丁海凤等28人以研究生毕业同等学力申请的硕士学位；授予云小林等34人农业推广专业硕士学位。

2007年1月26日，中国农业科学院学位评定委员会六届四次会议作出决议：授予博士研究生贺丹霞等21人博士学位；授予硕士研究生郝宪彬等5人硕士学位；授予丁立等11人以研究生毕业同等学力申请的硕士学位；授予高升等38人农业推广专业硕士学位。学位授予时间为2007年1月26日。

2007年7月5日，中国农业科学院学位评定委员会六届五次会议作出决议：授予博士研究生安同庆等124人博士学位；授予硕士研究生安静等335人硕士学位；授予曹凤明等25人以研究生毕业同等学力申请的硕士学位；授予敖青山等24人农业推广专业硕士学位。学位授予时间为2007年7月4日。

2008年1月17日，中国农业科学院学位评定委员会六届六次会议决定：授予博士研究生陈国华等16人博士学位；授予硕士研究生程华等5人硕士学位；授予包海清等9人以研究生毕业同等学力申请的硕士学位；授予敖燕妮等 137 人专业硕士学位，其中农业推广硕士 123 人，兽医硕士 14 人。学位授予时间为 2008 年 1 月 17 日。

2008 年 7 月 4 日，中国农业科学院学位评定委员会六届七次会议决定：授予博士研究生白金明等 141 人博士学位；授予硕士研究生艾琴等 375 人硕士学位；授予以研究生毕业同等学力人员曹国辉等 24 人硕士学位；授予包苏雅拉图等 44 人专业硕士学位，其中农业推广硕士 43 人，兽医硕士 1 人。学位授予时间为 2008 年 7 月 4 日。

2009 年 1 月 7 日，中国农业科学院学位评定委员会六届八次会议决定：授予博士研究生柴军等 20 人博士学位；授予硕士研究生胡春雷等 8 人硕士学位；授予韩慕俊等 2 人以研究生毕业同等学力申请的硕士学位；授予曹丽梅等 87 人农业推广专业硕士学位。学位授予时间为 2009 年 1 月 7 日。

截至 2009 年 1 月，中国农业科学院研究生学位授予情况如表 5－10 所示。

表 5－10　中国农业科学院研究生学位授予情况（截至 2009 年 1 月）

年度	硕士学位			博士学位	
	全日制研究生	同等学力人员	专业学位研究生	全日制研究生	同等学力人员
1982	44				
1983	27				
1985	113				
1986	79				
1987	68			2	
1988	134				
1989	44			3	
1990	58	9		11	
1991	55	9		10	
1992	37	1		8	
1993	31	8		7	
1994	42	9		16	
1995	51	3		20	
1996	48	14		18	
1997	56	7		19	
1998	49	23		36	
1999	56	23		23	
2000	63	53		30	2
2001	66	36		33	1
2002	71	34		40	1
2003	74	33		46	
2004	82	24		39	

续表

年度	硕士学位			博士学位	
	全日制研究生	同等学力人员	专业学位研究生	全日制研究生	同等学力人员
2005	101	19		78	
2006	168	38	34	114	
2007	340	36	62	145	
2008	380	33	181	157	
2009	8	2	87	20	
合计	2 345	414	364	873	4

第三节　学位授予质量评估

一、1986 年作物遗传育种专业硕士学位授予质量的检查评估

为贯彻国务院学位委员会第六次会议《关于从一九八五年起逐步建立各级学位授予质量和评估制度的决定》，农牧渔业部下发《关于农科硕士学位授予质量检查和评估试点工作的通知》（［1986］农（教）函字第 22 号文），决定在 1986 年下半年以作物遗传育种为试点专业，进行硕士学位授予质量的检查和评估工作。农牧渔业部教育司组织的作物遗传育种专业检查评估小组 6 人，由马育华教授任组长、李振歧教授任副组长，于 1986 年 10 月 17～20 日对中国农业科学院作物遗传育种专业 81 级、82 级硕士学位研究生的教育和学位授予质量进行了检查评估，农牧渔业部教育司研究生处刘曰仁处长参加指导检查评估工作。通过检查评估，评估小组认为，“该院作物遗传育种专业 81 级、82 级包括 8 个研究方向的 15 名毕业生的教育和学位授予质量，符合国务院制订的学位条例及部颁专业培养方案的要求，培养质量是好的”。评估小组还建议，“根据该院的现有条件和将来的可能发展，应本着扬长避短原则，充分发挥该院较强的导师阵容，优越的设备试验条件和丰富完备的图书资料等有利条件，逐步扩大博士生培养规模，硕士生的培养应加强与高等院校的横向联系，本院也要建立稳定的基础课的师资队伍和供教学用的实验室。”

二、1987 年动物营养学和农业经济及管理两个专业硕士学位授予质量的检查评估

根据国务院学位委员会办公室和农牧渔业部教育司（1987）农（教研）字第 83 号联

合发文《关于农科动物营养学和农业经济及管理两个专业硕士学位研究生教育和学位授予质量检查和评估准备工作的通知》精神，农牧渔业部教育司组织的动物营养专业第一检查组 4 人，由杨凤教授任组长，农业部教育司研究生处刘曰仁处长和张景林参加评估组的工作。检查评估组于 1987 年 10 月 23～26 日，对中国农业科学院动物营养专业 1982～1984 年入学的研究生教育和硕士学位授予质量进行了检查评估。评估小组认为，中国农业科学院动物营养专业研究生的教育和硕士学位授予质量符合国家学位条例规定和部颁培养方案基本要求，培养质量是比较好的，评估小组还提出了几点建议。

由农牧渔业部教育司、国务院学位办公室共同主持和组织的农业经济及管理专业质量检查评估第一小组 4 人，也于 1987 年 10 月 23～26 日对中国农业科学院农业经济及管理专业硕士研究生培养工作进行了检查评估。专家组由刘崧生教授任组长，农牧渔业部教育司郭智奇参加检查评估工作。评估小组采取听、看、议、评的办法，进行了全面评估。根据全面检查，特别是对 1982～1984 年三个年级研究生的重点检查，大家认为：中国农业科学院农业经济及管理专业硕士研究生教学和学位授予工作是符合学位条例和培养方案要求的。研究生培养的质量是好的，同时专家组也提出了一些建议。

三、1988 年硕士学位授予质量的全面自检评估

为贯彻农牧渔业部《关于全面开展农科硕士研究生教育和学位授予质量自检工作的通知》（［1988］农（教）字第 5 号文），中国农业科学院自检评估了作物栽培学与耕作学、土壤学、植物病理学、昆虫学、动物生产、传染病学与预防兽医学等十七个专业硕士研究生教育和学位授予质量。1988 年 6 月 23～25 日，中国农业科学院研究生院组织召开了由三十一个中国农业科学院院属研究所（室、中心）参加的工作会议，拟定了《一九八八年农科研究生学位授予评估自检工作的实施方案》。中国农业科学院成立了以王连铮院长为组长的自检评估领导小组，小组成员由研究生院及各所负责人组成。要求各所（室、中心）成立自检小组，由所长、科研处长以及导师三至五人组成。这次自检评估是研究生院建院十年来第一次全面的检查，因此受到农牧渔业部教育司和中国农业科学院各级领导的重视。这次自检评估采用自检调查和专家评议相结合的方式，最后以通讯评议为手段进行全面总结。通过这次自检评估，逐步建立起按学科专业的评估网络，逐步完善评估的体系和制度，使评估工作变成经常性的、普遍性的活动。中国农业科学院 1988 年农业科学十七个专业硕士学位研究生教育与学位授予质量自检评估结果总平均为 8.24 分（满分 10 分）。硕士学位授予质量是合格的。

四、1992～1994 年农业科学博士学位和研究生教育的检查评估

按照国务院学位委员会第九次会议精神和统一部署，1992 年 11 月至 1994 年 10 月，农业部教育司和国务院学位委员会办公室共同组织了农业科学博士学位和研究生教育评估

工作，对16个博士学位授予单位的108个博士学位授权点进行了检查评估。这次评估采用定性与定量、单位自评与专家评议相结合的办法，分单位自检自评、同行专家通讯评议、专家实地抽查与集中评议三个阶段实施。1995年7月14日，国务院学位办和农业部教育司联合发文学位办［1995］52号，通知农业科学博士学位和研究生教育评估专家组的评估结果。从评估结果可看出，目前农业科学博士研究生培养单位及学科专业点的学科建设总的情况是好的和比较好的，学位授予和研究生教育质量较高。从通讯评议结果看，参评的108个博士点90分以上的有16个点，占14.6%，80～90分的有84个，占77.8%，80分以下有8个点，占7.4%。中国农业科学院9个博士点的评估总分及排序如表5－11所示。

表5－11　中国农业科学院9个博士点评估总分及排序

博士点名称	评估小组	总评分	排序	评估点数
生物物理学	农学一组	87.6	4	7
作物遗传育种	农学二组	88.2	4	16
作物营养与施肥	农学四组	84.8	11	14
蚕桑学	农学三组	87.0	3	14
昆虫学	农学五组	88.2	7	14
动物营养学	畜牧组	86.8	6	12
传染病学与预防兽医学	畜牧组	86.0	7	17
兽医寄生虫与寄生虫病学	畜牧组	82.8	10	17
农业经济及管理	农经组	87.0	3	8

五、1997年对前四批博士、硕士学位授权点进行基本条件合格评估

国务院学位委员会学位［1997］1号文、3号文以及北京市学位委员会［1997］1号文、2号文，要求各学位授予单位对前四批博士、硕士学位授权点进行基本条件合格评估。因1993年已对中国农业科学院前三批9个博士点进行了检查评估，这次只对中国农业科学院前四批18个硕士学位授予专业进行合格评估。按照北京市学位委员会公布的评估结果（京学位［1997］004号文），中国农业科学院的应用气象学、微生物学、分子生物学、农业系统工程及管理工程、作物栽培学与耕作学、果树学、茶学、土壤学、农药学、动物繁殖学、动物生产学、草原科学、中兽医学等13个硕士点通过合格评估。农业水土工程和兽医病理学2个硕士点由于生源偏少以“责其改进”，两年后重新申请合格评估，科技情报、兽医微生物学与免疫学、禽病学等3个硕士点由于几年内无生源报考无法参与合格评估（京学位［1997］006号文）。经多方面改进，农业水土工程和兽医病理学2个硕士点两年后重新评估合格。

六、在职人员申请硕士、博士学位试点工作的检查验收

根据国务院学位委员会《关于扩大在职人员申请硕士、博士学位试点工作的通知》（［86］学位办字028号文）的精神，中国农业科学院被列为第二批试点单位。中国农业科学院学位评定委员会制定了《中国农业科学院在职科技干部申请硕士学位暂行实施办法》，试点工作从1987年开始，接受作物遗传育种、昆虫学、农业气象学三个专业的在职科技干部申请硕士学位。

1990年，国务院学位委员会采取书面汇报和会议汇报检查相结合的方式对1990年度的试点工作进行检查（学位办［1990］014号文），要求各试点单位对试点工作进行全面总结。并向国务院学位办上报了“中国农业科学院在职干部申请硕士学位试点工作情况报告”、“中国农业科学院在职干部申请硕士学位试行办法”、“中国农业科学院硕士水平综合考试小结”、“中国农业科学院硕士水平综合考试办法”、“在职人员申请学位试点工作总结”以及9位拟授硕士学位在职人员简况表。同年12月，国务院学位办在厦门大学召开在职人员申请授予硕士、博士学位检查验收大会。1991年1月，国务院学位办以便字第910102号函通知，同意中国农业科学院对三个试点专业的在职人员黄葵等9人进行授予硕士学位的审批工作。按国务院学位委员会学位［1991］7号文精神，在职人员申请学位的试点工作已结束，此后按新的规定转入正常。国务院学位委员会学位办［1991］34号文同意中国农业科学院开展授予在职人员硕士学位的工作，授予在职人员硕士学位的专业为24个。

1996年，按照国务院学位办［1996］45号及高等学校与科研院所学位与研究生教育评估所［1996］03号文精神，对生物学科专业在职人员硕士学位质量进行跟踪调查、自检评估，撰写出“中国农业科学院关于在职人员申请学位自检评估报告”。报告指出，中国农业科学院研究生院生物学科在职人员已授予硕士学位9人，大多在科研上做出了成绩，有的已成为研究所、室的领导，有的为国家攻关课题主持人，还有的在继续深造。8人6年共发表学术论文61篇，其中8篇在国外发表，科研项目获奖9人次。

1996年8月，中国农业科学院专题向国务院学位委员会办公室领导汇报，申请开展在职人员以研究生毕业同等学力申请博士学位的试点工作，并按照学位办的要求做了充分准备。1997年6月19日，中国农业科学院向国务院学位办报送了《关于开展“在职人员以研究生毕业同等学力申请博士学位”试点工作的请示》（农科院研生字［1997］413号）。国务院学位办于1997年10月5日以学位办便字第971002号文，同意中国农业科学院按照个案报批的方式开展在职人员以研究生毕业同等学力申请博士学位的工作，并提出起步要稳、起点要高的要求。经审查7名拟在职申请博士学位人员有关材料，同意暂先接受谭维嘉、雷财林两位同志按在职人员以研究生毕业同等学力申请博士学位。研究生院严格按照国务院学位办有关规定组织审核、评审工作，中国农业科学院学位评定委员会于2000年8月25日，首批授予谭维嘉、雷财林2名在职人员以研究生毕业同等学力申请的博士学位，经3个月争议期过后颁发学位证书。按照同样的方式，院学位评定委员会又于2001年9月6

日授予张京、2002 年 9 月 9 日授予程明芳以研究生毕业同等学力申请的博士学位。此后，各科研机构不再开展在职人员以研究生毕业同等学力申请博士学位的工作。

七、2001 年管理科学与工程硕士学位授权点自查

按照北京市学位委员会《关于对计算机应用技术、管理科学与工程两个硕士学位授权点进行检查的通知》（京学位办［2001］号文）有关规定，研究生院重点对管理科学与工程硕士学位授权点 1998～2001 年研究生招生、培养、学位授予以及管理工作情况进行自查，写出了自查报告，并将自查报告连同硕士生培养方案以及有关的抽查材料报送北京市学位办。自查结果认为，中国农业科学院管理科学与工程硕士学位授予点的质量是合格的。

八、2005 年博士点定期评估

按照国务院学位办［2005］19 号文要求，2005 年组织了对博士学位授权学科点一级学科植物保护和五个二级学科生物物理学、动物营养与饲料科学、特种经济动物饲养、蔬菜学、预防兽医学的定期评估，并向国务院学位办提交了评估材料和自我评估报告。根据国务院学位委员会《关于下达 2005 年博士学位授权点定期评估结果及处理意见的通知》（学位［2006］10 号），除生物物理学专业之外，其他 5 个博士学位授权学科点的评估结果均为合格，继续行使博士学位授予权。生物物理学在本次评估中，由于报考生源数量不足，考试成绩较低导致招生数量较少，加上导师数量的萎缩，需经整改后再进行评估。经过两年的认真整改，生物物理学博士学位授权学科在学术队伍、科学研究、教学与人才培养、工作条件和管理工作等方面均达到了博士学位授权学科的基本要求。2008 年，按照国务院学位委员会《关于在 2005 年定期评估中需整改的博士学位授权点进行评估的通知》（学位办［2008］52 号）的要求，对该学科进行了自我评估，并于 2008 年 11 月 14 日向国务院委员会办公室提出对该学科进行重新评估的申请。国务院学位委员会第 26 次会议对评估结果及处理意见进行了审议，根据国务院学位委员会《关于下达 22 个博士学位授权学科点评估结果及处理意见的通知》（学位［2009］7 号），生物物理学博士学位授权学科点达到博士学位授权学科的基本要求，评估结果为“合格”，可继续行使博士学位授予权。

九、2006 年硕士点定期评估

2006 年，按照国务院学位委员会的要求，研究生院对气象学、微生物学、生态学、农产品加工及贮藏工程、野生动植物保护与利用、管理科学与工程 6 个硕士点进行了定期评

估。北京市学位委员会学位［2007］1号文转发了国务院学位委员会《关于下达2006年硕士点定期评估结果及处理意见的通知》，中国农业科学院的6个参评硕士点全部合格。

第四节 优秀博士学位论文评选

1999年，为了提高研究生培养质量，鼓励创新，促进高层次创造性人才脱颖而出，教育部、国务院学位委员会开始评选全国优秀博士学位论文。1999～2001年研究生院连续三年都有论文入选，2005年和2007年共有3篇博士学位论文获得全国百篇优秀博士学位论文提名。

2007年7月4日，中国农业科学院第六届学位评定委员会第五次会议讨论通过《中国农业科学院优秀博士学位论文评选及奖励办法》。评选中国农业科学院优秀博士论文，旨在营造浓郁学术氛围，加强高层次人才创造能力的培养，提高博士培养质量，激励博士研究生开展原创性的研究工作，为全国优秀博士学位论文评选奠定基础。该办法规定，每年奖励名额不超过5名，其中优秀博士学位论文奖3名，提名奖2名。获院级优秀博士论文，作者和导师各奖励10000元；获提名奖的作者和导师各奖励5000元；获全国优秀博士学位论文，作者和导师各奖励50000元，获提名奖的作者和导师各奖励25000元（中国农业科学院研生［2007］333号）。

2008年，北京市教委开展“北京市首届优秀博士学位论文”评选工作。经过学科评审组评审和评选专家委员会会议评审两个阶段，最后从63个博士学位授予单位申报的148篇博士学位论文中评选出50篇北京市优秀博士论文。中国农业科学院作物科学研究所景蕊莲研究员指导的2007级博士研究生徐重益的学位论文《小麦抗旱相关基因 *TaPP2Ac/a* 的分离、定位与功能验证》获首届北京市优秀博士学位论文。北京市教委设立了专项资金，用于奖励资助获得优秀博士学位论文的指导老师开展科学研究，2008年景蕊莲研究员获得该项目资助，资助额度50万元。

表5－12 历年博士学位论文获奖情况

作者姓名	导师姓名	专业	就职单位	授予学位时间	论文题目	获奖情况
李立会	董玉琛	作物遗传育种	品资所	1997.8	利用生物技术向小麦导入冰草优异基因研究	1999年，全国百篇优秀博士学位论文
李汝刚	范云六	作物遗传育种	生物所	1997.8	表达 *Harpıng Ea* 和 *Osmotin* 基因的马铃薯植株对晚疫病的抗性分析	2000年，全国百篇优秀博士学位论文
马渐新	董玉琛	作物遗传育种	品资所	1999.8	小麦抗条锈病新基因的鉴定、定位和分子作图	2001年，全国百篇优秀博士学位论文

续表

作者姓名	导师姓名	专业	就职单位	授予学位时间	论文题目	获奖情况
王　磊	范云六	作物遗传育种	生物所	2004.6	玉米 *Cat/1* 基因顺式作用元件 ABRE 的反式作用因子的克隆和功能分析	2005 年，全国百篇优秀博士学位论文提名
李泽君	于康震	预防兽医学	哈兽研	2006.6	H5N1 亚型禽流感病毒跨越禽—哺乳动物种间屏障的遗传变异机制	2007 年，全国百篇优秀博士学位论文提名
程国锋	蔡幼民	预防兽医学	上海兽医所	2006.6	日本血吸虫性别差异蛋白质组及抱雌沟蛋白基因功能研究	2007 年，全国百篇优秀博士学位论文提名
徐重益	景蕊莲	生物化学与分子生物学	作科所	2007.6	小麦抗旱相关基因 *TaPP2Ac/a* 的分离、定位与功能验证	2007 年获院级优秀博士论文；2008 年获北京市优秀博士论文
安同庆	童光志	预防兽医学	哈兽研	2007.6	猪繁殖与呼吸综合症病毒与宿主细胞受体之间相关作用的研究及病毒遗传变异分析	2007 年院级优秀博士论文
周庆祥	张志芳	特种经济动物饲养	生物所	2007.6	家蚕无鳞片翅突变体 Scaleless 产生机理的研究	2007 年院级优秀博士论文
罗术东	吴孔明	农业昆虫与害虫防治	植保所	2007.6	*Bt-Cry1Ac* 棉花抗性棉铃虫对 *Cry2Ab* 的抗性风险研究	2007 年院级优秀博士论文提名奖
于　海	童光志	预防兽医学	哈兽研	2008.6	中国部分地区猪流感病毒的分子流行病学研究	2008 年院级优秀博士论文
何心尧	何中虎	作物遗传育种	作科所	2008.6	普通小麦及其近缘种籽粒多酚氧化酶活性与黄色素含量相关基因的克隆与功能标记开发	2008 年院级优秀博士论文
陆宴辉	吴孔明	农业昆虫与害虫防治	植保所	2008.6	盲蝽蟓生态适应性研究	2008 年院级优秀博士论文
初晓宇	范云六	生物化学与分子生物学	生物所	2008.6	有机磷降解酶 OPHC2 在毕赤酵母中高效表达及酶活性功能与结构关系的研究	2008 年院级优秀博士论文提名奖

第六章

专业学位

第一节　发展情况

专业学位，或称职业学位，是相对于学术性学位而言的学位类型，培养适应社会特定职业或岗位的实际工作需要的应用型高层次专门人才。专业学位与相应的学术性学位处于同一层次，培养规格各有侧重。我国自 1991 年开始实行专业学位教育制度以来，经过多年的努力和建设，专业学位教育发展迅速，取得了显著的成绩。目前，已初步建立了具有我国特色的专业学位教育制度，探索出比较适合专业学位教育发展的培养模式，培养了一批合格的专业学位人才。

1990 年，农业部《中国农科研究生教育发展战略研究》提出要培养农业科技推广、临床兽医类应用型研究生。1993 年，世界银行贷款项目，华中、南京、北京等农业大学开展农业推广系统应用型研究生培养。1996 年，农业部“九五”研究生教育发展战略，提出了设置农科专业学位的初步构想。批准部分高校开展应用型研究生培养试点。1997 年，农业部组织部分高校和推广机构，面向全国 18 个省（市）开展农科应用型研究生知识、能力结构和需求调研。1998 年 1 月 8～9 日，国务院学位办和农业部教育司在中国农业大学召开调研工作汇总研讨会，印发了《农科专业学位调研工作汇总研讨会纪要》，正式提出要设置农科专业学位。1998 年 4 月，国务院学位办、农业部教育司和国家林业局人教司成立“农科专业学位设置研究秘书组”。1998 年 6 月，农业部教育司组织部分高校收集国外农科专业学位设置信息。1998 年 12 月，在华中农业大学召开秘书组第一次会议。本次会议形成了设置的初步意见（农业硕士），农、林归一的共识，形成《关于设置农科专业学位的论证报告》。1999 年 3 月，在南京农大召开第二次会议，形成了《关于设置农业推广、兽医专业学位的说明》、《农业推广硕士专业学位设置方案》、《兽医专业学位设置方案》。

为落实“科教兴国”和“可持续发展”战略，更好地适应我国农业现代化和农村发展对高层次专门人才的迫切需要，完善具有中国特色的学位制度，1999 年 5 月，国务院学位委员会第 17 次会议批准设立农业推广硕士和兽医硕士。

2001 年全国政协委员林而达、黄大昉向“两会”提交关于中国农业科学院参与专业学位研究生教育的口头提案，2002 年 21 位全国政协委员联合向“两会”提交了关于中国农业科学院开展农业推广专业学位硕士研究生教育的提案，此提案得到国务院学位办的高度重视，国务院学位办负责农林学科专业学位教育的欧百钢同志组织农林高等农业院校的相关专家来中国农业科学院进行了专题调研。2002 年 3 月 19 日，翟虎渠院长带领研究生院领导班子章力建、王秀玲、陆庆光专程前往教育部汇报。教育部赵沁平副部长亲自接待，教育部科技司和国务院学位办负责人出席会议。教育部对中国农业科学院开展专业学位工作给予大力支持。

2002 年 3 月，研究生院向全国农业推广硕士教育指导委员会提交开展农业推广硕士专业学位研究生教育的申请，申请种植、养殖和林业三个领域。2002 年 5 月，国务院学位办批准研究生院招收农业推广硕士专业学位研究生（学位办［2002］39 号文），成为我国第一家承担专业学位研究生教育的科研机构。研究生院院务会决定由学位办公室负责该项工作。2004 年，国务院学位办批准中国农业科学院招收在职人员攻读兽医专业硕士研究生（学位办［2004］41 号文）。2009 年 6 月中国农业科学院人事局批准，研究生院设立专业学位教育处，专门负责专业学位研究生教育工作。

研究生院于 2002 年 7 月开始招收农业推广硕士专业学位研究生，首批学生于 2003 年 9 月入学。2004 年 7 月，开始招收兽医专业学位硕士研究生，2005 年 3 月首批兽医专业学位硕士研究生入学。

目前，研究生院专业学位研究生招生专业 2 个，农业推广招生领域 10 个；共招收 1735 人，毕业 448 人，在校生 1293 人；20 个教学点分布在全国 14 个省、市、自治区。

第二节　领域设置

全国农业推广教育指导委员会于 2000 年设置 4 个领域（种植、养殖、林业、渔业）；2002 年，增设“农业机械化”领域；2003 年，增设“农村与区域发展”领域；2005 年，对“种植”与“养殖”领域进行了拆分，其中种植领域对应于 4 个一级学科，拆分为作物、园艺、植保、农业资源利用四个领域；养殖领域将“草业”单列设置；2006 年，新增 3 个领域：农业科技组织与服务、农业信息化、食品加工与安全。目前，共 13 个领域。

2002 年，获准农业推广硕士招生领域为种植，2004 年招生领域增加养殖、农村与区域发展领域；2005 年增加了植保、作物、园艺、农业资源利用、草业领域；2006 年增加农业信息化领域；2007 年增加食品加工与安全领域；2008 年新增农业机械化领域。截至 2008 年底，获准农业推广硕士招生领域共 10 个。

第三节　招生与录取

研究生院于 2002 年开始招收在职人员攻读硕士专业学位研究生，到 2008 年 12 月共招收七届专业学位研究生（2003级至2009级）1735人，其中农业推广专业学位硕士生1654人，兽医专业学位硕士生81人。

其中，2003～2004年招收农业推广种植领域硕士研究生87人。

2005～2009年招收农业推广作物、园艺、草业、农业资源利用、植物保护、养殖、农村与区域发展、农业信息化、食品加工与安全、农业机械化10个领域硕士研究生1567人。

2002年，国务院学位办下达中国农业科学院的农业推广硕士专业学位研究生招生限额25名，2003年实际录取考生12名。2003年招生限额100名，2004年实际录取考生75名。2004年后农业推广硕士生招生限额自主设定。2005年录取农业推广硕士研究生181名，兽医硕士研究生16名。2006年录取农业推广硕士研究生324名，兽医硕士生9名。2007年录取农业推广硕士研究生518名，兽医硕士研究生27名。2008年录取农业推广硕士研究生292名，兽医硕士研究生16名。2009年录取农业推广硕士研究生252名，兽医硕士研究生13名，生源来自全国29个省（市）自治区（表6－1、表6－2）。

表6－1 农业推广硕士研究生领域分布

领域	人数	领域	人数
种植	141（03～04级）	养殖	90
农村与区域发展	243	农业信息化	43
作物	865	植物保护	45
农业资源利用	80	食品加工与安全	24
园艺	123	农业机械化	0

表6－2 农业推广硕士研究生来源地区分布

省、市、自治区	人数	省、市、自治区	人数
北京	302	安徽	7
福建	130	贵州	8
广西	7	广东	2
河北	50	河南	25
海南	2	黑龙江	125
湖北	5	湖南	15
吉林	98	江苏	34
江西	7	辽宁	196
内蒙古	151	青海	4
山东	338	山西	1
陕西	2	四川	24

续表

省、市、自治区	人数	省、市、自治区	人数
上海	1	天津	34
新疆	4	西藏	42
云南	56	浙江	61
重庆	4		
西部地区	303	17.46%	
少数民族学生数	139	8%	

注：少数民族学生分布情况：白族1人，朝鲜族6人，回族7人，满族44人，蒙古族59人，傈僳族1人，苗族2人，畲族1人，土家族3人，维吾尔族1人，瑶族1人，壮族2人，彝族1人，仡佬族1人，藏族9人。

第四节　教学工作的组织

一、教学点的设立

专业学位硕士研究生培养方案中规定专业学位研究生采取进校不离岗的方式学习。根据专业学位研究生培养的要求和研究生学习的特点，方便学生在职学习，研究生院先后在全国14个省（市）自治区建立了20个农业推广专业学位研究生教学点。为发挥各省级农业科研机构的积极性和区域性科技教育资源优势，依托辽宁、黑龙江、福建、云南等省农业科学院建立教学点；为发挥各行业研究所的科技优势和智力优势，依托烟草研究所、茶叶研究所等建立了烟草、茶叶行业教学点；依托潍坊市委党校等在学员相对集中的区域建立了地区性的教学点；另外2007年为贯彻落实全国教育援藏工作会议精神以及教育部《关于进一步加强教育对口支援西藏工作的意见》文件要求，在西藏农牧科学院建立中国农业科学院研究生院西藏分院，在西藏联合招收农业推广专业学位硕士研究生，共招收各类农业战线研究生41名，促进了西藏农业领域高层次人才的培养。

从2005年开始，农业推广理论与实践、发展传播学、农业科技与“三农”政策、学位论文写作等学位课程安排在北京院部上课，其他课程安排在各教学点上课。教学点任课教师由院部统一选派，执行统一的培养方案和教学大纲，使用统一的教材。这种开课方式保证了学位课程的质量，形成了各地方办学特色。例如中国农业科学院烟草研究所教学点、茶叶研究所教学点在课程设置及论文选题等方面形成了其行业特色。

根据部分教学点学生领域分散、不宜开设领域课的情况，积极调整了开课计划。除了农业科技与“三农”政策、学位论文写作课程以外，把专业领域课程集中在北京院部上课，部分公共课程安排在教学点上课。这样既保证了领域课的教学质量，又为同一行业研究生提供了交流的平台。

二、教学方案的调整

专业学位研究生教育是一种在职教育形式，其教学大纲、教学方案也与全日制研究生不同，全国农业推广教育指导委员会（简称教指委）多次进行了修订，研究生院根据教指委的精神和教学实际也作了大量的修订工作。

全国农业推广硕士专业学位教育指导委员会于2001年2月下发了《关于制订在职攻读农业推广硕士专业学位研究生培养方案的指导意见（试行）》，文件要求各培养单位结合本单位学科结构特点、师资情况、办学条件制订培养方案。于2004年5月制定了《中国农业科学院研究生院农业推广硕士专业学位研究生培养方案（试行）》、《农业推广硕士专业学位研究生管理工作实施细则》以及《中国农业科学研究生院农业推广硕士课程教学大纲》、《农业推广硕士课程教师简介》、《农业推广硕士部分课程简介》等文件和资料汇编。《培养方案》对农业推广硕士专业学位研究生的培养目标和要求、入学要求、培养方式及学习年限、课程学习与必修环节、学位论文与学位授予等培养环节作了相关规定。

农业推广硕士专业学位是与农业技术推广和农村发展领域任职资格相联系的专业性学位。主要为农业技术研究、应用、开发及推广，农村发展，农业教育等企事业单位和管理部门培养应用型、复合型高层次人才。

该学位主要招收取得学士学位工作三年以上或本科毕业工作四年以上或大学专科毕业工作六年以上具有中级以上技术职称，具有农业技术推广、开发、农业管理、农村发展以及农业推广教育、培训工作等实践经验的优秀在职人员。

培养方式采取进校不离岗的学习方式以及采取多学科综合、较宽口径培养。要求在校学习的时间累计不少于6个月。

农业推广硕士专业学位课程的教学内容应具有宽广性和综合性，反映当代农业科学技术发展前沿。课程实行学分制，课程总学分不少于32学分。农业推广硕士专业学位的课程按公共学位课程、领域方向课程和选修课程设置。其中公共学位课程14～16学分，领域方向课程4～6学分，选修课程不少于10学分。外国语课程的要求是具有一定的外国语实际应用能力并能够比较熟练地阅读本领域的外文资料。非农专业本科毕业生和大学专科毕业生需补修《农学概论》，其他补修课程可由导师确定。

学位论文由具有农业推广、农业或农村管理实践经验的导师与农业推广或农业、农村管理部门推荐的业务水平高、责任心强的具有高级技术职称的人员联合指导。《管理工作实施细则》包括新生报到与注册、指导教师遴选、课程学习及学位论文和学位授予的规定。《教学大纲》与《教师简介》包括20门课程、30位教师的相关资料。

全国农业推广硕士培养协作组第二次全体会议于2005年1月通过农业推广教指委《关于制定农业推广硕士培养方案的指导意见》（［2005］5号文）以及《关于下发农业推广硕士各领域培养方案的通知》，调整了专业学位的培养方案。随即研究生院于2005年5月修订了《中国农业科学院研究生院农业推广硕士专业学位研究生培养方案》和《专业学位硕士研究生管理工作实施细则》。同年制定《中国农业科学院研究生院兽医硕士专业学位研究生培养方案》以及《中国农业科学院专业学位学位论文与摘要写作规范》。对比2001年《培养方案》，2005年《培养方案》在以下方面有所调整：

①在培养要求上，农业推广硕士专业学位获得者应掌握相应领域的基础理论、系统的专业知识，以及相关的管理、人文和社会科学知识；具有创新意识和独立从事相关领域的研究或开发、管理等工作的能力。基本掌握一门外国语，能够阅读本领域的外文资料。

②在入学条件上，报考人员应具有学士学位并从事二年以上相关领域的实际工作或大学本科毕业并从事三年以上相关领域的实际工作或大专毕业并从事四年以上相关领域的实际工作的优秀人员。

③学位课程设置增加了农业科技与“三农”政策 。

④在领域课程设置上，原种植领域调整为植保、作物、园艺、农业资源利用4个领域。要求每个领域设置10学分专业课程等。

2007年4月整理编写了《中国农业科学院研究生院专业学位研究生手册》、《中国农业科学院研究生院专业学位研究生管理手册》（教学点管理分册）；补充修订了《中国农业科学院研究生院农业推广硕士课程教学大纲》及《农业推广硕士课程教师简介》。《教学大纲》与《教师简介》分别包括56门课程，80位老师的相关资料。

2009年3月，重新修订《中国农业科学院研究生院专业学位研究生手册》（培养方案及课程简介）、《中国农业科学院研究生院专业学位研究生手册》（管理制度汇编）。其中包括《中国农业科学院农业推广硕士专业学位研究生管理办法》、《中国农业科学院农业推广硕士专业学位研究生教学管理规定》、《中国农业科学院农业推广硕士专业学位研究生录取细则》、《中国农业科学院农业推广硕士专业学位研究生管理办法》、《中国农业科学院农业推广硕士专业学位研究生教学点职责》、《中国农业科学院农业推广硕士专业学位研究生培养工作流程》、《中国农业科学院农业推广硕士专业学位研究生任课教师管理规定》、《中国农业科学院农业推广硕士专业学位研究生指导教师管理规定》、《中国农业科学院农业推广硕士专业学位研究生培养方案》。2009年共计开设75门课程，共124位任课老师参与授课。

三、专业学位研究生教师队伍建设

专业学位的教师队伍要求具有较高的学术水平，还要有丰富的实践经验，熟知专业学位教育的特点。专业学位教师队伍建设沿袭了我院多年的办学特色，一方面依托中国农业科学院各研究所的教学资源，另一方面聘请活跃在教学与生产一线的高等院校名师以及掌握宏观政策和行业国家大政方针的高级政府官员专题讲座。

由于专业学位研究生大多来自基层，有一定的工作经历，研究所及京外教学点一些经常到基层参加调研和技术指导工作的老师，不但可以解决研究生在生产实践中遇到的问题，还可以帮助研究生提高运用现代科学理论知识、方法和技术，分析和解决实际问题的能力。著名的“三农”问题专家陈锡文、杜鹰、温铁军等为研究生院开设“三农”问题专题讲座等课程，为学生破解“三农”疑问，增强解决“三农”问题的使命感。经过多年的努力，专业学位教师人数从2004年的35名发展到现在的150名，基本做到每门主要课程拥有2～3位主讲教师。教师中60%具有博士学位，98%具有高级专业技术职称。课程教学质量调查评估结果显示，学生对任课教师的满意度较高。

专业学位课程教材多由任课教师推荐，部分课程使用了全国专业学位教育指导委员会推荐教材，自编了英语专用教材。

为了适应专业学位教育的特点，大部分课程采取了案例式教学、交互式教学和专题式教学。多数课程采取课堂开卷与课下论文相结合的考试方式。

四、教学管理

为了加强专业学位研究生的规范化培养，研究生院为专业学位研究生建立了个人培养档案。档案材料包括：专业学位研究生的资格审查表或报名登记表、复试材料、录取通知、入学试卷和成绩、每门课程的考试试卷及成绩、论文选题意向表、开题报告、论文中期报告、学位论文及有关答辩材料等。目前已收入的材料有：入学资格审查表、复试材料、录取通知、入学试卷、部分课程试卷、部分论文选题意向表。

课程学习期间，对学生实行严格的考勤制度和请假制度，课程考勤采用了指纹仪记录法。

第五节　专业学位论文指导与评审

指导教师对专业学位研究生的培养质量起着重要的作用。专业学位研究生教育工作开展初期，研究生院从全日制研究生指导教师中选派了120名具有丰富的实际工作经验、责任心强、热心于农业推广硕士教育工作的导师担任专业学位研究生导师。为帮助导师了解专业学位研究生与全日制研究生在培养要求等方面的差别，2003年12月，组织召开了“专业学位研究生培养研讨会”，聘请中国农业大学研究生院的领导和专家为研究生院导师、管理人员和在校专业学位研究生介绍农业推广硕士专业学位的基本情况、培养管理办法，特别是农业推广硕士的论文选题和论文要求，以提高大家对专业学位研究生培养的认识。

2004年2月，向中国农业科学院各研究所发文《关于申报我院农业推广硕士专业学位硕士生导师的通知》，通知要求在岗的研究生导师，采取自愿申报的方式向所科研处提出申请，经科研处审核报送研究生院学位办备案后，方可作为专业学位研究生导师。目前中国农业科学院京内、外研究所备案导师共730余名。

根据全国农业推广硕士专业学位教育指导委员会《关于制定在职攻读农业推广硕士专业学位研究生培养方案的指导意见（试行）》中关于农业推广硕士专业学位教育实行“双导师制”的精神，研究生院推行以第一导师为主导的双导师制，即由中国农业科学院的指导教师担任第一导师，负责论文工作的学术指导；学生所在单位或研究区域省级农科院的专家担任第二导师，负责论文工作的具体指导。第二导师人数由2006年的50名增加到2008年的150名。

目前，兽医专业硕士研究生导师110名，其中20名聘自中国兽药监察所、北京市农林科学院及北京农学院。

鉴于研究生院专业学位教育发展趋势良好，招生规模较大，为了更好地指导学生完成论文研究，提高中国农业科学院专业学位培养质量，2007～2009年经过严格的审核和评审，增聘了福建省农业科学院、云南省农业科学院、辽宁省农业科学院、西藏自治区农牧科学院和烟台大学等兄弟单位导师130余名，分布在农业推广各个培养领域和兽医专业。截至目前，研究生院备案的专业学位硕士研究生导师860余名。

《专业学位培养方案》规定，专业学位硕士的论文选题应直接来源于生产实际，或者具有明确的生产背景和应用价值。论文选题应有一定的技术难度、具有一定的先进性和工作量，要具备现实性、科学性和可行性。通过论文工作能体现作者综合应用科学理论、方法和技术手段来解决农业生产和农村发展中实际问题的能力。

据统计，81%的论文选题来自研究生的工作实践，11%的论文选题为导师指定，2%的论文选题为研究生工作单位指定。论文选题中的61%为研究型，18%为技术应用型，13%为实验型，3%为设计型。

学位论文质量是衡量培养单位和个人培养质量的重要指标。论文开题是培养工作的必修环节之一。论文开题报告由研究生院集中组织。开题报告通过者可以继续开展论文研究工作，不通过者重新开题。

论文的中期检查报告是专业学位研究生特有的培养环节。中期检查报告由研究生院集中组织。有关专家组成论文中期检查小组，学生向检查小组汇报论文进展情况、取得的结果和存在的问题，检查小组针对学生报告提出建议，并对学生论文的完成情况做出评价。

专业学位研究生论文须进行“单盲评阅”。研究生须根据评阅意见在导师的指导下对论文进行修改、补充和完善。为保证论文写作质量，研究生院于2009年启动“学位论文学术不端行为检测系统”。

专业学位研究生论文答辩由研究生院学位办统一组织，集中进行。由于专业学位研究生在培养目标、培养模式以及论文要求等方面与全日制研究生不同，中国农业科学院在学位评定委员会下设立了专业学位评定分委员会。分委会负责审阅专业学位研究生的学位论文以及学位申请材料，并做出是否授予学位的建议，提交学位评定委员会审议。

截至2009年7月，研究生院培养的专业学位共448人获得专业硕士学位，其中农业推广硕士433人，兽医硕士15人。

第六节　专业学位质量评估

自2003年开展专业学位研究生教育工作以来，全国农业推广教育指导委员会在2004

年12月、2006年10月、2007年7月三次对研究生院农业推广培养管理工作进行了质量分析与跟踪调研评估检查；2008年研究生院进行了自查。兽医专业教学指导委员会2006年12月对研究生院兽医专业培养管理工作进行了质量分析与跟踪调研评估检查。质量分析与跟踪调研评估检查的主要内容是：农业推广硕士培养与管理制度建设情况、师资队伍（教学队伍和导师队伍）构成及其建设情况、农业推广硕士的教学与培养情况、论文工作、农业推广硕士招生、培养与管理档案的建设情况、学校办学特色与定位，存在的问题及拟解决的办法等。在多次的评估检查中，全国农业推广硕士教育指导委员会和全国兽医硕士教育指导委员会对该院专业学位研究生教育给与肯定，同时也对研究生院专业学位研究生教育存在的不足提出中肯的建议。

教学指导委员会的多次检查促进了研究生院专业学位教育工作的规范化管理，加强了对进一步提高专业学位教育质量的研究与讨论。研究生院先后在北京昌平、山东潍坊、云南景洪等地召开研究生培养与管理人员、教学点管理人员参加的研究生工作会议。通过认真学习各项政策，研究培养、管理过程中存在的问题，探讨专业学位研究生管理的新模式。研究生院专业学位研究生培养工作经历了由一人多岗到按培养管理流程、环节设岗以及将教学点划分到岗，实行交叉管理的发展过程。这一管理模式加强了岗位之间的交流与合作，最大限度地减少管理工作漏洞，提高了管理水平与业务素养。

（附）专业学位研究生开设课程汇总表

公共课

（1）政治理论课
（2）外国语
（3）农业推广理论与实践
（4）农业科技与“三农”政策
（5）农业传播与沟通
（6）论文设计与研究方法

作物领域主干课

（1）作物高产栽培理论与实践
（2）作物育种理论与技术
（3）植物生物技术概论
（4）农业生态与环境保护
（5）农业可持续发展概论

园艺领域主干课

（1）园艺植物育种理论与技术
（2）园艺植物栽培理论与技术
（3）园艺植物生物技术
（4）设施园艺学
（5）观赏园艺学

植物保护领域主干课

（1）植物保护学原理
（2）植物保护研究技术
（3）植物检疫学
（4）农药管理与应用

农业资源利用领域主干课

（1）土地评价与利用
（2）农业水资源利用
（3）养分资源综合管理
（4）农业资源信息系统

（5）农业生物安全

养殖领域主干课
（1）动物遗传原理与育种方法
（2）动物繁殖理论与现代生物技术
（3）动物营养与饲养学
（4）饲料加工及检测技术
（5）动物安全生产

农村与区域发展领域主干课
（1）农村发展理论与实践
（2）现代经济理论
（3）现代管理学
（4）农业项目投资与评估
（5）涉农产业组织与管理

农业信息化领域主干课
（1）农业信息化进展
（2）农业信息采集与处理
（3）农业信息管理与利用
（4）农业系统工程
（5）农业应用系统开发

（5）农业生态环境保护

农业机械化领域主干课
（1）农业机械化新技术进展
（2）试验设计方法
（3）科学研究方法
（4）信息技术与应用

草业领域主干课
（1）草地资源与管理
（2）草坪工程技术
（3）牧草栽培与加工
（4）牧草种质资源与育种
（5）草业生态学
（6）草类种子学

食品加工与安全主干课
（1）食品加工技术导论
（2）农产品的绿色生产原理与技术
（3）农产品贮藏与物流学
（4）食品质量安全与管理
（5）食品标准与法规
（6）现代食品分析与检测
（7）现代农业知识产权与保护
（8）食品生物技术专题

部分选修课
（1）农村社会学与社会心理学
（2）经济法或农业与资源环境法
（3）统计分析与应用
（4）生态学
（5）信息资源检索与利用

第七章

国际交流与合作

30 多年来，研究生院认真贯彻落实国家有关国际合作的方针和政策，积极开展国际合作与交流工作。通过走出去、请进来的方式，国际合作从无到有，从简单的迎来送往到拓展高层次、多方面的合作，取得了令人瞩目的可喜成就，培养和造就了一大批高素质的农业科技人才和管理人才。

第一节　国际交流

一、人员派出

为适应我国对外开放、建设社会主义现代化的需求，选派大批人员到国外进修、攻读学位和参观考察，学习掌握国外先进的农业科学和管理技术，培养我国农业和经济建设迫切需要的高级人才，研究生院积极聘请外国专家来校授课讲学，以满足培养学生的需求。

1981 年 3 月，根据《中华人民共和国农业部和洛克菲勒基金会关于规划和建设全国作物遗传中心谅解备忘录》（1981 年 7 月在北京签订）的精神，为筹建中的作物遗传资源中心培训人才，美国洛克菲勒基金会（Rockfeller Foundation，USA）农业科学部主任格雷来北京并亲自主持考试选拔人才。通过该基金会的审核，最终录取王韧、金继运、曹军、杨虹、王淑珍共 5 名研究生。这 5 名学生于 1982 年 1 月赴美国攻读博士学位，成为中国农业科学院首批赴美攻读博士学位的研究生，分别被安排在弗吉尼亚大学（Virginia Polytechtic Institute and State University）和路易斯安娜大学（Louisiana University），学习期限三年，全部费用由该基金会资助。

1985 年，根据“中国农业科学院和国际水稻所 1984 年工作计划”，向国际水稻研究所（International Rice Research Institute，IRRI）选派 5 名研究生攻读硕士学位、2 名硕士毕业生攻读博士学位，时间为 2～2.5 年，一切费用由国际水稻研究所资助（［85］农科院［办］字第 19 号文）。同年，由美国洛克菲勒基金会资助，派出 3 名硕士毕业生赴美攻读博士学位。

1986 年，13 名研究生通过国家公费出国研究生考试，被派往美国、英国、法国、加拿大、澳大利亚、荷兰、日本、前苏联等国家留学（农牧渔业教育司［1987］农［教研］

字第 4 号文）。

1987 年，5 名研究生通过国家公费出国研究生考试，被派往美国、加拿大、法国、英国、瑞典攻读博士学位（农业部教育司［1988］农［教研］字第 19 号文）。

1988 年，派出 2 人分别赴日本和苏联进修一年，派出 2 人分别赴英国和美国攻读博士学位。同年聘请加拿大英语教师 Kate Sireom 来研究生院授课 1 年，邀请前民主德国动物营养学家 S. Poppe 教授来校讲学。

1989 年，派出 2 人赴联邦德国 University Bonn Germany（德国波恩大学）攻读博士学位。

根据 1989 年 8 月中国农业科学院与美国 Ohio State University（俄亥俄州立大学）签署的合作备忘录，积极开展与该校的来华海外学习项目的合作，并先后派出 3 人赴美国俄亥俄州立大学进行培训、考察。1993 年 9 月 18～30 日，研究生院杨忠源常务副院长和曹国印处长赴美国到俄亥俄州立大学，专题商讨迎接第一批来华海外实习学生事宜。在双方的共同努力下，首期项目于 1993 年启动。

1990 年，派出 1 人赴美进修学习；同年聘请苏联俄语教师 Gatlina 来研究生院授课 1 年。

1993 年，派出 1 人赴德国开展为期半年的合作研究。

1993 年，派出 1 人赴美国俄亥俄州立大学进行合作研究 1 年。

1997 年，与美国 Ohio State University（俄亥俄州立大学）达成协议，选派 1 名学生到该校进修 1 年。

2002 年，为进一步适应我国改革开放的形势，尤其是中国加入 WTO 后，经济建设和提高国际竞争力的迫切需要，与加拿大拉瓦尔大学（Universite Laval）、美国堪萨斯州立大学（Kansas State University）、依阿华州立大学（Iowa State University）、阿肯色大学（University of Arkansas）、密执根大学（University of Michigan）联合开展了农业领域国际 MBA 的教学培养工作，在北京和天津共有 106 名学员参加了培训。在美国温洛克农业发展中心的资助下，选派 12 人赴美国和加拿大进修 MBA 课程，为开展 MBA 教育做了大量的工作，奠定了基础。

2003 年，筹备并组织举办了“首届中荷农业生物技术专家峰会”（The First International Forum for CAAS-WU Agro-biotechnology），会议主题涵盖作物科学与健康食品等广泛领域。

二、外宾来访

30 年来，研究生院接待了大批的国外专家学者，进行学术交流、考察访问、洽谈合作（表 7 - 1）。

表 7-1 部分来宾讲学情况

国别与机构名称	外宾姓名	活动内容	时间
美国教育部代表团	Prof. Osmund. S. Gilbertson（代表团团长、美国内布拉斯加州大学农业教育系系主任）	交流合作	1987. 7. 23
美国国际糖业研究所	张本庚（P. K. Zhang）（国际糖业研究所副所长）	讲学（生物化学的本质及新观念扩展等）	1987. 9～1987. 10
前民主德国 Whilhelm Pieck 大学	Prof. S. Poppe（前民主德国国家科委主席，动物营养学科博士，教授）	讲学（反刍动物蛋白质营养评定，青贮生产的生物技术方法等）	1988. 9. 16～1988. 10. 9
前联邦德国哥廷根大学	Prof. Wolfgang Holtz（前联邦德国哥廷根大学家畜遗传育种所所长）	讲学（猪胚胎生理生化特征及研究手段，早期胚胎培养条件、培养液等）	1988. 10～1988. 11
美国俄亥俄州立大学代表团	Dr. Roy A. Koenigsknecht（代表团团长，俄亥俄州立大学研究生院院长）	洽谈合作及美方学生来华学习	1990. 4. 23～5. 4
美国俄亥俄州立大学代表团	Dr. Bobby D. Moser（副校长）	OSU 学生来华实习项目	1993. 10. 9～16
美国俄亥俄州立大学	Dr. David Hansen 农学院国际部主任	洽谈合作 看望 OSU 学生	1995. 10
德国国家环境与健康研究中心	施乐尔博士夫妇 Dr. R. Schroll	合作研究、讲学	1996. 5. 16 ~ 22
台湾大学	陈超尘教授	讲学	1996. 10
美国俄亥俄州立大学	陈文雄教授	讲学，来华安排学生	1996. 10. 11
美国依阿华州立大学	Dr. David G. Acker（国际项目部副主任）	ISU 学生来华实习项目	1999. 7 1997. 6
加拿大列桥研究中心	黄鸿章、张治教授	联合培养研究生合作	1998. 9. 14
美国加州大学	Prof. Kley Kailey（加州大学戴维斯分校副校长）	洽谈合作	2002. 6
荷兰瓦赫宁根大学	Prof. Evert Jacobsen（植物科学院院长） Dr. Guusje Bonnema（荷中联合博士研究生项目主任）	洽谈联合培养博士研究生项目	2003. 2. 26～2003. 3. 1

续表

国别与机构名称	外宾姓名	活动内容	时间
国际 HACCP 联盟	Kei Harris 博士	讲学培训	2005. 6. 26～29
美国德州农工大学	Douglas Loh 博士	讲学培训	2005. 6. 26～29
美国农业部农产营销署	Bob Epstein 博士	讲学培训	2005. 11. 14～15
美国德州农工大学	Jeff W. Savell 博士	讲学培训	2005. 11. 14～15
荷兰瓦赫宁根大学	M. J. Kropff 教授（副校长）	洽谈合作与联合培养	2006. 10
美国加州大学	UC Davis 副校长 Willian B. Lacy 等 3 人	讲学并洽谈合作	2008. 11. 19～20

第二节　接收留学生

一、外国来华留学生教育（Study in CAAS for International Student）

2005 年 11 月，中国农业科学院向教育部提交“关于中国农业科学院研究生院开展接收外国留学生工作的请示”报告（农科院研生［2005］344 号文）。

2006 年 3 月 9 日，教育部国际合作与交流司刘宝利副司长在教育部来华留学处陈盈晖处长和张晓东副处长陪同下来中国农业科学院考察指导工作，中国农业科学院章力建副院长会见了刘副司长一行，并汇报了中国农业科学院为接收外国来华留学生所做的各项准备工作，中国农业科学院国际合作局副局长贡锡锋、研究生院常务副院长韩惠鹏、副院长王秀玲、刘荣乐等领导参加了座谈。座谈会后，研究生院常务副院长韩惠鹏、副院长刘荣乐陪同刘宝利副司长一行参观考察了中国农业科学院重大科学工程、国家种质库、国家农业图书馆。

2006 年 5 月，教育部国际合作与交流司回复（教外司来［2006］220 号文），同意研究生院开展招收外国留学生工作。2006 年 7 月 8 日，中国农业科学院第六届学位评定委员会第三次会议审议通过了《中国农业科学院招收外国来华留学生管理规定（试行）》，并确定了首批招生专业。2006 年 11 月，中国农业科学院研究生院学位办公室工作人员参加了教育部国际合作与交流司主办的来华留学生综合管理培训班。按照留学生教育的属地化管理政策，经过北京市政府外事办公室、北京市教委、北京市公安局领导的联合考察，2007 年 11 月 13 日，北京市教育委员会正式批准，研究生院启动招收外国留学生工作（京教函［2007］723 号文)，在具有博士学位授权一级学科领域为外国留学生提供硕士和博士研究生学历教育。

为了更好地开展接收外国来华留学生的工作，2007 年 3 月，研究生院向教育部提交了成为中国政府奖学金来华留学生接受院校的请示报告。2007 年 4 月 19 日，教育部批准（教外司来［2007］490 号文）中国农业科学院研究生院承担中国政府奖学金来华留学生培养项目，确定为中国政府奖学金外国留学生接受院校。文件规定，教育部将按学生标准拨付中国政府奖学金人头费，相关配套经费由学校自筹。遵照国家相关文件的规定和上级主管部门的要求，研究生院认真做好教学、管理等各项工作。2008 年，共招收来自 8 个国家的 10 名留学生（表 7－2）。

表 7－2　2008 年录取外国留学生名单

序号	姓	名	国籍	层次	经费来源
1	Iannone	Giorgio	意大利 Italy	高级进修生/博士	北京市奖学金
2	Borhanzadeh	Ali	伊朗 Iran	博士	中国政府奖学金
3	Kulye	Mahesh Sakharam	印度 India	博士	中国政府奖学金
4	Kyaing	May Sandar	缅甸 Burma	博士	北京市奖学金
5	Khan	Gul Zamin	巴基斯坦 Pakistan	博士	中国政府奖学金
6	Kharkar	Asawari Madhav	印度 India	博士	中国政府奖学金
7	Unay	Ilkay	土耳其 Turkey	博士	中国政府奖学金
8	Mashamaite	Madimet ja Isaiah	南非 South Africa	普通进修生/硕士	自费
9	Moaward	Arafat Abdel Hamed Abdel Latef	埃及 Egypt	高级进修生	北京市奖学金
10	Asad	Muhammad Azeem	巴基斯坦 Pakistan	博士	北京市奖学金

二、美国俄亥俄州立大学（Ohio State University）海外实习项目

1989 年 8 月，中国农业科学院与美国俄亥俄州立大学（Ohio State University，OSU）签订了院校际科技教育合作协议备忘录，中国农业科学院院长王连铮、副院长刘志澄出席签字仪式。根据双方协议的相关条款，中国农业科学院研究生院与美国俄亥俄州立大学于 1993 年正式启动海外实习项目（Study Abroad Program）。

1993 年 10 月 3 日，第一批美国俄亥俄州立大学 16 名学生来到中国农业科学院研究生院进行为期 7 周半的学习。中国农业科学院与美国俄亥俄州立大学的首次合作，意义重大，中美双方都高度重视。美方派出俄亥俄州立大学农学院副院长 John. Ellinger 带队。研究生院做了大量细致的准备工作，包括课程的设置、教材的准备和日程的安排等。研究生院为该班开设了 4 门课程：中国历史和文化（24 学时）、中国农村的发展（39 学时）、中

国农业的转变（24 学时）、汉语（16 学时）。来华学习的学生经考试全部及格，获得 OSU 的 15 个学分。此外还聘请了中国农业科学院著名专家为学生增设了 3 个农业经济专题讲座，组织同学们参观北京的名胜古迹，到京郊农村参观考察，并组织了丰富多彩的文体活动。

首批美国 OSU 学生来研究生院学习项目的成功，推动了项目的顺利实施。1994 年，第二批 OSU 学生 16 人来华学习，由 Jeanne Bartholomew 教授带队；1995 年，第三批 OSU 学生 11 人由 Luther Waters 教授及 Jennifer 带队；1997 年 OSU 学生 9 人，带队教师 Thomas Bean 教授；1998 年第五批 OSU 学生 17 人，带队教师 Wagner 教授，2003 年因“非典”该项目暂停。

2005 年，经过双方的不懈努力，项目得以重新开展。截至 2009 年，该校参加来华海外学习项目的学生累计达到 172 人，教师 20 人。

为拓展与美国其他大学的合作，扩展来华海外学习项目，1996 年 10 月，研究生院曹国印副院长随同中国农业科学院代表团赴美，访问了俄亥俄州立大学，密西根州立大学（Michigan University）和依阿华州立大学（Iowa State University），同时参加了世界粮食奖颁奖大会。此次访问促成了依阿华州立大学来华学习项目的实现。1997 年依阿华州立大学 25 名学生来研究生院学习，由 White 教授带队；1998 年 21 名学生来研究生院学习，由依阿华州立大学国际项目部主任 David Aker 亲自带队。

此外，1998 年和 1999 年研究生院共接待印第安纳州 Bethel Colloge 大学 21 名来华学习学生。这些项目不但成为传播中国优秀文化的窗口，也是展示我国农业和中国农业科学院农业科学技术的平台，增进了中美之间的相互了解和友谊，得到了学生们的欢迎和好评。

首批美国俄亥俄州立大学海外实习项目学生名单（1993. 10. 3～11. 26）如表 7 - 3 所示。

表 7 - 3　首批美国俄亥俄州立大学来华实习项目学生名单

英文名	中文名	性别	专业方向	备注
John Ellinger	约翰·艾林格	男		院长助理（领队）
Rachel Abbott	雷切尔·阿伯特	女	中文与政治学	
Craig Althauser	克雷格·艾莎特	男	农业经济（研究生）	
James Joseph Barrett	詹姆斯·约瑟夫·巴雷特	男	奶业科学	
Molly Kate Bean	莫莉·凯特·宾	女	国际教育	
Jonas Broth	乔纳斯·布鲁斯	男	经济学与自然资源	
Matthew Deck	马修·德克	男	农业企业	
Christopher Hacker	克里斯托弗·汉克	男	农业企业	
Vanessa Hansen	维尼莎·汉森	女	农业教育	
Brent Horner	布伦特·霍纳尔	男	心理学	
Robert Moore	罗伯特·摩尔	男	园艺学	

续表

英文名	中文名	性别	专业方向	备注
Elizabeth Parker	伊丽莎白·帕克	女	农业传播与园艺	
Heather Peddicord	海日尔·帕蒂考特	女	农业经济	
Matthew Rindfuss	马修·里德弗斯	男	农业传播	
Adam Sharp	亚当·夏普	男	农业传播	
Michele Thomas	米歇尔·托马斯	女	园艺与农业传播	

三、世界粮食奖励基金会实习项目（World Food Prize）

自2002年起，研究生院与总部设在美国依阿华州的世界粮食奖励基金会（World Food Prize，WFP）进行合作，每年接待对方派出的1名实习学生（表7－4）。

表7－4　研究生院接收世界粮食奖励基金会（WFP）奖学金实习学生名单

年　度	姓名	性别	进修专业	中方指导教师
2002年6～8月	Adom Zelsdorf	男	生物技术	赵　军
2006年6月18日至8月16日	Stephen Frese	男	分子生物学	张春义
2007年6月7日至8月5日	Coutney A. Wilcox	女	分子生物学	黄荣峰
2008年6月6日至8月4日	Sarah Anderson	女	生物技术	毛　龙
2009年6～8月	Colins Weaver	男	生物技术	毛　龙

第三节　国际合作培养项目

一、中荷联合培养博士项目

2000年5月15日中国农业科学院与荷兰瓦赫宁根大学（Wageningen University）签署了联合培养博士研究生的合作协议。2002年该项目正式启动。中国农业科学院遴选了11名博士研究生，中荷双方分别确定研究生导师，培养领域主要围绕分子生物学等专业。学生在国内完成课程学习后赴荷兰瓦赫宁根大学完成论文研究工作。目前11名博士研究生已全部通过论文答辩，获得了博士学位。该项目的成功受到中荷双方的高度评价，“中荷三明治模式”是研究生院联合培养高层次农业科技人才的有益探索，对提高研究生院的国际知名度和培养国际化人才具有重要意义。

为巩固和促进双方在教育和科技领域的合作，2006 年 11 月 21 日，“中国农业科学院与荷兰瓦赫宁根大学教育与科技合作谅解备忘录”正式签署生效，双方同意此备忘录自签字之日起取代 2000 年 5 月 15 日在北京签署的合作谅解备忘录。中国农业科学院院长翟虎渠博士和荷兰瓦赫宁根大学校长 A. A. Dijkhuizen 博士代表各方签字。该备忘录第十条再次强调“有关博士研究生的培养工作，双方将分别指定研究生导师，加强博士研究生和双方学术项目的有效结合”。

根据中荷双方 2006 年 11 月 21 日签署的教育与科技合作谅解备忘录，2007 年 10 月，研究生院常务副院长韩惠鹏研究员与荷兰瓦赫宁根大学校长 Martin Kropff 博士就双方联合培养博士项目签署了合作协议。双方将在植物科学、动物科学、环境科学、农业技术和食品科学等学科领域联合培养博士研究生，此次合作旨在充分发挥双方在农业领域的教育优势，培养国际化、高层次农业人才。

表 7－5　首届“中荷三明治模式”联合培养博士研究生名单

姓名	性别	就职单位
*李成伟	男	品资所
赵建军	男	油料所
梁业红	女	作物所
乞永艳	女	蜜蜂所
*王密恰	女	油料所
朱爱国	女	麻类所
武　剑	女	蔬菜所
刘　庆	女	生防所（后转蔬菜所）
李君明	男	蔬菜所
郭　军	男	蔬菜所
*杨丽梅	女	蔬菜所

注：带*者获得中国农业科学院与荷兰瓦赫宁根大学双学位，不带*者获得中国农业科学院学位。

二、农产品质量安全控制 HACCP 培训课程系统的引进与建立项目

2004 年 6 月，中国农业科学院研究生院与农业部农产品质量安全中心和农业部科技发展中心联合申报 948 引进项目“国际通行农产品质量安全管理技术体系引进与建立”，农业部批准正式立项，并被列为 948 重大项目。研究生院承担“HACCP 国际认证培训体系的引进与建立”子课题（Hazard Analysis of Critical Control Point，简称 HACCP 危害分析关键控制点）。

2004年10月，研究生院与美国得克萨斯州农工大学（简称德州农工大学）建立了合作伙伴关系，重点开展HACCP培训方面的合作。2005年5月，根据948项目要求，经农业部批准，中国农业科学院研究生院、农业部农产品质量安全中心和农业部科技发展中心联合组团出访，研究生院常务副院长韩惠鹏任代表团团长。访问团先后访问了美国加州理工大学、休斯顿大学、德州农工大学、国际HACCP联盟总部、俄亥俄州立大学、依阿华州立大学、美国农业部（USDA）、食品药品管理局（FDA）、加拿大农业及农业食品部和拉瓦尔大学，考察有关HACCP培训、推广体系及运行方式，并与国际HACCP联盟总部探讨在华举办师资培训事宜。

2005年6月27日，由研究生院与国际HACCP联盟及北京三天现代农业科技有限公司联合举办的“首期国际HACCP中国高级师资培训班”举行开学典礼。科技部中国农村技术开发中心副主任余健、农业部农产品质量安全中心副主任金发忠和中国农业科学院副院长章力建出席开学典礼并讲话。2005年6月27～29日，国际HACCP联盟主席Keri Harris博士，国际HACCP联盟首席讲员Jeff W. Savell博士，德州农工大学教授Douglas Loh博士为培训班授课。2005年6月29日，《农民日报》以“国际HACCP专家来华取经”为题做了专题报道。

为进一步推动农产品质量安全体系948项目的实施，培养一批熟悉国际、了解国内的HACCP培训师资，经与农业部农产品质量安全中心协商，中国农业科学院研究生院、农业部科技发展中心、国际HACCP联盟，于2005年11月14～15日，在北京联合举办首届国际HACCP联盟中国师资培训班第二阶段培训。邀请美国农业部农产营销署副署长Bob Epstein博士主讲“优质农产品食品检测技术、系统与管理”，国际HACCP联盟主任讲师、美国德州农工大学教授Jeff W. Savell博士主讲HACCP决策与管理。该培训班40名学员全部通过考核，获得“HACCP师资讲员证书”。

三、国际MBA与EMBA项目

（一）国际农业MBA（Agribussiness MBA）

2000年，研究生院与温洛克国际农业开发中心（Winrock International Institute for Agricultural Development/Winrock）开始合作，筹备农业MBA和远程教育。农业部原副部长路明于2000年2月9日写信给予大力支持。2001年2月13日，研究生院与加拿大拉瓦尔大学（Laval University，Canada）签订全面合作协议及食品与农业MBA项目发展意向书，时任加拿大总理Mr. Jean Chretien出席了签字仪式，2月13日晚中央电视台新闻联播节目进行了报道，中国农业科学院副院长章力建博士等出席了签字仪式。后因“非典”等原因项目被迫中断。2003年11月10日，中国农业科学院院长翟虎渠教授与温洛克国际农业发展中心总裁法兰克·特格威尔先生（Mr. Frank Tugwell）再次签署合作协议，共同开展农业MBA项目，由拉瓦尔大学负责课程的教授，全部采用英语教学。研究生院与北京市农村工作委员会合作的首届农业领域MBA班共招收了43名学员。2005年6月，研究生院成功组织了学员赴加拿大进行为期40天的项目实习。在加拿大期间，学员们严格自律，刻苦学习，圆满完成实习任务，得到拉瓦尔大学校方的一致好评。该项目于2005年6月顺利完成，全部学员获得了加拿大拉瓦尔大学的MBA学位证书。“中加模式”成为研究生院继“中荷模式”后，在办学国际化方面的又一成功案例。

（二）国际EMBA

2003年8月6日，中国农业科学院与美国依阿华大学签署合作备忘录。中国农业科学院院长翟虎渠、美国依阿华大学校长大卫·斯高腾和依阿华大学泰彼商学院院长盖瑞·范斯基在合作备忘录签字。该备忘录第四款（培训班和其他教学项目）特别提出“包括拟议中的依阿华大学泰彼商学院与中国农业科学院研究生院和农业经济研究所共同开展食品与农业经理人短期和长期培训的合作”。2004年3月22日，《人民日报》以“食品与涉农企业EMBA启动”为题专门报道了研究生院举办首届食品与涉农企业EMBA总裁班，该班招收学员38名，开设了15门工商管理课程，全部课程由依阿华大学和普渡大学教授来京全程英语教学，项目于2005年12月完成，全部学员圆满完成学业，获得了美国依阿华大学的MBA学位证书。

四、聘请专职外籍教师

1985年开始，研究生院聘请外籍教师担任外语教学任务，截至2009年6月，共聘请来自6个国家的20位外籍教师（表7－6）。

表7－6　1985～2008年聘任外籍教师

年份	姓名	性别	来自国别	工作任务
1985.10～1988.10	松本智子	女	日本	讲学
1987.8～1988.7	Ms. Heather Jane Yoell	女	加拿大	英语教学
1988.9～1989.7	Kate 袁润	女	加拿大	英语教学
1989～1990	Mr. Alisa Ketchom	女	加拿大	英语教学
1990.2～1990.8	Ms. Galia	女	俄罗斯	俄语教学、俄语培训班
1990～1991	Ms. Melanie Erin	女	美国	英语听说
1990.2～1991.2	Shelogura Galina Micolaevna	女	俄罗斯	俄语教学
1990.8～1991.7	Ms. Melanie Sircom	女	美国	英语教学
1991.9.1～1992.7.31	Ms. Jeanne L. Bartholomew（珍妮） Mr. hank Bartholomew	女 男	美国	英语教学 举办农业推广讲座和专业英语
1992.9.7～1993.8.7	Ms. Beth Ellen Lester（布海伦）	女	美国	英语教学

续表

年份	姓名	性别	来自国别	工作任务
1993.9～1994.7	雷辛	女	美国	英语教学
1994.9.1～1995.7.31	Mr. Robert D. Foster（付强）	男	美国	英语教学
1995.9.1～2000.7	Mr. Mark Brian Stevenson（马克）	男	美国	英语教学
2000.8～2001.7	Mr. Philip Brassett Ms. Cecilia Brassett	男 女	英国 英国	英语教学
2001.8～2003.7	Ms. Priscilla Maria Daege	女	美国	英语教学
2003.8～2008.7	Ms. Nara Hines（杨真真）	女	美国	英语教学
2008.9～2009.6	Ms. France kay Griffin Mr. David Browning	女 男	美国 美国	英语教学

第八章

科研与科技培训服务

第一节　科研工作

自建院以来，研究生院十分重视科研工作，密切结合研究生教育管理和相关专业学术领域的实际情况，开展科学研究。20 世纪 80 年代后期，参与国务院学位办“七五”学位与研究生教育重点研究课题研究——《中国农科研究生教育发展战略研究》，该项目由当时的农业部教育宣传司组织实施。1992 年，该项目荣获国家教委和国务院学位办“七五”研究生教育和学位制度研究成果一等奖。

2004 年，由中国农业科学院研究生院发起，联合农业部农产品质量安全中心和农业部科技发展中心共同申报 948 课题《国际通行农产品质量安全管理技术体系引进与建设》，通过了专家组审核，农业部批准为 948 重大项目。这是研究生院首次主持并承担农业部重大科技项目。研究生院作为本项目的主持单位之一，具体负责第四专题《HACCP 国际认证培训体系的引进与建立》。在项目实施期间，先后举办了大型专题培训，讲座或研讨会 8 次（其中国际培训班 3 期），取得了重要的成果，出版了系列专著，主编大型专业工具书《HACCP 认证与百家著名食品企业案例分析》（中国农业科学技术出版社，2006 年出版）。2007 年，该项目荣获首届中华农业科学技术奖。中国农业科学院研究生院作为该项目的主持单位之一，荣获农业部的表彰奖励。

进入 21 世纪，随着教学与实验条件的不断改善和教学实验楼竣工投入使用，为科研工作的顺利开展创造了条件。科研经费、仪器购置等方面均得到有关部门的大力支持，科研工作有了新的发展。研究生院积极贯彻“科研促教学、促管理，整体提高研究生教育质量”的思路，大力支持教师、管理人员参加课题研究。2005 年，承担国家 863 项目、国家转基因专项、948 重大项目等，科研经费达 381. 83 万元。2006 年，研究生院作为主持单位，主持国家高技术研究发展计划（863 计划）课题 2 项，即：“高效降解有机磷及除虫菊酯等农药残留物的高新技术研究”（闫艳春研究员主持），农产品生境控制与质量分子检测技术目标导向类课题“农产品中化学污染靶标发现和质量分子检测技术研究”（许雷研究员主持）。担任副主持单位的 863 课题 2 项：“降解菊酯类及磺酰脲类农药残留物的微生物及原位降解生境调控技术研究”（闫艳春研究员副主持）和“农作物重大病害多功能广谱生防菌研究和创制”（许雷研究员副主持）。2006 年，研究生院新增科研项目 3 项，经费 115 万元，共申请发明专利 10 项，核心期刊发表论文 10 篇。2007 年，承担各类课题 13

项，其中国家级课题8项；新增课题9项，到位经费192万元。承担非盈利科研机构基本科研业务费专项课题研究任务，经费190万元。

根据《中央级公益性科研院所基本科研业务费专项资金管理办法（试行）》，制订了《中国农业科学院研究生院基本科研业务专项研究计划》和相关的管理规定，从持续提升农科研究生教育质量出发，结合自身实际和长远发展需要，坚持科研和教学、管理有机结合，提出了2006～2009年研究生院的4个研究项目，即："高效降解有机磷、菊酯类农药微生物工程菌构建"、"科研单位研究生教育管理与质量保障支持系统研究"、"构建我国农林学科研究生教育动态数据库平台建设"和"农科研究生课程建设与培养机制创新研究"，课题参与人员覆盖了全院80%的管理人员。2007年12月底统计，共发表文章8篇，其中SCI收录4篇（1篇通讯作者，1篇第三作者，2篇第五作者），《高等农业教育》2篇，其他2篇。选送参加2007年度全国农林学科研究生教育学术年会论文3篇。

第二节　科技培训与服务

一、科技培训工作

研究生院始终注重发挥自身优势，开展各类培训服务。20世纪80年代和90年代，主要利用实验室的条件，开展生物学、生物化学、生物技术等方面培训；利用语音室的条件和外籍教师开展外语（主要是英语）培训；利用计算机教室开展计算机技能培训（如与解放军艺术学院合作，为战士举办计算机培训班）等等。

进入2000年，特别是中国农业科学院实施"三个中心、一个基地"的发展战略，对研究生教育和人才培养提出了更高的要求。研究生院的培训工作更加深入地发展，从课程理论体系设计、师资队伍建设，到学员组织培养、效果评估与质量保障，更加突出了自身特色与优势。研究生院的培训工作进入了建院以来的最佳发展阶段。

（一）"西部之光"访问学者计划

2003年，中组部联合教育部、科技部和中科院开始实施"西部之光"访问学者培养计划，旨在从西部地区选调部分青年科研骨干作为访问学者到中央和国家机关有关部委所属的研究机构、重点院校、医疗卫生机构进行培训，力争在5年左右的时间，为西部地区培养和造就1000名左右的学术带头人和科技骨干。

中国农业科学院党组高度重视"西部之光"访问学者培养工作，按照中组部的统一部署和要求，在农业部人事司的直接指导下，本着服务西部、对口支援的原则，积极协调落实访问学者接收培养单位、培养导师，把落实"西部之光"访问学者计划作为一项重要任务，切实纳入到支持西部大开发的总体规划和中国农业科学院高层次农业科研人才培养基地建设的具体工作中。

研究生院承担中国农业科学院“西部之光”访问学者的日常管理工作，包括食、住、班级管理等。研究生工作处于子荣处长担任每期访问学者的班主任。研究生院积极鼓励访问学者参加院、所的各种学术报告和讲座、参加研究生院的研究生课程学习。每年都组织访问学者参观考察，并邀请农业部、中国农业科学院领导和专家为其作讲座。经过为期1年的培养，参与合作导师课题研究和调研，访问学者在各方面均取得很大收获，每人至少公开发表1～2篇论文，多者发表7～8篇。

自2003年开始至今，中国农业科学院共接收“西部之光”访问学者156人（表8－1）。

表8－1　“西部之光”访问学者接收情况

接收年度	进修时间	接收人数（人）	学者来源省份	培养单位
2003	2003.12～2004.12	30	甘肃2人、广西4人、贵州3人、江西3人、内蒙古5人、青海1人、陕西1人、四川1人、西藏4人、新疆6人	植保所5人、生物所2人、资划所5人、畜牧所4人、作科所7人、农经所2人、蔬菜所3人、饲料所1人、环发所1人
2005	2005.09～2006.08	32	广西3人、江西1人、贵州2人、甘肃2人、宁夏4人、重庆2人、内蒙古3人、四川3人、新疆5人、陕西2人、青海3人、西藏2人	饲料所2人、环发所1人、作科所7人、质标所1人、资划所3人、加工所1人、蔬菜所4人、植保所1人、农经所2人、信息所1人、畜牧所6人、中监所3人
2006	2006.09～2007.08	32	内蒙古6人、新疆5人、四川2人、宁夏4人、青海3人、甘肃3人、重庆2人、贵州4人、陕西1人、云南1人、西藏1人	作科所10人、饲料所3人、植保所4人、畜牧所7人、农经所1人、中监所2人、蔬菜所2人、资划所3人
2007	2007.09～2008.08	30	内蒙古4人、四川3人、云南3人、陕西1人、宁夏4人、新疆4人、西藏2人、贵州3人、青海2人、甘肃2人、江西1人、广西1人	作科所6人、畜牧所6人、植保所1人、环发所1人、资源所4人、饲料所2人、生物所1人、农经所1人、特产所1人、茶叶所1人、郑州果树所1人、中监所2人、疫控中心3人
2008	2008.09～2009.08	32	青海4人、甘肃2人、陕西1人、四川2人、内蒙古3人、云南4人、宁夏5人、广西1人、贵州3人、新疆3人、西藏4人	作科所6人、蔬菜所5人、资源所4人、畜牧所3人、植保所1人、环发所2人、饲料所1人、生物所1人、农经所1人、质标所1人、郑州果树所2人、兰州兽医所2人、中监所2人、农技中心1人

（二）其他培训班

2003年4月19日，研究生院首期内蒙古研究生课程班正式开学。这是研究生院在京外举办的第一个研究生课程班，受到内蒙古自治区党委、政府的高度重视，受到各基层单位的普遍欢迎。首期培训班取得了显著的效果。同时，也开创了“联合办班 + 专业学位”模式的雏形，为专业学位的发展奠定了基础，积累了新的经验，促进了中国农业科学院研究生院的品牌建设。

2003 年 8 月 29 日，“中国农业科学院首期经营与管理骨干培训班”在研究生院教学楼多功能厅正式开学。中国农业科学院院长兼研究生院院长翟虎渠，中国农业科学院原党组副书记王红谊等领导出席开幕式并讲话。该培训班是中国农业科学院适应国内外经济发展形势需要，加快实施“三个中心、一个基地”发展战略，培养一支懂管理、善经营的科技开发经营人才队伍的重大举措。

2005 年 10 月 11 日，“中国农业科学院所局级领导干部培训班”在研究生院开学，来自中国农业科学院各单位、各研究所共 33 位所局级领导及所级后备干部参加为期 1 个月的集中培训。中国农业科学院党组成员、人事局局长贾连奇，研究生院党委书记、常务副院长韩惠鹏等领导出席开幕式。

2005 年 12 月 8 日，研究生院与美国依阿华大学联合举办的“食品与涉农企业高级经理人 EMBA 班”在研究生院举行毕业典礼和学位授予仪式。美国依阿华大学泰彼商学院院长盖瑞·范斯基率团专程从美国来到北京，出席毕业典礼，并亲自为学员颁发美国依阿华大学硕士学位证书。该 EMBA 班共有 38 名学员以优异成绩完成学业，获得硕士学位。该项目是我国第一个食品与涉农企业高级职业经理人工商管理硕士教育项目。

自 2004 年以来，研究生院每年为农业部、科技部、财政部、商务部、教育部等单位提供会议和培训服务 50 余次，充分发挥了研究生院科技培训平台的作用。2002～2008 年期间，研究生院主办或承办主要培训班如表 8－2 所示。

表 8－2　主办或承办的主要培训班

时间	培训班名称	项目来源/合作单位
2002 年	首期绿色食品市场营销高级研修班	中国绿色食品发展中心、农产品质量安全中心、中农福德科技发展公司
	领导学硕士课程班	美国 Azusa Pacific University
	现代商业管理高级研修班	美国 Summit University
	国际农业 MBA 班（天津）	中国农业科学院、天津外国企业家服务总公司、美国温洛克国际农业发展中心
2003 年	中国农业科学院首期经营管理骨干培训班	中国农业科学院
	中国农业科学院研究生院首期内蒙古研究生课程班	内蒙古自治区工商联
	国际农业 MBA 班（北京）	北京市农工委、美国温洛克国际发展中心，加拿大 Laval 大学
	绿色食品市场营销高级研修班	中农福德科技发展公司

续表

时间	培训班名称	项目来源/合作单位
2004 年	农产品质量安全理论与实践高级研修班（北京）	农产品质量安全中心、农业部中欧中心
	农产品质量安全理论与实践高级研修班（沈阳）	以色列农业部
	中国农业科学院所局级领导干部培训班	中国农业科学院
	食品与涉农企业高级经理人 EMBA	美国依阿华大学
2005 年	中国农业科学院 2005 年度所局级领导干部培训班	中国农业科学院
	食品与涉农企业高级经理人 EMBA	美国依阿华大学
	中国农业科学院所局级领导干部培训班	中国农业科学院
	中国农业科学院人事干部培训班	中国农业科学院
2006 年	HACCP 认证与农产品质量安全研修班	国家认证认可监督委员会
	中国农业科学院 2007 年度人事干部培训班	中国农业科学院
	首期国际 HACCP 联盟中国高级师资培训班（2007 年 6 月）	农产品质量安全中心、国际 HACCP 联盟
2007 年	第二期国际 HACCP 联盟中国高级师资培训班（2007 年 11 月）	美国德克萨斯农工大学
	UNDP 科技特派员项目第一期培训班	科技部、UNDP 联合国开发计划署
	国际贸易职业经理及管理人员培训班	农业部贸促中心
	UNDP 科技特派员项目第二期培训班	科技部、UNDP 联合国开发计划署
2008 年	农业实用人才创业培训师资班	农业部、科技部
	农业项目管理与合作国际研修班	商务部国际交流中心
	亚洲银行贷款中国农村能源生态建设项目培训班	农业部外经中心

二、中国农民大学

1984 年 9 月由中国农业科学院研究生院、中国农学会、中国农业经济学会、中国科学院、中国社会科学院、中国人民大学、中国政法大学、北京大学、北京农业大学、南开大学经济研究所等 13 家单位联合创办中国农民大学。挂靠在研究生院。1985 年 8 月 31 日，时任中共中央总书记胡耀邦为中国农民大学题写校名。1991 年 3 月 2 日，北京市成人教育局社教处批准，中国农业科学院研究生院为主办单位。

1993 年 9 月，申报国家学历文凭试点学校获得批准，成为北京市首批试点民办院校。

中国农民大学自建校以来，依托中国农业科学院研究生院的师资条件开展工作。研究生院部分教师和在校研究生积极协助，进行教学辅导、批改作业等。多年来，通过函授教育等途径，累计培养了新型农民和农民企业家、解放军军地两用人才等 10 万余人。为老少边穷地区开办各种类型的乡、镇、村级干部和乡镇企业管理干部培训班，培训农村基层干部和乡镇企业管理干部 6000 余人。

1994 年 8 月，由研究生院申请，上报中国农业科学院，经农业部批准立项（批准文号为（96）农科院（计财）字第 215 号）的研究生教学实验楼项目 2245 平方米中约四分之三面积供中国农民大学使用，香港爱国人士和时任农民大学校长的黄镒先生牵头，香港刘素卿女士捐款 200 万元人民币支持办农民教育，加之一些社会团体捐款共筹资约 400 万元用于建楼，1997 年底建成投入使用，命名为“刘素卿教学楼”。

1999 年 6 月，北京大北农集团接手承办中国农民大学。2003 年 9 月 19 日，中国农民大学第三届理事会第一次会议在北京召开，中国农业科学院与北京大北农饲料科技有限责任公司就联合主办中国农民大学达成协议。至此，中国农业科学院研究生院不再作为中国农民大学的主办单位。

三、北京市咸恒农业科技开发公司

1992 年，根据中国农业科学院加强科技开发工作的要求，研究生院决定成立“北京咸恒科技开发公司”。同年 12 月 23 日，组建筹备小组，成员：曹国印、陈新华、晁伟（［92］农科［研］字第 33 号文）。经研究决定任命陈新华为北京咸恒科技开发公司法人代表（92 农科［研］字第 34 号文）。

1993 年 5 月 7 日，经北京市海淀区工商行政管理局批准注册登记，企业名称：北京市咸恒农业科技开发公司。法定代表人为陈新华。注册资金 80 万元。该公司为全民所有制，主营生物工程的技术开发，兼营电子产品、建筑材料的技术开发、技术服务、销售。经北京市新技术产业开发试验区办公室审核批准登记，颁发“新技术企业认定证书”（编号 Q0963）。

1993 年 8 月，经北京市规划局批准，中国农业科学院研究生院 25 号楼学生宿舍乙、丙单元一层进行房屋门窗结构改造，面向学院南路，改为营业性用房，作为该公司的经营场所。

因工作需要，该公司法人代表几度变更。1993 年，陈新华出国，于 1994 年由当时的教务长毛国良代管。1995 年 2 月 24 日，研究生院全权委托公司副总经理夏军为代理法人代表。1996 年 5 月 3 日，经中国农业科学院研究生院院务会议批准，任命夏军为北京咸恒农业科技开发公司法人代表兼总经理（［96］农科［研］字第 8 号）。1997 年夏军去日本研修，由当时主管科技开发的研究生院办公室主任王文录主管该公司工作，晁伟为公司负责人，具体负责公司的经营活动。1997 年 2 月 20 日，任命办公室主任王文录为北京市咸恒农业科技开发公司法人代表，兼任公司总经理，免去夏军公司法人代表。

2000 年 4 月 14 日，中国农业科学院研究生院任命王代军为北京市咸恒农业科技开发公司法人代表，兼任公司总经理，免去王文录公司法人代表和总经理职务（农科研生字［2000］14 号文）。

2001 年底，该公司划转给中国农业科学院国际合作局管理。

四、北京中农研科技服务中心有限公司

根据中国农业科学院“三个中心、一个基地”的建设目标，决定成立“北京中农研科技服务中心有限公司”。2003 年 10 月 31 日，关于申请注册公司的请示上报中国农业科学院（农科研生［2003］44 号）；2003 年 11 月 17 日，中国农业科学院批复同意研究生院成立有限责任公司，总投资 60 万元人民币（农科院产业［2003］367 号）。2005 年 11 月 23 日，国务院国有资产监督管理委员会颁发了《中华人民共和国企业国有资产产权登记证》，企业管理部门为农业部，法定代表人王秀玲。

该公司成立以来，主要承担各部委、中国农业科学院及各研究所的各种培训任务的接待和住宿服务工作，每年接待各类会议 40 余次，房屋出租率和招待所客房利用率均达 85% 以上，取得较好效益，充分发挥了教育平台和培训交流的作用。

2007 年 7 月，因工作需要，对原有 48 间客房进行扩大、装修，使用面积增至 4500 平方米、客房 86 间，配齐设备，家具、电器等添置更新，总投资 333 万元。2009 年初，按照北京市消防局要求，对招待所部分进行了防火喷淋系统施工，工程内容包括：管道敷设、水流指示器、信号阀、模块、喷洒头（400 个）安装、系统调试等，总投资为 49 万元。服务中心级别，经报验，被行业部门定为三星级宾馆。

第九章

条件建设

第一节　基本建设

建院初期，研究生院办学条件十分艰苦，没有一间属于自己的专用教室和办公用房。1979 年 9 月，第一届 46 名研究生入学，因无学生宿舍，暂时住在中国农业科学院招待所（南门招待所）院内搭建的活动木板房。当时研究生院的办公地点，设在中国农业科学院科研部。1980 年，研究生院借用中国农业科学院农场平房 4 间，面积约 200 平方米，略加修缮，分别作为教室、阅览室、教师备课室使用，“农场大教室”由此得名（1997 年 4 月建筑作物土肥科研楼时拆除）。同年秋季，中国农业科学院将新建的 18 号住宅楼丙单元（面积约 820 平方米）临时划给研究生院使用，解决部分学生宿舍和办公用房。同时在土肥村（土肥所回迁北京时在中国农业科学院大院东南部建的一批平房）建造两排活动木板房，面积约 300 平方米，作为研究生宿舍使用。1981 年，中国农业科学院将畜牧所在马连洼的集体宿舍楼 14 间划拨给研究生院，作为植保所、畜牧所和原子能所三所一年级研究生住宿使用。1983 年，在中国农业科学院后勤部的支持下，在后勤部办公楼顶层加盖了 548 平方米的活动木板房（简称后勤三楼），设有一间大教室，其余全部用作研究生宿舍使用。

1986 年秋开始，筹建研究生院办公实验楼（现为硕士研究生宿舍楼），批准文号为（85）城建基 128 号，建筑面积 4707 平方米，共 4 层，总投资 154 万元，1987 年 12 月竣工投入使用。该楼交付使用后，18 号楼丙单元和土肥村的两排平房学生宿舍交回中国农业科学院计行部。

1990 年，经农业部批准，筹建研究生院宿舍楼（即 25 号宿舍楼），批准文号为（1989）农（计基）第 36 号，建筑面积 3300 平方米，农业部拨款 161 万元，1991 年 12 月竣工交付使用，明显改善了研究生院师生员工的住宿条件。

1997 年 12 月，研究生院教学实验楼建成，建筑面积 2246 平方米，共 4 层。一层面积 500 余平方米，二层局部面积约 90 平方米，分别由研究生院的生化实验室、语音室使用。二层部分、三、四层由中国农民大学使用。

2002～2008 年研究生院的基本建设，呈现出前所未有的良好发展态势。在农业部和中国农业科学院领导的高度重视和大力支持之下，2002 年研究生院教学楼筹建（批准文号为农办计［2002］5 号），建筑面积 3518 平方米，共 5 层，总投资 824 万元，其中国家投资 720 万元，自筹经费 104 万元。2002 年 6 月开工建设，2003 年 1 月竣工投入使用。

2003 年 6 月 16 日，中国农业科学院决定将 2002 年 12 月新建竣工的科技培训交流楼划转给研究生院。该楼立项批准文号为农计函［2001］42 号和农办计［2001］93 号，总投资 2427.21 万元，建筑面积 10055 平方米，主楼 8 层，作为研究生院办公综合楼。

2004 年 6 月，中国农业科学院原外宾招待所划转到研究生院，为博士研究生宿舍，当年 9 月投入使用。

2005 年 5 月，经中国农业科学院批准（农计函［2005］2 号），对博士生宿舍楼（原外宾招待所）进行扩建，扩建面积 2208 平方米，总投资 441.99 万元，2005 年 8 月竣工投入使用。

2006 年 5 月，经中国农业科学院批准（农科院计财［2006］49 号），对硕士研究生宿舍楼进行扩建，将 4 层楼加为 5 层，加层面积 1750 平方米，投资 480.3 万元，2006 年 8 月竣工投入使用。至此，以研究生院办公综合楼、博士研究生宿舍楼、硕士研究生宿舍楼和教学楼为主体建筑群，在中国农业科学院院部初步形成了适应研究生教育的功能小区。

2004 年，研究生院开始积极申报新研究生宿舍楼建设项目，在农业部、中国农业科学院等上级领导部门的大力支持下，国家发展和改革委员会于 2006 年 12 月批复可研报告准予立项。2008 年 4 月，国家发改委批复初步设计，建筑面积 15500 平方米，概算 4746 万元，投资来源为年度中央预算内投资。计划 2009 年破土动工，将于 2010 年底竣工投入使用。届时，研究生的教学设施和生活条件将得到很大的改善，必将进一步推动中国农业科学院研究生教育事业的发展。

表 9－1 研究生院房屋建设情况

序号	房屋名称	用途	开工时间	竣工时间	建筑面积（平方米）	结构类型	层数	立项批准文号
1	硕士宿舍楼（原教学办公楼）	硕士生宿舍	1986	1987.12	4707	砖混	4	（85）城建基 128 号
2	留学生楼	博士生宿舍	1988	1989.12	2493	砖混	4	
3	25 号楼住宅	硕士生宿舍	1990	1991.12	3300	砖混	5	（1989）农（计基）字第 36 号
4	教学实验楼	实验室及中国农民大学	1997	1997.12	2246	砖混	4	（96）农科院（计财）字第 215 号
5	教学楼	教学	2002.6	2003.1	3518	框架	5	农办计（2005）5 号
6	科技培训交流楼	办公综合楼	2001.5	2002.12	10055	框架	8	农计函（2001）42 号农办计（2001）93 号

续表

序号	房屋名称	用途	开工时间	竣工时间	建筑面积（平方米）	结构类型	层数	立项批准文号
7	留学生楼扩建	博士生宿舍	2005. 5	2005. 8	2208	框架	5	农计函（2005）第2号
8	硕士宿舍楼加层（原教学办公楼）	硕士生宿舍	2006. 5	2006. 8	1750	钢架	1	农科院计财(2006)49号
9	研究生宿舍楼	硕士生、博士生宿舍	2009. 12	2010. 12	15500	框架	3～7	发改投资［2006］2728号

注：以上建筑均建于中国农业科学院内。

第二节　教学条件建设

1985 年，为改善教学条件，提高教学水平，研究生院申请购置了一套语言实验室系统和一套教育用电缆电视系统，总价值 20. 1 万元，安装在教学办公楼。

1990～1995 年，为自主开设显微摄影技术实验课，研究生院共投资 38. 7 万元，陆续购置了奥林巴斯高级研究用显微镜及全自动照相系统 10 台套。

1994 年，在教学办公楼（现为硕士生宿舍楼）建设计算机室一个，面积为 70 平方米，计算机 60 台，投资 80 余万元。1998 年投资 25 万元添置 50 台教学用计算机，扩建了计算机教室，进一步改善了教学设施。

1998 年，投资 5 万美元，在中国农民大学楼建设 1 个装备索尼语音设备的语音教室，具有进行复读、记忆、与教师互动等特色功能，与原教学办公楼装备的语音教室一起可同时容纳 110 余人上课，在教室内可进行语言教学、外语听力和语感的训练和口语考试。

2002 年底，添置适应现代教育的技术设备，极大改善了教学和实验条件，为提高教学质量提供了硬件保障。新建计算机室 2 个，面积为 180 平方米，购置计算机 105 台，总投资 85 万元，其中 1 个计算机室是由香港方树福堂基金于 2003 年投资 60 万元兴建，购置计算机 80 台。2003 年，对教室、实验室进行装修改造，投资 200 余万元建设多媒体教室 8 个、多功能厅（教室）1 个；投入 50 多万元，对 500 余平方米的实验室进行了装修改造，同时将地下室局部面积（200 平方米）改造后作为实验室使用，增加了通风设施，用于存放实验物品和有关设备。

第三节　生活、运动设施建设

一、开办学生食堂

2003 年以前，由于研究生院没有独立的食堂，研究生院职工和学生均在中国农业科学院职工食堂用餐。2003 年，研究生院利用综合办公楼（原科技培训交流楼）地下停车场开办学生食堂。建筑面积约 1400 平方米，总投资 290 万元，经过装修改造，购置设备、设施、家具等，该食堂达到了行业要求标准，可容纳 2000 余人用餐，解决了教工和研究生用餐难的问题。

二、学生浴室与开水房建设

2004 年，在 25 号楼一层建设小规模浴池，面积为 80 平方米，购置设备三台，安装 25 个水控喷头；进行燃气管线改造，投资 55 万元；同年，在硕士生宿舍楼一层建造开水房，实现集中供水，投资 12 万元。从此解决了在校 800 余学生的洗浴与使用开水问题。

2005 年，在扩建的博士生宿舍楼一层建造学生浴室，面积约 500 平方米。该浴室进行了燃气管道施工，购置 8 台 A. O. SMITH 燃气热水器、SK-51 一卡通智能计时收费系统、水控机 120 台、电动驱动器等设备，加上烟囱制作及安装，总投资为 107 万元，资金来源为中央财政预算内专项（国债）资金。该浴室的建成，为学生洗浴提供方便条件。

三、学生宿舍家具配置

2003 年开始，对 25 号楼、硕士、博士生宿舍楼家具进行重新配置，将使用多年的铁管双层床更换为多功能的木制床，更新床铺数量为 1300 张，同时配置了椅子、行李柜架等，总投资为 150 万元。

四、研究生宿舍智能用电系统

2003 年为学生宿舍安装电表，实现一户一表，定量用电，按月查表，对用电量大的房间，严格进行核对。但用电管理难度大，全靠值班老师进行检查，不能完全杜绝违章用电的情况，存在严重的安全隐患。2009 年，研究生院决定，投资 15 余万元，更换 3 座研究生宿舍楼（25 号宿舍楼、硕士、博士生宿舍楼）350 块老式电表，安装“鲁维 LW30DGⅡ型智能用电管理器”，实现计算机网络管理，具有宿舍用电安全、容量、违章电器智能识别、特殊识别等功能，可调整每个房间的用电参数，控制每个房间使用电器总量，禁用发热电器功率范围 1～6000W，超设置的容量自动断电，自动恢复供电时间 1～240 分钟等，可根据不同时期的管理要求而设定。智能用电管理系统的安装和使用，保证了学生宿舍的用电安全和节能减排。

五、研究生宿舍设置电子监控系统

2008 年，将 3 座宿舍楼（25 号楼、硕士生楼、博士生楼）和教学楼，安装了闭路视频监控系统。主要设备包括：摄像机、监视器、硬盘录像机、视频矩阵、UPS 等，均采用国内外品牌产品，保证系统安全可靠，总投资为 65 万元。该系统采用不间断电源控制，技术先进、功能齐全，录制内容保存时间为 30 天，安全监控系统的监控点选择，充分考虑了各楼监控场所的安全工作需要。值班人员通过闭路监控系统，可对楼内每个监控点处的安全状况进行实时监控，全面掌握楼内各处动态，防止治安事件发生，并为迅速处理治安事件提供科学依据。

六、运动设施建设

2003 年，拆除研究生院院区内的两排平房，同时建设运动场和停车场地，并进行院区周边环境治理和美化。运动场所建设包括基础地面施工、围栏、排水处理，为研究生建设室外塑胶篮球场地 2 个、排球场地 1 个，面积达 1600 平方米，共投资 64 万余元。2004 年，在教学楼与硕士生宿舍楼之间，建设半室外羽毛球场地 2 个、乒乓球场地 4 个，面积达 800 平方米。2009 年，投资近 100 余万元，对此场地进行球形网架封顶施工，实现运动场地的室内效果，是目前中国农业科学院院本部最大的室内运动场地。2008 年，在办公区为教职员工设置 60 平方米健身活动场所一处，设有综合健身器、跑步机、乒乓球台、台球桌等。

第四节　行政办公条件改善

一、办公条件改善

2003 年前，研究生院办公条件相对落后，办公室和学生宿舍及教室混同在一栋楼中，比较拥挤。2003 年，中国农业科学院领导研究决定，将中国农业科学院后勤已盖好的一栋大楼有偿划归研究生院使用，研究生院办公会决定搬迁办公室，投资 70 万元装修改造，更新家具，极大地改善了教职员工的原有办公条件，进一步激发了教职员工的工作积极性。同时在办公区加强办公自动化建设，添置更新计算机，提高办公效率。2004 年，投资 15 万元，在办公区安装了视频、红外对摄监控系统，增强了办公区的安全管理。

二、网络建设

2001 年，开始筹建研究生院网站，2002 年 10 月正式开通使用，同年，完成教学楼和办公楼网络接入工作，构建研究生院与外界交流的信息平台，拓宽了教职员工知识更新的渠道。2005 年，开始建设研究生管理信息系统并投入试运行。2008 年，投资 13 万元，更新研究生管理信息系统，购置服务器 2 台并正式开通研究生管理信息系统，从招生报名，到研究生毕业各个环节全部在网上进行。同时，投资 1 万余元购置 10KVA 不间断电源，投入 20 万元/年增加带宽至 100M。

三、院区环境建设

2003 年，在研究生院办公综合楼院内，进行停车场建设，投资 20 余万元，建设面积为 1000 余平方米，可容纳 40 余辆机动车辆停放，同时安装了全方位的监控设备，确保停车安全。美化治理环境，请园林施工公司进行设计施工，投资 18 万元，种植了多品种名贵树木和花草。硕士、博士生宿舍楼东侧，进行了地面铺设，建立了 300 余平方米的学生晾晒衣物场地；建设宣传栏 150 余平方米，使研究生院院区环境条件得到很大改善。

第五节　修缮购置项目

一、房屋修缮类项目

2006 年开始，财政部启动科学事业单位修缮购置专项资金项目。2007 年，研究生院申请仪器设备购置和房屋修缮类项目，得到农业部科技教育司的批复（农财发［2007］127 号），批复金额为 275 万元。其中，25 号研究生宿舍楼房屋修缮批复金额为 70 万元。2008 年，申请硕士、博士生宿舍楼房屋修缮项目，批复文号农财发［2008］23 号，批复金额为 425 万元。

此外，2007 年，根据农业部《农业部在京单位迎奥运环境整治工作实施方案》（农办财［2007］29 号文）的通知精神，研究生院完成了 25 号楼、硕士生楼、博士生楼、教学楼、综合楼、农民大学实验楼 6 座大楼外立面粉刷申报工作。

二、仪器设备购置类项目

2004 年以前，研究生院没有设备购置专项资金，购置的设备较少。2004 年，农科院给研究生院下达仪器设备购置专项资金 90 万元，购置仪器设备 105 台套。

2006 年，农业部启动科学事业单位修缮购置专项资金项目后，研究生院设备购置开始大幅增加。2006 年，研究生院申请到生化基础实验室设备购置项目，农业部批复金额为 190 万元资金，购置仪器设备 16 台套，批复文号为农财发［2006］111 号。2007 年，研究生院申报微生物学实验室设备购置项目，农业部批复金额为 205 万元，购置荧光显微镜等 8 台套仪器设备，批复文号为农财发［2007］127 号。2009 年，农业部批复资金 450 万元，购建语音室 5 个，批复文号为农财预函［2008］50 号。这些设备的购置，大大改善了研究生教学和实验条件。截至目前，全院共有万元以上仪器设备 20 余台套，10 万元以上大型实验仪器设备 7 台套，设备总价值近 500 万元。

第十章
行政管理

第一节　行政管理机制

研究生院自成立以来，院长由中国农业科学院院长兼任，常务副院长负责全面工作。建院初期组织机构不甚健全，主要由时任中国农业科学院副秘书长兼研究生院副院长的戴松恩同志主抓全面工作。为加强研究生教育管理工作，1995 年 8 月中国农业科学院印发《关于成立中国农业科学院研究生工作领导小组的通知》（[95] 农科院（研）字第 341 号文），成立了中国农业科学院研究生工作领导小组，其职责是受院长委托：研究决定有关研究生工作及研究生院工作的重大决策问题，对计划内招生、培养、毕业分配、在职人员申请硕士学位等进行指导；确定遴选中国农业科学院学位评定委员会组成人员名单；审核博士学位授权点的博士导师；行使博士后管委会职责，批准博士后进站人员名单，协调博士后管理中的重要问题；组织协调全院科技人员的继续教育。研究生工作领导小组组长由中国农业科学院主管研究生工作的院领导担任（第一任组长杨炎生，第二任组长王红谊），成员由中国农业科学院科研部、人事局、国际合作办和研究生院领导组成。1996 年 1 月中国农业科学院又印发了《关于印发〈中国农业科学院研究生工作管理暂行规定〉的通知》（[96] 中国农业科学院（研）字第 20 号文），再次明确了中国农业科学院研究生工作领导小组、研究生院、招收研究生的相关研究所和导师的职责，进一步规范了院、所两级管理研究生教育的权限、任务。2004 年教学委员会成立后，研究生工作领导小组随即撤消。

1985 年 6 月 6 日，根据中国农业科学院《关于实行所长负责制的通知》（[人] 字第 187 号文），研究生院开始实行党委集体领导下的院长负责制，院长领导研究生院的全面工作。随着组织机构的健全，研究生院逐渐开始实行逐级负责的工作机制，即常务副院长向院长负责，副院长向常务副院长负责，各处处长向分管院长负责。同时，建立了重大决策会议制度，实施科学化、民主化管理，主要形式有：党委会议制度、院务会议制度、院长办公会议制度。

党委会议讨论决定全院的中长期发展规划、院属机构设置、人员编制以及全院的思想政治、精神文明和党的建设等重大问题、院党委管理的干部任免、奖惩等事项。参加党委会的人员为全体党委委员、党委办公室主任兼党委会秘书。专职纪委副书记、工会主席、团委书记、支部书记可列席有关会议，但不参加会议表决。党委会实行例会制，一般每季度召开一次，必要时临时召开。

院务会议是研究生院最高行政决策机构，讨论决定报请中国农业科学院及农业部等上级单位的决策建议、年度经费预决算、院长工作报告、重大科研、投资项目规划等重大决策事项。出席院务会议的人员由院长、副院长、各处室主要负责人组成。办公室副主任作为院务会秘书列席会议，经会议主持人同意，有关人员可列席会议。一般每半月举行一次。

院长办公会议是研究生院院级行政领导组成的议事机构。院长办公会议讨论贯彻执行上级部门的指示、精神以及研究生院党委会议、院务会议的决议精神；安排部署研究生院近期、远期各项重大工作；检查研究生院重大工作的落实情况；协调、沟通各部门的工作。副院长、办公室主任参加会议，根据会议内容可邀请党委书记、副书记参加，根据需要，不定期召开。

第二节 人事管理

建院初期，研究生院的人事工作由总务处负责，1985 年研究生院办公室成立后，全面负责人事工作；1991 年成立党办人事处，人事工作隶属其中；1994 年，办公室与党办人事处合署办公，对外统称办公室；至今，人事工作仍隶属于办公室，主要负责干部和职工的录用、考核、培训、干部任免、工资福利等工作。

一、制定人事管理制度

为严格人事管理，研究生院除执行农业部和中国农业科学院的一切有关制度外，结合本院特点也制定了一些制度和管理办法。1988 年制定《研究生院职工教育办法》、《增收节支奖发奖办法》；1996 年制定《农科院研究生院岗位责任制》、《职工年度考评办法》；1999 年制定《研究生院人事制度改革暂行办法》；2003 年制定《中国农业科学院研究生院收入分配暂行管理办法》、《中国农业科学院研究生院用人制度改革实施办法》、《研究生院内退暂行实施办法》；2004 年制定《中国农业科学院研究生院收入分配管理办法》、《中国农业科学院研究生院职工考勤制度》、《中国农业科学院研究生院临时工管理办法》以及《中国农业科学院研究生院工人岗位管理办法》；2006 年制定《研究生院目标考核管理实施细则（试行）》；2007 年下发《研究生院确定一般行政职务暂行管理办法》。

二、教职工管理

（一）干部管理

干部管理就是要做好干部的调配、考核、任免、培养、奖惩以及工资福利、退职退休等方面的工作。1983 年以前研究生院的干部调配、处室干部任免均由中国农业科学院人事局审批。1984 年根据《中国农业科学院干部分级管理职务名称表》（［84］农科发字第 107 号文）和《中国农业科学院干部管理暂行办法》（［84］农科（人干）字第 102 号文）的规定，下放干部管理权限，院属各单位的处长、副处长，由本单位党委任免，报人事局备案。同时实行了干部调配工作备案制度，在各单位的干部编制之内，干部的调入调出，由各单位自行决定，半年报呈一次干部变化情况。《关于核定人员编制、机构和职数的通知》（［87］农科院（人）字第 94 号文），核定研究生院 1987 年人员编制为 45 人，设职能处室 2 个，领导干部 4 人。1994 年 12 月 31 日，中央机构编制委员会办公室文件《关于中国农业科学院院部及下属单位的机构编制的批复》（中编办［1994］265 号）核准：中国农业科学院研究生院事业编制 55 人。2002 年 10 月，在农业部科研机构分类改革的大潮中，根据科技部、财政部和中编办共同下发的国科发政字［2002］356 号文要求，把研究生院定为非营利性科研机构，创新编制 30 个。《关于同意研究生院内设机构设置的批复》（农科人干［2003］35 号），同意研究生院内部设置 4 个处级机构，核定处级干部职数 8 个。截至 2009 年 7 月，研究生院经人事局批准的处级机构 7 个，处级干部职数 13 个。

对中层干部的任免和考核，坚持按照德才兼备，任人唯贤的原则，对拟任干部和现任干部从德、能、勤、绩四大要素进行全面考核，提交研究生院领导和党委会讨论，并报中国农业科学院人事局审批或备案。30 年来先后选拔任命处级领导干部 21 人。

根据《关于从工人中聘用干部的实施办法》（［1989］农（人调）字第 15 号文），对工人中德、才表现突出者，视需要放到干部岗位，“以工代干”进行锻炼提高，在干部编制许可的情况下，经处室推荐，院务会讨论研究，报中国农业科学院批准后公布。研究生院 1989 年以来从工人中聘任为干部的累计 9 人。

（二）职工的录用

30 年来，研究生院干部的录用主要有调入、划转和接收高校毕业生三种形式。研究生院创办初期，工作人员极度短缺，根据工作需要，从外单位调入了一批职工。从 1979 年的 3 个创办者，到 1984 年，研究生院已有 30 名固定职工。同时，随着研究生院的不断发展，对于高层次人才的需求也逐渐增加，1982 年春季接收杨正、赵明两名应届大学毕业生开始，研究生院陆续接收应届大专院校毕业生、研究生，以补充管理和教师队伍。截至 1989 年底，研究生院职工总数 48 人，其中，接收大学以上学历毕业生 24 人。大学本科以上学历占职工总数的54%，研究生占职工总数的21%。

1990～1999年，研究生院处于稳步发展阶段，职工录用以调入职工为主，截至1999年底，共有职工43人，其中，大学本科以上学历占职工总数的51%，研究生占职工总数的28%。

从2000～2009年7月，研究生教育事业实现了跨越式发展，高层次人才的需求不断增加。2000年1月，研究生院首次进行人事制度改革，经党委会研究决定，在研究生院内部实行全员聘用制，并出台了《研究生院人事制度改革方案》，处级干部竞争上岗，教职员工竞聘上岗。2003年研究生院进一步深化人事制度改革，处级干部在中国农业科学院全院范围内进行招聘，一批优秀人才走上中层干部岗位，教职员工按需设岗，一人一岗、择优聘用。

2004年，中国农业科学院将后勤服务中心管理的原外宾招待所（现博士公寓）整建制划归研究生院，16名职工（13名工人，3名管理干部）划归研究生院。2006年开始，按照中国农业科学院接收高校毕业生的统一要求和下达的用人指标，研究生院正式面向社会公开招聘，双向选择，截至2009年7月，研究生院接收高校毕业生18人，其中11名硕士、博士毕业生实行公开招聘录用。目前，研究生院在职职工73人，其中大学本科以上学历占职工总数的81%，研究生占职工总数的48%。

（三）职工培训及教育

1. 多种形式的业务培训

1988年，为鼓励职工在岗学习，提高教职员工的整体水平，研究生院制定《研究生院职工教育办法》。同年，为提高职工的计算机水平，对25名教职工进行了计算机多用户系统的技术培训。根据需要，从1989～2000年选派部分人员出国考察、进修或参加学术会议、短期业务培训班，提高各类人员的业务知识和操作技能，并创造条件鼓励职工参加继续教育，提高职工的整体素质。2002年6月制定《研究生院职工继续教育管理暂行办法》，该办法规定：职工调入三年后才能进行继续教育，学费根据学习情况毕业后按比例报销，一个处室内每年参加学历教育人数不能超过本处室总人数的15%，学习者的奖金要减半发放。此文件下发后，研究生院支持了11人在中央党校攻读本科学历。

2003年，为激发广大职工的进取精神，进一步提高职工整体素质，研究生院领导决定，年轻教师来院工作一年后就可申请提高学位教育，在本院就读的免交学费，在外校就读的经领导批准按本院标准报销，完成本职工作，保留一切待遇。2003年以来，已有8人取得硕士学位证书，5人取得博士学位证书，另有6人在读硕士学位，4人在读博士学位。

2. 法制和纪律教育

为增强职工的法制观念，做到知法守法，1986年在全体职工和研究生中开展普法教育，通过开展法律知识竞赛、专题讲座等形式，35人获得普法合格证。

为严格工作纪律，提高工作效率，2004 年制定《中国农业科学院研究生院职工考勤制度（暂行）》，将考勤作为职工年终考核的重要依据，做到出勤有依据，缺勤有证明，各处室有专人负责。该制度的出台为各项工作有序进行提供了保障。

3. 职工考核制度

1996 年，研究制定了《中国农业科学院研究生院岗位责任制》、《职工年度考评办法》，明确规定岗位责任制、职工业务考核的内容和要求。2003 年 11 月，制定《中国农业科学院研究生院年度考核暂行规定》。2006 年，为进一步落实 2003 年改革方案，深化人事制度改革，全面提高管理人员能力和水平，制定《研究生院目标考核管理实施细则》，组织实施全员考核和续聘工作。处级干部在全体职工大会上进行述职和民意测评，职工在相应处室内进行考核和续聘。在考核基础上举行续聘仪式。2007 年，根据《农业部事业单位岗位设置试行办法》文件精神，结合实际，完成研究生院岗位设置方案制定和岗位设置工作，为下一步全面开展岗位聘用制管理打下良好的基础。

（四）离退休人员管理

研究生院办公室有专人负责离退休人员的管理和服务工作。根据相关政策及时为离退休人员兑现中央和地方的津补贴，保证离退休干部的收入和福利待遇。同时，积极为离退休人员就近看病、报销药费提供方便及时的服务；为符合高干医疗条件的离退休人员办理有关手续。目前，研究生院享受高干医疗待遇的离退休干部共 6 人。组织离退休人员春游、体检，举办离退休人员迎新春茶话会，参加中国农业科学院组织的绘画书法比赛等活动。同时积极配合中国农业科学院老干部处，做好上传下达工作，组织离退休人员参加老干部处组织的政治学习、旅游等活动，制定老干部定期联谊制度，定期听取他们对研究生院发展的意见和建议。形成年底处以上领导干部分头看望离退休干部制度。形成为 80 岁的离退休人员祝寿制度。2003 年，根据人事制度改革需要，制定《研究生院内退暂行实施办法》，办理 6 名职工的内退手续。2009 年 7 月离退休人员总数 34 人。

三、劳动工资管理

（一）工资的调整与工资制度改革

建院以来，研究生院执行的是中国农业科学院有关工资制度。

1982 年，国务院发布《关于调整国家机关、科学、文教卫生等部门部分工作人员工资的规定》［国发（1982）140 号］，决定从 1982 年 10 月 1 日起调整国家机关、科学文教卫生等部门部分工作人员的工资。文件中规定，对 1981 年底在册职工中，属于 1978 年底以前参加工作的国家正式职工都可调整工资，但重点是给中年知识分子增加较多的工资。研究生院于1983年5月在核对原工资等级的基础上，对符合条件的职工“对号入座”增加了一级或两级工资。

中共中央和国务院于1985年发布《关于国家机关和事业单位工作人员工资制度改革问题的通知》（中发［1985］9号），党中央、国务院决定对国家机关和事业单位工作人员的工资制度进行改革，即实行以职务工资为主要内容的结构工资制（包括基础工资、职务工资、工龄工资、奖励工资4个组成部分）并制定了各类别的工资标准。研究生院依据文件精神，对37名在册员工的工资进行了调整。

1986年1月28日，根据农牧渔业部1985年12月31日（85）农（人）字第108号文要求，经部党组研究确定研究生院相当于地师级的科研、技术单位。正副职基础工资、职务工资两项合计的工资标准（六类工资区）为：正职最低工资标准按150元进档，最高工资标准190元；副职最低工资标准按131元进档，最高工资标准170元。处和处以下干部职务工资标准与行政部门相同。

1990年，根据国务院批转《人事部、国家计委、财政部1989年调整国家机关、事业单位工作人员工资实施方案的通知》（国发［1989］82号文）的精神，国家机关和事业单位工作人员一律普调一级工资，同时对离退休人员的待遇也作了适当调整。这次是普调工资，可以不经群众评议，按照政策，经测算后49名在册职工的工资都上调了一级。

根据国务院《关于国家机关和事业单位工作人员工资制度改革问题的通知》（国发［1993］79号文），对机关和事业单位现行工资制度再次进行改革。其主要内容是：①固定工资70%，活工资30%；②建立正常增资制度；③实行地区津贴制度，整顿津贴，改革奖金制度等。这次工资制度改革后，实行正常升级，凡年度考核合格者每两年晋升一个工资档次，每年可以有（3%）考核优秀并做出突出贡献的职工可升一级。根据文件精神，1994年，经过摸底、上报、个别调整等几个阶段，对全院54名职工，11名离退休人员进行工资套改。从1996～2005年六次双年晋升工资档次，五次调整工资标准。根据“提前晋升”或“越级晋升”（3%）工资档次的相关条件，在年度考核优秀的人员中选择，两年搞一次。截至2005年末，先后有19名在职人员享受到3%的工资晋升。

2006年，根据《农业部机关工作人员工资制度改革实施办法》、《农业部在京事业单位工作人员收入分配制度改革实施办法》和《农业部机关及在京事业单位离退休人员计发离退休费等问题实施办法》（农人发［2006］15号文），对机关和事业单位工作人员进行工资套改，离退休人员计发离退休费。其主要内容是：自2006年7月1日起，①事业单位实行岗位绩效工资制度（岗位工资、薪级工资、绩效工资和津贴补贴四部分，其中岗位工资和薪级工资为基本工资）；②正常增加薪级工资，年度考核合格以上等次的工作人员，每年增加一级薪级工资；③增加2006年6月30日前已办理离退休手续和已到达离退休年龄人员的离退休费。根据文件精神，研究生院对63名在职职工进行了工资套改，套改后，月基本工资人均增资409.9元。为24名离退休职工增加离退休费，调整后，增加离退休费、退职生活费月人均增资575元。

（二）奖金、津贴的发放

1. 奖金

根据1981年《中国农业科学院奖金发放办法》，研究生院奖金的发放工作始于1981年。1988年3月，劳动人事部和财政部下发《关于国家机关和部分事业单位工作人员增加奖励工资的通知》（劳人薪［1988］15号文）规定，规定“1987年全年发放奖励工资（奖金）在一个月平均基本工资数额以内（含一个月）的各级国家机关、党派团体以及由国家核拨全部事业费的事业单位，从1988年起，其工作人员的奖励工资（奖金）可以由全年不超过一个月的平均基本工资提高到一个半月”。1990年4月，中国农业科学院下发《关于加强财务管理工作若干问题的暂行规定》中，明确规定“各单位奖金的发放必须严格执行国家规定，一般应控制在四个半月之内”，研究生院从1991年执行该规定至2003年。2003年，人事制度改革后，研究生院年底实行了绩效工资作为年终奖金。节假日为职工发放过节费。每年多发一个月工资作为奖金仍延续至2005年。直到2006年，农业部下发了《关于印发机关事业单位工资收入分配制度改革实施办法的通知》（农人发［2006］15号文），该文件规定：“事业单位取消年终一次性奖金，将一个月工资额度及地方津贴纳入年终绩效工资。”研究生院执行此规定至今。

2. 津贴和补贴

自建院以来，研究生院一直按照北京市的要求和制定的标准，为职工发放地区工资补贴和地区津贴。1991年，根据农业部《关于从事有毒有害工作人员保健津贴发放的有关问题的通知》（［1991］农（人培）字第2号文），为从事实验室工作接触有毒有害物质的3名教师实行保健津贴，每人每月10元。1994年，根据《关于调整工作餐等有关开支标准的通知》（京财行［1994］2080号文），调整职工的伙食补贴、婴幼儿补贴等标准。同年，根据《关于调整职工冬季取暖补贴标准的通知》（京财行［1994］2599号文），为居住在无供暖条件宿舍的职工，调整供暖补贴由每人每年45元，调整为每人每年90元。根据农业部关于参照北京市对在职和离退人员实行职务补贴、生活补贴的通知，从1996年1月起至2005年止，共发放9年。2001年，制定《在职职工津贴、奖金暂行办法》和《保健津贴发放办法》。2003年，随着研究生院人事制度改革的全面实施，研究生院制定《中国农业科学院研究生院收入分配暂行管理办法》，实行了岗位津贴制度，根据不同岗位实行不同的津贴标准，资金从本单位的开发收入中解决。2004年5月，遵照《农业部关于直属科研机构管理体制改革的实施意见》，根据《中国农业科学院研究生院改革的总体方案》，研究生院修订《中国农业科学院研究生院收入分配暂行管理办法》提高了各类人员岗位津贴标准，实行由基础工资、岗位津贴、绩效奖励三部分组成的职工收入结构，提高研究生院职工岗位津贴标准，建立以岗定薪、按劳取酬、按业绩奖励的收入分配激励机制，该方案报人事局备案后实施至今。2006年，制定《中国农业科学院研究生院住房补贴发放实施方案》，向无房或住房未达标职工发放补贴。

四、技术职称评定

（一）专业职称评审委员会和评审程序

根据《关于科研人员晋升副研究员、研究员评审工作的通知》（［80］中国农科院（人）字第87号文），研究生院的职称评定工作最早开始于1980年12月，由时任中国农业科学院副秘书长兼研究生院副院长的戴松恩主持，全体职工参与评审。1983年4月29日，特聘张乃凤、李竞雄、邱式邦等7位中国农业科学院其他研究所的知名专家，进行了一名外语教师的高级职称评审工作。1983年9月中央决定对职称评定工作进行整顿。将原来的职称评定改为实行专业技术职务聘任制。1986年2月18日，国务院发布《关于实行专业技术职务聘任制度的规定》（国发［1986］27号文），明确聘任制度的基本内容、岗位设置、任职条件、评审委员会、各类技术职务工资额的确定等。1986年4月，中国农业科学院在总结试点单位经验的基础上，在全院推行首批技术职务的评聘工作。1986年7月，研究生院产生由杨忠源、潘哲、毛国良、李秀云、王素芬组成的中级专业技术职务评定小组。1988年7月，经助研以上干部选举产生第一届中级专业技术职务评审委员会。1991年、1994年、1996年、1997年、2003年选举产生第二届、第三届、第四届、第五届、第六届中级专业技术职务评审委员会（表10－1）。期间，因委员本人参评技术职称、工作调动、退休等原因，多次进行人员调整。

现任的专业技术职称评审委员会是在2003年第六届评委会基础上调整产生的，即主任委员：韩惠鹏，副主任委员：刘荣乐、王秀玲，委员：李志平、王春霞、罗长富、孙红、毛晓霞、闫艳春，外聘专家6位，根据职称评定要求和专家本人时间，临时聘用。秘书长：李志平（兼）。

中级专业技术职务评审委员会主要负责受理研究（含科研管理）及图书、档案人员中级职务的评审和高级职务的推荐工作。研究生院中级专业技术职务评审委员会自成立以来，始终坚持严格按照农业部、中国农业科学院的有关规定，认真组织实施评审工作。评审的程序为：个人申请、公示、作述职报告、答辩、评委会评议、投票表决、依据得票数多少按照中国农业科学院下达的指标，依序报中国农业科学院。1991年前，中级职称由中国农业科学院审批，高级职称还须报农业部核准，核准通过后，以下发文件形式公布。1991年农业部授予中国农业科学院高级职称审批权，自1992年起，高级职称由中国农业科学院高级职称评委会审批后，报农业部备案即可。中级职称由研究生院审批，报中国农业科学院备案。研究生院中级评委会评审推荐高级职称，报中国农业科学院高级职称评审委员会审定。

表 10－1　历届专业技术职务评审委员会委员名单

届别	评审委员会组成
第一届	杨忠源、毛国良、潘哲、李秀云、陈新华、袁珏、王素芬
第二届	杨忠源、王振漪、李秀云、毛国良、宋家祥、侯自新、里景伟、邓庆海、王秀玲、甘晓松、信乃诠、王贤甫、焦彬、李应中、牛若峰
第三届	主任委员：杨忠源 副主任委员：王振漪、毛国良 委员：曹国印、里景伟、宋家祥、侯自新、王秀玲、武然、李信、梅莲芝、王占瑞、陈新华、张汝悌、彭丽芳 秘书长：金莘农
第四届	主任委员：王汝谦 委员：毛国良、牛若峰、贾士荣、马缘生、杜振华、曹国印、李祥义、王秀玲、侯自新、宋家祥、武然、李信、梅莲芝、王占瑞 秘书长：金莘农
第五届	主任委员：王汝谦 委员：曹国印、李祥义、宋家祥、邱健德、张汝悌、李信、王春霞、梅莲芝、武然 外聘委员：梁劬 信乃诠、贾士荣、王秀玲、刘旭 秘书长：梁立新
第六届	主任委员：韩惠鹏 副主任委员：王秀玲、陆庆光 委员：李志平、王春霞、罗长富、孙红、毛晓霞、梁劬，时建忠、杨怀文、孙日飞、陈万权、王志兴、周卫 秘书长：赵庆慧

（二）历年来技术职称评定情况

1981～2009 年，共评聘研究员 19 人，副研究员 32 人，助理研究员 33 人，讲师 1 人，会计师 1 人，馆员 1 人，高级实验师 1 人（表 10－2）。

表 10－2　历年职称评定情况

年份	职称	姓名	批准文号	批准时间
1981	副研究员	章一华	（81）农业（人）字第 2 号	1981.01
		潘　哲		
		李秀云		
1983	研究员	李秀云	（86）农科院（人）字第 364 号	1983.06
	讲师	王素芬	（87）农科院（研）字第 33 号	1983.03

续表

年份	职称	姓名	批准文号	批准时间
1986	研究员	杨忠源	（87）农科院（研）字第 36 号	1986. 09
	副研究员	毛国良		
	助理研究员	张海虹	（87）农科院（研）字第 33 号	
		刘四朝		
		王占瑞		
1987	助理研究员	杨　正	（87）农科院（研）字第 33 号	1987. 11
1988	研究员	潘　哲	（89）农科院（人）字第 38 号	1988. 10
	副研究员	谷顺先	（88）农科院（人）字第 109 号	1988. 02
		袁　珏		
		里景伟	（89）农科（研生）字第 02 号	1988. 10
		侯自新		
		宋家祥		
		车幼屏		
		庞铁军		
	助理研究员	盛松华	（88）农科（研生）字第 19 号	1988. 05
		王　箐	（89）农科（研）字第 14 号	1988. 11
		张汝悌		
		董毅敏		
	会计师	彭丽芳	（87）农科人（技）字第 51 号	1988. 11
1990	助理研究员	罗长富	（91）农科（人技）字第 11 号	1990. 12
		高士军		
1991	助理研究员	王春霞	（92）农科（研）字第 12 号	1991. 12
		郭智群		
		夏　军	（92）农科（研）字第 16 号	
		于子荣		
		翟力娟		
1992	研究员	王振漪	（92）农科院（人）字第 291 号	1992. 03
	副研究员	梅莲芝		
	助理研究员	陈新华	（92）农科（研）字第 17 号	

续表

年份	职称	姓名	批准文号	批准时间
1993	研究员	毛国良	（94）农科院（人）字第136号	1993.11
	副研究员	李　信		
		武　然		
		王秀玲		
		王占瑞		
	助理研究员	张甫山	（93）农科（研）字第25号	1993.08
		许　雷		
1994	助理研究员	黄其正	（94）农科（研）字第16号	1994.08
		王代军		
		蒋希文		
1995	研究员	曹国印	（96）农科院（人）字第39号	1995.12
	副研究员	张汝悌		
	助理研究员	高枫岚	（96）农科（研）字第06号	1995.10
1996	研究员	宋家祥	农职改（96）23号	1996.12
	副研究员	刘四朝		
		王春霞		
		罗长富		
	助理研究员	刘继红	（96）农科（研）字第34号	1996.10
1998	副研究员	于子荣	农职改（98）9号	1998.03
1999	研究员	梅莲芝	农职改（99）13号	1999.03
	副研究员	许　雷		
	助理研究员	赵庆慧	农科研生字（99）第25号	1999.08
		温　洋	农科研生字（99）第35号	
2000	副研究员	毛晓霞	农科院人字［2000］第131号	2000.03
	助理研究员	晁　伟	农科研生字［2000］24号	2000.01
		苏朝晖	农科研生字［2000］26号	2000.05
2001	研究员	陆庆光	农科院人字［2001］78号	2001.02
		武　然		
	副研究员	王代军		

续表

年份	职称	姓名	批准文号	批准时间
2002	研究员	李 信	农职改［2002］3号	2002.01
	副研究员	高枫岚		
		蒋希文		
	助理研究员	王晓兰	农科研生［2003］5号	2002.12
	馆员	张桂英		
2003	研究员	王秀玲	农职改［2002］1号	2003.01
		孙 红		
	副研究员	刘继红		
2005	研究员	韩惠鹏	农科院人［2005］155号	2005.01
		刘兰芝		
	副研究员	赵庆慧		
2006	研究员	王春霞	农科院人［2006］195号	2006.01
	助理研究员	于向鸿	农科院人［2007］133号	2006.08
		田松杰		
2007	研究员	罗长富	农科院人［2007］133号	2007.01
	副研究员	王凤忠		
		温 洋		
	助理研究员	杨建玲	农科院人［2008］117号	2007.07
2008	研究员	许 雷	农科院人［2008］117号	2008.01
	副研究员	潘东芳		
	助理研究员	王恩涛	农科院人［2009］114号	2008.07
		张蓉斌		
2009	研究员	汪勋清	农科院人［2009］114号	2009.01
		潘淑敏		
	高级实验师	胡秀婵		

第三节 档案管理

研究生院档案包括：文书档案、学位档案、人事档案、财务档案、研究生档案五部分。目前，文书档案、财务档案和学位档案在档案室统一管理，职工的人事档案由办公室负责管理，研究生档案由研究生工作处负责管理。

研究生院成立之初没有独立档案室，档案文件并未实行集中管理，而是各类材料保存于各处室。直至1984年5月4日，专门设一名职工为机要保密员，负责保管中央文件、机密文件以及各类档案材料，研究生院档案的收集、整理和管理工作才逐步开始。1985年，研究生院建立了档案室，由专人负责管理，把建院以来全部文件立卷、归档。1988年，整理1979年建院以来的文书档案，完善发文制度，建立大事记。

1989年3～4月，举办全体教职工参加的“文书档案知识学习班”，专题讲授文书档案工作的基本知识、要求和处理方法，增强教职工的档案意识。1990年12月，研究生院成立综合档案室，隶属办公室领导，负责全院除人事和研究生档案以外的档案的收集、整理、保管和查阅借用；并指导兼职档案员具体开展工作。1992年，根据农业部和中国农业科学院档案处的规定与要求，结合研究生院科研单位办学的特点，修改补充完善《研究生院档案管理办法》，建立《档案人员岗位责任制》、《库房管理规定》、《档案借阅制度》、《档案分类标准》、《档案保管期限表说明》等规章制度。截至1992年，档案室拥有17平方米档案库房一间，外有12平方米的工作间，档案柜10组47节，文件柜1个，办公室配有一台计算机及必备的档案装订器具。保存文书档案66卷，仪器设备档案22卷，会计档案290卷，照片档案7盒卷，学位档案689卷。清理建院以来所有现存材料，整理成卷，建立了规章制度，完善库房条件，经中国农业科学院档案处验收，评为90分，达到农业部合格档案室标准，被评为农业部合格档案室。

1997年9月，制定《综合档案室安全保密规定》，随着档案工作逐渐向规范化、标准化、制度化发展，得到农业部档案管理部门的认可。经农办档［1999］1号文批准，1998年12月11日，研究生院综合档案室通过国家二级档案管理验收，晋升为国家二级档案管理单位。同年，农办档［1999］5号文表彰农业部直属科技事业单位在档案工作目标管理活动中有突出贡献人员，彭丽芳、梅莲芝、张桂英、王文录四位职工荣获此项殊荣。

1999年，归档保存的各类档案总计1371卷，其中文书档案298卷（包括会计档案142卷，照片档案16卷），学位档案1073卷（包括硕士学位档案899卷，博士学位档案114卷，在职人员申请硕士学位档案60卷），归档率达98%，完整率95%，合格率100%。截至2009年7月，档案室现有库房面积66平方米，32组档案柜。归档入库保存的各类档案总计4038卷，其中文书档案423卷，学位档案3615卷（包括博士学位档案855卷，硕士学位档案2350卷，在职申请学位档案410卷）。

在校研究生的档案在建院初期由总务处负责管理，随着处室职能的变迁，后由办公室负责管理，1994年成立研究生管理处后，在校研究生的档案存放在研究生管理处，至今仍由研究生工作处负责管理。2007年，为加强档案管理，制定《中国农业科学院研究生院学生档案管理规定》，确定档案管理职责、范围，档案归档、利用、转递、保管与保护的具体规定。目前在校生档案2000余份。

第四节　财务与资产管理

一、财务管理情况

建院之初，研究生院经费由中国农业科学院后勤部会计室代管，1984 年 8 月开始成为独立核算单位，财务工作由研究生院总务处管理。根据（88）中国农业科学院（计行）字第 176 号文精神，经研究生院 1988 年 5 月 24 日院务会研究决定，财务室的隶属关系由总务处领导改为直接由主管副院长领导，成立研究生院会计室，为正科级单位。该部门成立后增加了出纳一名。1991 年，经（91）农科（人技）字第 20 号文批复，根据农科院（91）农科（人干）字第 76 号文精神，研究生院院务会研究并报中国农业科学院人事局批准，决定成立研究生院会计科，隶属办公室。

1980～1985 年，研究生院财务核算性质为差额预算补助，收入不上缴，自行抵减支出，不足部分列入预算拨款，采用收付记账方式。1988 年起，根据国家科研体制改革方案和农牧渔业部、中国农业科学院的统一部署，执行新的科研单位会计制度，实行全额预算的管理形式，即财务收入全部纳入预算，采用借贷记账方式，预算外资金实行“收支两条线”管理。

二、经费来源

1. 国家财政拨款

包括事业费、专项经费（农业部和中国农业科学院专项拨款）、研究生培养经费。根据《关于分配 1985 年硕士研究生招生人数的通知》（（84）农（教研）字第 118 号文）精神，北京农业大学与中国农业科学院 1985 年联合招生。从 1985～2000 年，北京农业大学（现中国农业大学）每年根据中国农业科学院的招生人数向研究生院转拨研究生一年的培养费。中国农业大学划归教育部管辖后，中国农业科学院不再与该校联合招生，此项培养费拨款也随即停止。为保证研究生的培养质量，缓解经费不足带来的困境，经过长时间、多方面的努力，研究生院在 2006 年底得到了财政部批复，把研究生培养经费列入财政部经常性预算项目，从 2006 年开始为研究生院全日制在校研究生解决一年的培养经费，硕士 1 万元（人），博士 1.2 万元（人），此项经费的支持为中国农业科学院培养高层次研究型的农业科技人才提供了保障。

2. 事业收入

包括科研收入、预算外资金收入。预算外资金收入主要包括：研究生培养费和在职申请学位进修费。2001 年，根据《国家计委办公厅、财政部办公厅关于中国农业科学院研究生院研究生培养收费标准的通知》（计办价格［2000］1017 号文）精神，研究生院博士生每生每学年 10000 元，硕士生每生每学年 8000 元。其中，研究所支付的培养费从课题费中列支。在职人员申请博士、硕士学位进修费标准为每生每学年 7000 元。

3. 其他收入

主要包括：各类培训班、房屋出租、国际合作项目收入。

三、财务管理制度

研究生院财务管理一直执行国务院、农业部、中国农业科学院制定的财务管理有关规定，同时为规范财务管理，结合研究生院具体情况，也制定了一系列财务制度。1997 年 7 月，制定《研究生院会计电算化管理制度》。2002 年 11 月制定《研究生院会计岗位责任制》。2002 年 5 月，制定《研究生院公费医疗制度的补充规定》。2003 年 6 月，制定《研究生院科研项目经费管理办法》。2003 年 10 月，制定《研究生院财务管理办法（试行）》。这一系列制度和办法的制定，对研究生院财务管理的规范化、科学化奠定了坚实的基础。

根据上级领导部门的要求和研究生院工作的实际情况，及时、准确地填报各类财务报表，动态掌握财务执行情况、为领导决策提供基础数据依据。为充分保证报表的准确性，财务执行由专人负责报表上报工作。1991 年、1992 年会计报表获中国农业科学院科研事业费决算报表评比二等奖。获得中国农业科学院 1996 年、2000 年度财务决算报表三等奖，2004 年中国农业科学院财务管理工作二等奖。

四、财务收支基本情况（表 10－3）

表 10－3　1984～2008 年收入支出统计（万元）

年份	收入总计	财政补助收入			事业收入		其他收入	总支出
		经常性经费	专项经费	培养专项经费	科研收入	预算外资金收入		
1984	94.84	87.00					7.84	82.40
1985	97.30	85.98					11.32	98.83
1986	103.15	85.85					17.30	103.43
1987	99.62	88.70					10.92	82.20

续表

年份	收入总计	财政补助收入			事业收入		其他收入	总支出
		经常性经费	专项经费	培养专项经费	科研收入	预算外资金收入		
1988	92.28	88.29					3.99	88.10
1989	90.51	85.10					5.41	88.81
1990	109.47	96.10					13.37	103.64
1991	104.30	98.00					6.30	104.30
1992	107.55	98.50					9.05	110.49
1993	134.47	106.67					27.80	118.26
1994	178.36	132.77					45.59	149.63
1995	188.60	133.40	15.00				40.20	189.43
1996	233.08	136.00	14.80				82.28	199.14
1997	267.83	139.00	12.83		116.00			281.00
1998	493.51	141.00	5.59		66.25	195.69	84.98	463.50
1999	413.71	114.00	71.90		10.36	165.58	51.87	541.75
2000	590.00	149.00	126.00		8.00	237.00	70.00	458.6
2001	571.35	167.00	11.62		56.62	283.70	52.41	560.54
2002	772.21	173.85	165.91		35.01	297.00	100.44	1642.68
2003	1474.47	175.67	259.54		0.00	585.50	453.76	1385.86
2004	1880.77	177.69	91.50		61.40	1201.31	348.87	2066.94
2005	2283.83	189.69	102.20		132.06	1532.82	327.06	2557.6
2006	3303.65	267.77	328.20	642.00	102.16	1757.23	206.29	2584.84
2007	3915.83	283.60	657.00	642.00	125.06	1894.83	313.34	4179.1
2008	3943.75	281.60	729.16	701.60	173.85	1754.00	303.54	4501.32

五、固定资产管理

研究生院的固定资产包括房屋、建筑、汽车、仪器设备、办公管理用具、家具设备和图书资料等，全部用于教学和科研工作。资产管理主要包括计划管理、采购管理、仓储管理，使用维护和报损报废，以及物资统计等方面工作。建院初期，资产管理由总务处负责。1985 年办公室成立后，资产管理划归办公室管理，设有物资经济师与物资管理员各一人具体负责物资工作。物资管理实行统一计划、统一订购、统一调度、统一管理。研究生院设有办公用品、劳保用品和杂品库房，由物资管理员按照中国农业科学院有关规定对库房进行管理。图书资料库设在教务处，由教务处指定专人管理。每年 10 月对全院固定资产进行清查，核对账目。1988 年开始了办公用品评定建账、进出库制度，基本上做到了计划进货、账物相符。1990 年根据中国农业科学院物资工作会议要求，制定了固定资产清理计划，做到物资统一管理，分类存放。1992 年清仓缩库，修旧利废，建立固定资产明细账、总账卡片，做到了账、卡、物三者相符。健全完善了各项物资管理办法和规章制度，制定了《物资管理综合实施办法》、《库房管理与领用管理制度》、《物资经济师岗位责任制》和《物资管理员岗位责任制》，使物资工作能够做到入库经验收，保管有专人，处理按规定，领用有手续，有章可循，责任到人。2004 年进一步修订了《研究生院采购管理办法》，规范了采购工作。

研究生院教学实验室及电化教学室拥有较多的贵重仪器和电教设备。为了加强管理，每台尤其是万元以上的仪器和电教设备都建立了使用档案，从仪器说明书、仪器工作记录及维修调试都有详细的记载，设专人管理，责任到人。生化实验室和生物技术实验室内的仪器设备都贴上统一印制的不干胶标牌，各实验室的仪器保管人员都配发了物资登记册。做到实验室药品有专人负责保管，剧毒药品有保险柜。为加强管理与正确使用仪器设备，制定了《实验室规则》、《精密贵重仪器设备管理办法》、《危险物品管理规则》、《语音室使用须知》、《计算机使用规则》、《复印机使用规定》、《研究生院电教设备使用管理规定》、《实验室和实验室仪器设备管理条例》、《研究生院计算机机房设备使用管理规定》等。1993 年 12 月，研究生院物资管理工作获得中国农业科学院国有资产清查统计工作评比二等奖。

第五节　安全保卫与交通管理

一、安全保卫

安全保卫工作在建院初期由总务处具体负责，随着组织机构的变革，办公室也曾负责此项工作，目前培训服务中心承担全院安全保卫的具体工作。作为教学单位，研究生院始终将全体师生的安全保卫工作作为各项工作的重中之重来抓。始终贯彻“安全第一，预防为主”的安全工作方针，从思想上、组织上坚持防治结合、加强教育、群防群治的原则，采取多种措施，切实保障师生的安全和财产不受损失，维护单位正常的工作生活秩序。

1987 年，研究生院教学办公楼建成，生化实验室、生物技术实验室开始建立，为加强安全管理，坚持每季度组织人员对实验室（尤其是剧毒药品）、计算机室、电教语音室、会计室、档案室、学生宿舍等重点防范部位进行一次全面检查，发现问题及时纠正。

1996 年，研究生院成立社会治安综合治理领导小组，下设有安全保卫小组、安全防火小组和交通安全小组。建立了各项安全制度，有安全保卫制度、防火安全制度、保密规定、交通安全管理制度、节假日安全值班制度及安全奖惩制度等。研究生院领导与各部门签订了安全生产责任书，实行谁主管，谁负责。进行安全防范与防火教育和宣传，组织师生学习各项安全规章制度、观看各类安全教育录像，邀请消防人员在全体师生中开展讲座、防火训练，增强安全观念和防范意识，同时加大对安全工作的检查力度。

1997 年，重点加强安全保密工作。调整了保密工作领导小组，组长：李祥义，副组长：彭丽芳、于子荣，组员：张桂英、刘永杰、梁立新。严格执行各项安全保密规定，对于中央文件和各类密级文件，设有专人负责登记、传阅和保管，在内部文件资料的处理过程中，不得擅自外卖，而是统一上缴，集中送印刷厂监销。对于保密级别高、要求严格的研究生入学考试试卷的取送，均按上级规定派专车用密码箱安排专人负责办理。

1999 年 10 月，研究生院成立综合治理委员会，主任：王秀玲，副主任：彭丽芳，委员：于子荣、蒋希文、刘永杰、宋家祥、蔡博鸿、赵庆慧。进一步明确安全责任制度，增强对安全工作的教育、宣传和检查力度，达到全体师生人人讲安全、人人懂安全、人人重安全、人人保安全的目标。

2003 年开始加强安全管理的制度建设，先后制定和修订《研究生院教学楼管理规定》、《研究生院大楼综合管理规定》、《研究生院消防安全管理制度》和《实验室危险药品管理细则》等，规范了各项安全管理制度。

2007 年，研究生院成立安全生产委员会，系统研究制定和修订了有关安全生产规定和应急方案，实施逐级负责的安全责任制，并将各项安全生产工作明确到具体责任人。委员会下设办公室以及四个安全工作小组。2007 年 9 月，研究生院安全生产委员会制定了《安全生产管理制度汇编》，加强了对安全生产工作的管理力度。

为应对信息安全问题，2008 年开始采取积极有效的措施加强了信息安全管理和建设工作，为各处室配置专用不连网电脑、硬盘等设施，保证了全院的信息安全。

研究生院安全保卫工作得到了各级领导的肯定。1992 年获中国农业科学院安全保卫工作检查评比先进单位。金莘农同志获得 1992 年度中国农业科学院安全保卫先进工作者。蔡博鸿同志获得 2001 年度中国农业科学院安全保卫工作先进个人。

二、交通管理

建院初期，研究生院只有一辆上级部门划拨的 212 型吉普车。20 世纪 80 年代初，为了配合教学工作的开展，研究生院开始从北京高等学校和科研单位聘请老师为研究生讲课，根据用车需要，研究生院按照国家车辆配备标准相继购置 4 辆汽车，包括 7 座尼桑面包 1 辆、伏尔加轿车 2 辆、大发面包 1 辆；90 年代，又购置普桑与桑塔纳 2000 各 1 辆、10 座金杯 1 辆。随着研究生院的发展，招生规模的扩大，车辆使用量越来越大，2000 年以来，又购置 4 辆汽车，包括帕萨特 2 辆、凯美瑞 1 辆、斯柯达 23 座轿车 1 辆。在更新车辆的同时，相继处理报废 7 台车辆，目前，有 5 辆车在运行，用于公务、接送聘请教师以及留学生、研究生外出活动。现有专职司机 2 人，车辆和司机由培训服务中心统一管理。

1986 年 3 月，制定《关于汽车司机出车补助费及安全奖、节油奖的规定（试行）》。

1990 年 10 月，制定《派车及用车办法》，修订《研究生院汽车司机出车补助办法》。1995 年 9 月，制定《研究生院车辆管理制度》，规定每周星期三下午为安全活动日、车场日，一日三检，规范车辆管理，把安全责任落到了实处。同时为调动司机出车积极性，保证行车安全和各项任务的完成，调整了司机出车补助办法。加强对机动车辆管理和司机安全行车教育，定期对机动车、非机动车进行安全检查，切实落实安全措施。这些措施保证了研究生院连续 30 年无重大交通事故。

1992 年，蔡博鸿同志被评为海淀区先进驾驶员。1993 年，袁京明同志被评为海淀区先进驾驶员。1999 年，蔡博鸿同志获得海淀区交通安全积极分子称号。2000 年、2003 年、2004 年度，蔡博鸿同志被评为海淀区交通安全优秀管理干部。截至 2008 年，研究生院连续十一年获得海淀区交通安全先进单位光荣称号。

第十一章
党群工作

第一节　中国共产党

一、组织建设

（一）党委、党总支、党支部的建立与换届

1. 历届党组织组成

研究生院建院至今，随着办学规模的不断壮大，党组织的建设经历了从党小组、党支部、党总支、临时党委到党委，成员也随人员变动有所变化。

1979 年，研究生院筹备阶段由章一华、潘哲和石坚竖三位同志组成党小组，隶属于中国农业科学院科研部党支部。1980 年 9 月 30 日，成立研究生院第一届党支部，隶属于中国农业科学院直属机关党委领导，经党员大会选举，章一华、潘哲、赵志范（学生）三位同志当选支部委员。1980 年 9 月至 1983 年 3 月，章一华任支部书记。1983 年 4 月至 1983 年 12 月，潘哲代理支部书记工作。1984 年 1 月至 1985 年 7 月，杨忠源任支部书记。

1985 年 7 月 27 日，中国农业科学院直属单位党委下发《关于建立中共中国农业科学院研究生院总支委员会报告的批复》（［85］中国农业科学院直党字第 18 号文），研究生院成立党总支，总支委员会由总支书记杨忠源、总支副书记兼纪检委员潘哲、组织委员兼保卫委员颜翠柏、宣传委员金莘农、青年委员李新明组成。

1989 年 1 月 11 日，研究生院党总支进行换届选举，总支委员会由总支书记杨忠源、总支副书记兼组织委员金莘农、宣传委员陈新华、监察委员王秀玲、青年委员于子荣组成。

为了加强学生的思想政治工作，经过前后三次报呈请示，于 1990 年 6 月 24 日，中共中国农业科学院直属单位委员会下发《关于研究生院成立临时党委请示的批复》（［1990］直党字第 9 号文），同意成立研究生院临时党委。杨忠源同志主持临时党委工作。委员会由杨忠源、王秀玲、李全刚、陈新华、金莘农组成。同年 7 月，“中国共产党中国农业科学院研究生院临时委员会”印章启用。

1994 年 4 月 27 日，经中共中国农业科学院直属单位委员会（1994）直党字第 9 号文批复，正式成立研究生院党委，启用“中国共产党中国农业科学院研究生院委员会”印章。毛国良同志任党委副书记，主持党委工作。委员会由毛国良、杨忠源、王振漪、金莘农、王秀玲组成。

1995 年 7 月 31 日，经中共中国农业科学院直属单位委员会（1995）直党字第 20 号文批复，同意补选王汝谦、曹国印、李祥义为党委委员。委员会由党委书记王汝谦、副书记兼纪检委员毛国良、组织委员曹国印、宣传委员李祥义、青年委员王秀玲组成。

1996 年 7 月 2 日，经全院党员大会选举，增补陈新华、于子荣为党委委员。委员会由王汝谦、曹国印、李祥义、陈新华、于子荣组成。

1999 年 7 月 20 日，经直党字［1999］17 号文批复，同意补选陆庆光、邱健德为党委委员。王秀玲副书记当年调入并主持党委工作。调整后，委员会由副书记王秀玲、组织委员曹国印、纪检委员陆庆光、宣传委员邱健德、青年委员于子荣组成。

2002 年 1 月 7 日，农科院党组发［2002］2 号，经中国农业科学院党组会议决定，章力建任研究生院常务副院长。研究生院党委进行了补选，调整后，委员会由章力建、王秀玲、陆庆光、邱健德、于子荣组成。

2003 年 5 月，副书记兼副院长韩惠鹏调入后，主持党委工作。12 月 23 日，农科院党组发［2003］66 号，经中国农业科学院党组会议决定，任命韩惠鹏同志任研究生院常务副院长、党委书记。调整后，党委由韩惠鹏、王秀玲、陆庆光、邱健德、于子荣组成。

2005 年 12 月，根据农科院任字［2005］17 号，刘荣乐调任研究生院副院长，农科院党组发［2005］51 号，刘荣乐任研究生院党委委员。调整后，党委委员会由韩惠鹏、王秀玲、刘荣乐、于子荣组成。

2. 研究生院下属党组织组成

（1）教工党支部

1980 年 9 月至 1985 年 6 月，研究生院教工党员与学生党员共同组成一个党支部。1985 年 7 月，研究生院党总支成立后，教工党支部和学生党支部分开，正式成立教工党支部。支部书记：金莘农，委员：彭丽芳、毛国良、杨晓霞。

1989 年 5 月，教工党支部换届改选，支部书记：张贵田，委员：王文录、王占瑞。

1991 年，为了便于开展工作，促进离退休老同志之间的交流和思想上的沟通，根据上级党委精神，成立了离退休党小组，党小组长：潘哲。

1994 年，教工党支部换届改选，支部书记：彭丽芳，委员：王占瑞、王春霞。教工党支部成立四个党小组（办公室、教务处、学生管理处、离退休党小组）。

1997 年 5 月，经中国农业科学院机关党委批准，研究生院党委将原教工党支部改建为三个支部，以处室为单位建立支部。教工一支部，支部书记：李信；委员：王春霞、邱健德。教工二支部，支部书记：梁立新；委员：彭丽芳、刘永杰。教工三支部（离退休党支部），支部书记：潘哲；石坚竖为支部副书记兼组织委员，金莘农为宣传委员。

2001 年 4 月，经研究生院党委会审批通过，教工一支部改选结果，支部书记：邱健德；委员：王春霞、罗长富。教工二支部，支部书记：孙红；委员：梁立新、张贵田。离退休支部，支部书记：潘哲；委员：毛国良、金莘农。

2003 年 11 月 28 日，教工一支部、二支部换届改选。教工一支部，支部书记：孙红；委员：王春霞、汪勋清。教工二支部，支部书记：李志平；委员：王凤忠、高宝军。

2007 年 7 月 2 日，离退休支部举行换届选举，支部书记：曹国印；宋家祥为支部副书记兼宣传委员，彭丽芳为组织委员。

2008 年 5 月 8 日，经研究生院党委会议研究决定，同意三个教工党支部选举结果及其分工情况：教工一支部，支部书记：王春霞；委员：李文才、闫艳春。教工二支部，支部书记：李志平；委员：刘永杰、高宝军。教工三支部，支部书记：孙红；委员：罗长富、杨建玲。

（2）学生党组织

1980 年第一个学生党小组成立，组长王信（学生）。1985 年 7 月 30 日，研究生院党总支委员会第一次会议决定，在学生中设两个党支部，王万恒（学生）任院部支部书记，李新明兼任马连洼支部书记。

1986 年 10 月，学生党支部换届改选，由教工担任学生支部书记。院部支部书记：李永安，马连洼支部书记：邓常青。至 1997 年成立研究生党总支之前，教工中李永安、张贵田、邓庆海、于子荣曾先后担任院部学生支部书记。

1997 年 4 月，经研究生院党委会研究，农科（研生）字［1997］14 号文批复，同意研究生党支部成立党总支委员会，下设三个党支部（博士生支部、硕士生支部、马连洼支部）。总支书记：于子荣，副书记：武靖贤，组织委员：胡英考、张立塔，宣传委员：孙毅。

1998 年 4 月 23 日，经研究生院党委会研究，同意研究生党总支委员调整，总支书记：于子荣、武靖贤，组织委员：赵庆慧、张立塔，宣传委员：杜彦坤。

1999 年，经研究生院党委会研究，同意研究生党总支委员调整，总支书记：于子荣，副书记：赵庆慧，委员：向青、任红艳、张伟。

2001 年 4 月，研究生党总支改选，总支书记：于子荣，副书记：赵庆慧，组织委员：孙君茂，宣传委员：王征南，纪检委员：刘太国。

2002 年 10 月 25 日，研究生党总支改选，总支书记：于子荣，副书记：田亚东，组织委员：王志刚，宣传委员：杨建玲，青年纪检委员：李明新。

2003 年 11 月 18 日，研究生党总支经中国农业科学院人事局《关于同意研究生院研究生党总支书记为正处级的批复》（农科人干［2003］73 号文）批准，升为正处级机构与研究生工作处合署办公。11 月 28 日，研究生党总支改选，总支书记：于子荣，副书记：田亚东，组织委员：回文广，宣传委员：杨建玲，青年纪检委员：李明新。

2005 年 3 月，研究生党总支进行委员补选，总支书记：于子荣，总支副书记：李长生，组织委员：杨建玲，宣传委员：徐东辉，青年纪检委员：张新建。

2006 年 10 月 9 日，研究生党总支进行委员补选，总支书记：于子荣，总支副书记：李长生，组织委员：杨建玲，宣传委员：徐东辉，青年纪检委员：丛义梅。

2007 年 10 月 31 日，经研究生院党委会议研究通过研究生党总支委员调整，补选薛高峰、熊立钢、孙友位、孙丰为总支委员。新总支委员分工，总支书记：于子荣，副书记：

杨建玲，组织委员：孙丰，宣传委员：孙友位，青年委员：薛高峰，纪检委员：丛义梅，文体委员：熊立钢。

2008 年 10 月 20 日，选举黄绍哲为党总支增补委员，担任纪检委员。新总支委员分工，总支书记：于子荣，副书记：杨建玲，组织委员：孙丰，宣传委员：孙友位，青年委员：薛高峰，纪检委员：黄绍哲，文体委员：熊立钢。

（二）党员教育管理

加强党员教育管理，提高党员素质，是加强党的建设，维护党的形象，保证党员发挥先锋模范作用和党组织战斗堡垒作用的关键。研究生院各级党组织充分利用组织生活、党的知识竞赛、演讲比赛、形势报告、实地参观、社会实践等多种形式，有创造性地对教工和学生党员进行教育管理。

要抓好党员教育管理，首先要加强党员干部的教育管理。1985 年 2 月，研究生院党支部总结在整党学习过程中取得的经验，确定党支部委员定期学习制度，每周一个半天，一月一次学习心得交流会，主要学习党的有关文件和方针政策。支部委员每月至少过一次民主生活会，开展批评和自我批评，严肃党纪党风。1986 年开始，按照上级党组织的指示精神，研究生院党总支提出党总支委员和院领导要过好双重组织生活会的要求，定期召开党员领导干部的民主生活会，结合单位和自身存在的问题，联系自身的思想实际和工作作风，开展批评和自我批评。研究生院党委成立后，从 1995 年开始，认真贯彻落实处级以上干部参加的中心组理论学习制度，每年组织 2～4 次中心组理论学习，每次理论学习提前确定主题和重点发言人。每年至少召开 2 次领导干部民主生活会，分析单位发展过程中存在的问题，提出解决办法，与此同时，领导班子个人结合工作实际从思想、工作、生活等方面进行认真剖析，深刻开展批评和自我批评。

为充分保证党员、入党积极分子学习政治理论、开展支部活动的时间，1985 年 5 月，研究生院党总支确定每周三下午为研究生院学生政治学习和集体组织活动时间。1990 年又规定每星期六上午是教工的政治学习、组织活动日。1985 年，为促进在校研究生学习时事政治，提高理论修养，办公室创办《学习与修养》小报，从报刊、杂志摘取有关增强党性、理想纪律教育等理论文章，为同学们提供自学材料。该报每月一期，连续办报 2 年，共 24 期，受到广大同学的热烈欢迎。

30 年来，研究生院始终坚持每年邀请 1～2 位优秀党员、先进模范人物或政治理论专家到研究生院为教工和学生党员上党课，让党员切身感受优秀共产党员的先锋模范作用，提高党员的政治理论水平，增强党性观念。

以重大纪念日为切入点，通过组织党的知识竞赛、形势报告会、演讲比赛、参观、社会实践等活动，开展党员教育。1984 年，研究生院党支部举办“党的政策好，农村发展快”、“音乐和爱国主义”等内容的形势报告会。1987 年，组织党的知识竞赛、“时代的思考”讲演会，积极组织党员、入党积极分子到抗日战争纪念馆、军事博物馆、圆明园遗址等参观。1991 年，组织党员、干部和职工参加中国农业科学院庆祝建党 70 周年举办的“我为党旗添光彩，为党的事业作贡献”文艺汇演，其中合唱取得创作奖，舞蹈取得二等奖。1998年，举办研究生院庆“七一”、学习“十五大”知识竞赛，以党支部为单位参赛，教工与学生同场比赛，提高了师生理论学习的兴趣，收到良好效果。2000年7月11日，组织全体教工党员、积极分子到中国人民解放军总参防化指挥学院参观。2002年6月15日，组织全体教工党员和积极分子到狼牙山参观。2004年，研究生院党委在全体党员中开展建党83周年“七一”征文活动；在“七一”前夕，组织全体职工参观西柏坡革命圣地。2005年，开展保持共产党员先进性教育期间，与农业部合作，开展以“科技兴农，党员争先”为主题的下乡实践活动，选出11名涉及7个专业的博士研究生党员参加2005年全国农业科技入户春季行动，使研究生党员在实践中加强党性锻炼，增强党员意识。2006年，研究生院党委组织教工党员参观上海“一大”会址和观看以“伟大壮举 光辉历程”为主题的纪念中国工农红军长征胜利70周年展览。2007年7月，研究生院党委组织全体党员和入党积极分子参观由香港特别行政区政府在首都博物馆举办的“回归十周年成就展览”。2008年11月，研究生院党委组织全体职工党员和积极分子参观考察天津滨海新区。

1997年，研究生党总支成立后，进行了创建标准党支部的试点工作。根据农业部直属机关党委下发的《关于开展“创建标准党支部”工作的实施方案》和《“标准党支部”验收标准及考评办法（试行）》，针对研究生支部的特点，制定《研究生院研究生党总支“标准党支部”考评验收内容、标准及考评办法》。根据该考评办法，在党支部和党员进行民主评议基础上进行考评验收，开展“创建标准党支部”活动，进一步督促各支部工作实现正常化、规范化和制度化。至2009年度，每年的“标准党支部”的验收中，各学生党支部均通过验收，考评合格率达到100%。经过研究生党总支的试点工作，教工党支部随后也开展了“标准党支部”的创建活动，每年年终对各支部进行考评验收，随着创建活动的不断深入，近年来，教工党支部的工作逐渐实现了正常化、规范化和制度化，包括离退休党支部在内的各支部均通过验收。在创建“标准党支部”的基础上，开展“争先创优”活动，并以“七一”入党宣誓、表彰大会为契机，对优秀党员、先进党支部进行表彰，增强全体党员的党性观念。据不完全统计，截至2009年7月，共表彰研究生院级教工优秀党员近20人，教工优秀党务工作者10余人，学生优秀党员100余人，学生优秀党务工作者近10人，学生先进党支部近20个。

研究生院学生党员流动性强，为保证各项工作的顺利开展，必须根据学生入学、回研究所、毕业等因素，及时调整党支部组成，适时开展教育活动。根据《中共中央、国务院关于进一步加强和改进大学生思想政治教育的意见》（中发［2004］16号文）中“党支部建在班上”的精神，自2005级新生入学开始，研究生院以学生班级为单位建立党支部，并根据二年级学生回研究所、毕业生离校等情况，及时进行支部调整。每年10月中旬，选拔政治素质好、群众威信高、工作能力强、热心于党务工作的优秀学生党员作为学生党支部委员的候选人。2001年，研究生党总支编写了《中国农业科学院研究生院研究生党支部工作手册》，指导研究生党支部工作。从2003年开始，针对新当选的党支部委员党龄小、从事党务工作经验少等客观情况，在研究生院党委的大力支持下，研究生党总支开始组织党支部委员培训班，对新当选的党支部委员进行培训，提高支部委员的思想水平和工作意识，保证党务工作正常有序地开展。为加强对新生党员的教育管理，2005年保持党员先进性教育活动开展以来，研究生党总支把先进性教育纳入学生德育工作与教育活动中，以提高学生党员综合素质为目标，以建立研究生党员“长期受教育，永保先进性”的长效机制为主要内容在新生党员中开展保持共产党员先进性主题教育活动。至2008年，已经连续在三届新生近千名党员中开展了保持共产党员先进性主题教育活动。

多年来研究生院的党务工作得到了各级领导的认可，也获得了诸多荣誉。学生党员孔令让、回文广获得中国农业科学院优秀党员称号，教工梁立新、邱健德、赵庆慧、汪勋清、刘兰芝、李志平等先后获得中国农业科学院优秀党员称号，于子荣、邓庆海、王秀玲曾被评为中国农业科学院优秀党务工作者。1994年，学生支部被评为中国农业科学院优秀党支部。1998年，学生第三党支部获得中国农业科学院先进基层党组织称号。2000年，胡玉琴博士代表中国农业科学院参加农业部建党80周年演讲比赛，获得三等奖。研究生党总支2004年先后荣获中国农业科学院“先进党总支”和农业部直属机关党委“先进基层党组织”称号。2004年和2006年研究生院党委连续两届分别荣获中国农业科学院2002～2003年度和2004～2005年度先进基层党委。2008年研究生党总支获中国农业科学院2006～2007年度先进基层党组织。

（三）组织发展

1981年，研究生院发展了第一个学生党员，即第一届研究生金继运。1982年，发展了第一个教工党员戴松恩。由于建院工作繁重，1984年以前的5年中，仅发展了3名研究生党员和1名教工党员。1984年，在整党工作进行过程中，研究生院党支部认识到，对研究生的培养不仅要提高业务水平，更重要的是把他们培养成为社会主义事业的合格接班人，把优秀分子吸收到党的队伍是一项迫切的政治任务。研究生院党支部提出“积极热情地培养，慎重及时地发展”的方针，克服新中国成立以来长期存在的“左”的思想，1984年8月支部专门配备了一名党员干部，专职负责研究生党员发展工作。1985年初，党中央发出大量吸收优秀知识分子入党的号召。研究生院党总支积极开展对教工和研究生入党积极分子的培养、考察工作。本着“成熟一个发展一个”的原则，1984年6月至1986年11月，共发展56名研究生入党。近年来，党中央提出“早发现、早教育、有计划、有步骤地把基本素质好、入党积极性高的优秀团员、骨干分子吸收到入党积极分子队伍中来”。研究生院党委按照党中央的部署，坚持“坚持标准，保证质量，改善结构，慎重发展”的原则，严把发展党员质量关，对整个发展过程实施全程监控。院领导、党办或学生党总支工作人员找预备党员谈话了解情况，经党委会把关后才能发展。经过不断的努力，把一大批优秀的教职工和研究生团结在党的周围。近三年来每年发展党员都超过100人（表11-1）。

表11-1　历年发展、转正党员人数统计

年份	发展党员人数	转正党员人数	备注
1981	1	2	
1982	2		其中发展教工1人
1983	1	1	

续表

年份	发展党员人数	转正党员人数	备注
1984	11		其中发展教工1人
1985	29	8	其中发展教工1人
1986	21	2	其中发展教工2人
1987	13	资料不详	
1988	9	资料不详	其中发展教工1人
1989	4	1	其中发展教工1人
1990	3	4	
1991	2	3	
1992	5	资料不详	
1993	3	3	
1994	3	5	
1995	8	6	其中发展教工1人
1996	9	5	其中发展教工2人
1997	10	10	
1998	11	4	
1999	12	7	
2000	16	10	其中发展教工1人
2001	7	11	
2002	16	14	其中发展教工1人
2003	17	12	
2004	26	37	
2005	43	54	
2006	116	96	其中发展教工2人
2007	118	103	其中发展教工1人
2008	130	127	
总计	646	525	

对入党积极分子的培养、教育和考察，搞好入党积极分子队伍建设，是做好发展党员工作的基础和关键，是党组织提高党员质量的重要环节。为了提高积极分子的政治理论水平，保证发展党员的质量，1983年12月至1984年6月，以学生党小组为单位组织党课学习。1991年后，研究生党总支在学生中举办入党积极分子培训班，1991～2003年，每年一期，从2004年至今，每年两期，累计培训入党积极分子近1200名。2005年，研究生党

总支编写了《中国农业科学院研究生院入党积极分子必读》，作为入党积极分子培训班的基础培训教材。

二、思想建设

1983 年 11 月至 1985 年 2 月，根据中共中央关于整党的决定，坚持“统一思想，整顿作风，加强纪律，纯洁组织”16 字要求，开展整党工作。研究生院党支部共有党员 22 人（职工党员 8 人，学生党员 14 人），除一名老教工因病请假，3 名研究生在南京农学院代培，其余 18 名同志自始至终参加了整党的各项活动。每个党员都联系自己的思想实际开展批评与自我批评，写出整党对照检查提纲，做了学习心得笔记。整党中，还着重抓了端正业务指导思想的问题。同时，积极探索教育改革的新思路，通过召开各类人员参加的改革座谈会，听取专家、学者、导师、各所室的负责人对研究生院工作的建议，收到书面建议 4 份，口头建议近 100 条。通过此次整党学习，统一了党员的思想认识，端正了全体教职员工业务指导思想，增强了党员对实现四化的责任感，进一步激发了师生的政治热情。

1989 年，根据上级党委的指示精神，围绕着政治风波、反思教育、清查工作，传达贯彻党的十三届四中全会、十三届五中全会精神，开展了大量工作。并要求“在所学习的研究生实事求是严肃认真地反思并写出文字小结，送请导师和所里签署意见后函寄研究生院”。

1990 年 1～3 月，根据中共中央关于在部分单位进行一次党员重新登记的决定，按照中国农业科学院直属机关党委《关于党员重新登记工作的实施方案》的要求，研究生院党总支开展了党员重新登记工作。制定《中国农业科学院研究生院党员重新登记工作具体安排实施计划》，成立党员重新登记领导小组，对全体党员进行一次做合格共产党员的教育，进行党的思想、组织、作风的整顿，使党员增强了党员意识和党性观念。应参加登记的 48 名党员，全部通过组织鉴定，重新进行了登记。

1999 年 7～9 月，分三个阶段开展“三讲”教育，严格按照上级要求成立了研究生院“三讲”教育领导小组和“三讲”教育办公室，制定了“三讲”实施方案。通过召开民主生活会，自我剖析，促进了处以上领导干部改造世界观的自觉性，增强了党性，提高了政策理论水平，有力地推动了廉洁自律和各项业务工作的开展。

2005 年 1～6 月，根据党中央的部署，开展“保持共产党员先进性教育活动”。研究生院教职工党支部 3 个（其中在职 2 个，离退休 1 个），教职工党员 39 人（在职党员 26 人，离退休党员 13 人）；学生党支部 15 个，学生党员 336 人，在这次先进性教育活动中，党员参与率达到了 100%。整个教育活动，从制定《中国农业科学院研究生院先进性教育活动实施方案》到各阶段工作安排和落实，研究生院党委精心组织，扎实运作，教工和学生分步实施，两套班子，两套方案，都做到了每个阶段有动员、有部署、有检查、有落实。在全体党员的共同努力下，在职工群众和广大研究生的积极参与中，研究生院较好地完成了先进性教育活动实施方案中规定的内容，达到了提高党员素质，促进业务工作的目的。群众对研究生院先进性教育活动总体评价满意度达 100%。

2008年10月至2009年3月，研究生院党委根据党中央、农业部党组和中国农业科学院党组的部署，紧紧围绕“党员干部受教育、科学发展上水平、人民群众得实惠”总要求，围绕“解放思想、自主创新、提升能力、服务三农”的主题，紧密结合农业科技自主创新实际、研究生教育管理工作实际，扎实开展“深入学习实践科学发展观活动”。成立了中国农业科学院研究生院领导小组，制定《中国农业科学院研究生院关于开展深入学习实践科学发展观活动的实施方案（教工）》和《研究生党总支关于开展深入学习科学发展观活动的实施方案（学生）》两套工作方案，分别针对教工和学生的不同情况有针对性地开展学习实践活动。在全体党员中进行了动员，广泛开展主题实践和思想大讨论活动。10月底，组织全体职工党员和积极分子参观考察了天津滨海新区。同时，由院领导带队，分三个小组深入中国农业科学院院属京内14个研究所进行研究生培养情况调研，及时发现研究生教育管理方面存在的问题和不足，多方面征求党员群众的意见，并专门召开总结会讨论整改措施，形成了高质量的分析检查报告和整改落实方案。通过学习实践科学发展观活动，全体教职工和研究生党员加深了对科学发展观的理解，形成了对研究生教育事业科学发展的共识，理清了思路，明确了整改方向、目标和措施，取得了切实的成效。

三、党风廉政建设

搞好党风廉政建设，关系党和国家的前途命运。单位廉政建设的好坏，关键在于领导和干部。研究生院党委严格要求处以上领导干部带头学习执行各项法律法规和条例制度，认真贯彻党中央反腐败工作会议和中纪委文件精神，严于律己，做到廉政勤政。从1985年研究生院党总支成立开始，到成立研究生院党委，到研究生党总支的委员中均设有纪检委员，负责纪检监察工作。张贵田、梁立新、李志平同志曾先后担任监察审计员。为加大监察力度，1998年上半年成立了纪检监察小组，设立了群众意见箱和举报箱，接受广大师生的监督。坚持按季度向监察局汇报工作情况，进行处级以上领导干部学习《党风廉政法律法规》的测试，提高法制意识，增强法制观念。近年来，把廉政建设内容作为中心组理论学习专题，认真体会和学习，并结合研究生院的实际，运用经常性教育、正反典型教育、预防教育、个别教育等多种方式，促使广大干部职工克服对党纪国法制裁的侥幸心理、对利益诱惑的不平衡心理，对不良风气的从众心理以及对组织和群众监督的不平衡心理，自觉树立正确的人生观、价值观、政绩观，积极做好本职工作，不断提高思想素质。2006年，研究生院党委组织学习中共中央办公厅、国务院办公厅《关于开展治理商业贿赂专项工作的意见》和中国农业科学院党组实施意见，明确了开展专项治理的总体要求、基本原则、治理重点，并且联系本单位的实际情况对该项工作进行了具体安排，制定了研究生院开展治理商业贿赂专项工作方案，并实事求是地分析了研究生院是否存在产生商业贿赂问题的隐患，对本单位就商业贿赂问题进行了自查、自纠，及时向上级有关部门递交了专项报告。研究生院党委为了进一步完善党风廉政建设责任制，把党风廉政建设纳入业务工作之中，一起部署、一起落实、一起检查和一起考核。对致使国家、集体财产受重大损失或造成重大影响的，按照责任制，严格追究责任。为了保证党委领导工作的公正性、廉洁性，党委领导班子团结协作，重大问题集体讨论决策，通过党委会、院长办公会、院务会、全体职工大会等会议制度将党委领导决策透明化，同时全面发挥了职代会和工会的监督保证作用。

第二节　工会、职代会

一、工会

（一）工会委员会

研究生院建院初期由于职工较少，工会工作虽由专人负责，但工会的组织机构不很健全。随着研究生院的发展，工会组织建设也逐渐得到加强。1980 年 1 月成立工会小组，由章一华、潘哲、石坚竖、李守珍组成。1986 年，经研究生院职工选举，由李守珍、张海虹、盛松华组成第一届工会委员会，李守珍任工会副主席。

1988 年 1 月研究生院工会委员会经过改选，由王文录、李守珍、张海虹、梁立新、翟力娟组成第二届工会委员会。为加强工会工作，自 1988 年起，在各处室成立工会小组，选举小组长，配合工会委员工作。

1991 年 1 月工会委员会换届，由宋家祥、彭丽芳、于子荣、郭智群、刘永杰组成第三届委员会。

1995 年 12 月，工会委员会换届，由李祥义、宋家祥、彭丽芳、张海虹、张双铁组成第四届委员会，后因工作需要补选蔡博鸿、张桂英。

2005 年 7 月 15 日，经职代会选举产生研究生院第五届工会：工会主席：王秀玲；副主席兼经审委员：蔡博鸿；委员：刘宇航，文体兼生活委员；杨建玲，宣传兼文体委员；田松杰，组织兼生活委员。后因工作需要，2007 年补选高雷。

（二）工会工作

在中国农业科学院工会和研究生院党委的领导和支持下，研究生院工会进行了组织建设，逐年发展新的工会会员，按时收缴工会会费，及时上报工会财务报表，组织职工旅游、休假，组织中小学生假期校外活动，为大龄青年搭鹊桥，为职工办理家庭财产保险，参与分房售房，为困难职工解决实际问题，为职工办实事做好事，并与团委、研究生会配合，开展了一些文体活动，如篮球赛、乒乓球赛、知识竞赛、师生运动会、书画摄影展等，举办了教师联欢会、中秋联欢会、新年联欢会等活动。同时，工会组织全体师生，积极参加中国农业科学院举办的各项大型文体活动，如运动会、篮球、排球、乒乓球、象棋、围棋、标准舞比赛等。曾经取得中国农业科学院1997年女篮邀请赛第二名、象棋赛第二名，中国农业科学院1988年、1990年两届“七・五”杯球类运动会的男排和女乒团体冠军、女排亚军的好成绩。参加历次中国农业科学院庆祝“七一”、“十一”文艺汇演，第一、第二、第三、第四、第五届中国农业科学院职工运动会等。其中，参加第三届运动会获得总分第三名和精神文明奖，第四届运动会获得总分第四名，第五届运动会获得组织奖；参加中国农业科学院院庆四十周年文艺汇演，研究生院编演的音乐舞蹈诗《研究生院在前进》荣获表演三等奖和优秀创作奖，中国农业科学院“庆祝中华人民共和国成立五十周年”文艺汇演，研究生院编演的歌舞《歌颂祖国》获创作三等奖，中国农业科学院庆祝建国51周年举办的“东方红史诗”大合唱，获得二等奖，中国农业科学院纪念长征胜利七十周年文艺汇演，研究生院编演的短剧《农情》获得三等奖。

1996年研究生院建立职工之家，1997年经验收被授予“合格职工之家”称号。为进一步加强职工民主管理，在研究生院党委的领导和支持下，1998年6月和2005年7月成功地召开了第一、第二届职代会。2006年，工会组建了职工健身房，配备了活动器材，为提高职工身体素质提供了条件。多年来在工会的各项活动中，涌现出一批活动积极分子，王振漪、王汝谦同志曾被评为农业部“职工之友”、韩惠鹏同志曾荣获中国农业科学院“职工之友”称号。蔡博鸿、杨建玲同志荣获中国农业科学院“优秀工会干部”称号。李守珍同志曾被评为北京市“优秀红娘”，刘永杰、梁立新、蔡博鸿、张海虹等同志曾被评为农业部“工会积极分子”，宋家祥、李祥义同志曾被评为农业部“优秀工会干部”。研究生院工会荣获中国农业科学院1997～1998年度“先进职工之家”称号，办公室工会小组曾评为农业部“优秀工会小组”。在中国农业科学院工会财务报表评比中，2001年度获得二等奖，2002年度获得一等奖。研究生院工会获得1999年度和2006～2008年度中国农业科学院“优秀工会工作奖”。

二、职代会

1998年6月12日，研究生院召开第一届职工代表大会，民主选举产生七名职工代表：邱健德、宋家祥、罗长富、张海虹、晁伟、赵庆慧、刘继红，成立了研究生院第一届职代会，邱健德任执行主席。

2005年7月15日，召开第五届工会暨第二届职代会换届大会，大会审核通过了《研究生院职工代表大会工作实施细则》，通过了九名第二届职代会代表名单。主席：王秀玲，副主席：李志平，常任代表：罗长富、晁伟、许雷、王晓兰、杨建玲、李毅刚、李霞。

职代会自成立以来，每年都对研究生院工作和群众关心的热点问题以及教育改革、发展规划等向院党委和领导提出意见和建议。日常工作中，代表们注意收集听取职工对研究生院工作的意见和建议，及时向院领导和有关部门反馈，对于改进工作起到了积极作用，发挥职工的民主监督作用，为领导决策提供重要保证。积极参与研究生院重大决策，在2001年和2003年人事制度改革中发挥积极作用，在职工收入分配等关系职工切身利益的大事决策上起到上情下达，下情上传的作用。

第三节　团委、研究生会

一、教工团支部

研究生院教工团支部成立于1982年，赵明、于子荣、夏军曾先后担任团支部书记。先后发展雒晶、李巍等入团。教工团支部在带领青年职工开展文体活动的同时，积极配合研究生院党组织、工会开展各项群众活动。随着28周岁以下职工人数的逐渐减少，90年代中期，教工团支部逐渐合并到学生的团组织中。

二、学生团组织

由于建院初期研究生院招收的学生一年级的课程学习阶段要外送到南京农学院（现南京农业大学）等高校，二年级直接回到各研究所跟随导师开始论文研究工作，所以学生中的团组织并未建立。直至1982年，随着院部学生数量的增多，学生中成立了团支部。1983年，经中国农业科学院团委批准，研究生院成立团总支。1984年9月研究生院临时团委成立，杨正（教工）担任临时团委书记。虽然在1984年第一届团代会及第一届研究生学代会召开之前，研究生院并没有真正成立研究生会，但经过同学们自荐和相互推荐，研究生院曾先后推选许善达（81级硕士研究生）、邵中子（82级硕士研究生）担任研究生会主席。随着1984年第一届团代会及第一届研究生学代会的召开，研究生院的团学组织开始走向正轨，并不断发展壮大，为推动全院学生思想教育和校园文化建设做出了积极的贡献。

1984年12月27日，召开研究生院第一届团代会及第一届研究生学代会。杨正当选团委书记，乔成家当选研究生会主席。

1985年12月11日，召开研究生院第二届研究生代表大会。赵龙跃当选研究生会主席。

1986年11月14日，召开研究生院第二届团代会、第三届学代会。高士军当选团委书记，王国庆当选研究生会主席。

1987年12月2日，召开研究生院第四届研究生会代表大会，选举陈同斌为研究生会主席。

1988年11月23日，召开研究生院第三届团代会、第五届学代会。于子荣为代理团委书记，郭训成当选研究生会主席。

1990年10月6日，召开研究生院第四届团代会、第六届学代会。于子荣当选团委书记，孟奎当选研究生会主席。

1991年10月8日，召开研究生院第七次研究生代表大会、第四届二次团的工作会议。于子荣当选团委书记，仇学军当选研究生会主席。

1992年10月10日，召开研究生院第五次团员代表大会、第八次研究生代表大会。于子荣当选团委书记，王若军当选研究生会主席。

1993年10月15日，召开研究生院五届二次团代会、第九届研究生代表会议。于子荣当选团委书记，陈思根当选研究生会主席。

1994年9月21日，召开研究生院五届三次团代会、第十届研究生代表会议。于子荣当选团委书记，陈国胜当选研究生会主席。

1995年10月6日，召开研究生院第六届第一次团代会、第十一届研究生代表会议。于子荣当选团委书记，陈国胜连任研究生会主席。

1996年10月11日，召开研究生院六届第二次团代会、第十二届研究生代表会议。选举产生团委书记于子荣，王凤忠当选研究生会主席。

1997年10月10日，召开研究生院第七届团代会、第十三届研究生代表大会。赵庆慧当选团委书记，顾金刚当选研究生会主席。

1998年10月9日，召开研究生院七届二次团代会、第十四届研究生代表会议。赵庆慧当选团委书记，辛文当选研究生会主席。

1999年10月15日，召开研究生院第八届团代会、第十五届研究生代表会议。赵庆慧当选团委书记，董宝军当选研究生会主席。

2000年10月13日，召开研究生院第八届二次团代会、第十六届研究生代表会议。马启彬当选研究生会主席。

2001年10月12日，召开研究生院共青团第九届、第十七次研究生代表大会，赵庆慧当选团委书记，回文广当选研究生会主席。

2002年10月，召开研究生院共青团第九届二次、第十八次研究生代表大会，赵庆慧当选团委书记，段成立当选研究生会主席。

2003年10月17日，召开研究生院共青团第十次、第十九次研究生代表大会。赵庆慧当选团委书记，刘士杰当选研究生会主席。

2004年10月15日，召开研究生院共青团第十届二次工作会、第二十次研究生代表大会。杨建玲当选团委书记，侯胜强当选研究生会主席。

2005年10月18日，召开研究生院共青团第十一次、第二十一次研究生代表大会。杨建玲当选团委书记，赵鲁当选研究生会主席。

2006年10月16日，召开研究生院共青团第十二次、第二十二次研究生代表大会。杨建玲当选团委书记，王素雅当选研究生会主席。

2007年10月12日，召开研究生院共青团第十三次、第二十三次研究生代表大会。杨建玲当选团委书记，云强当选研究生会主席。

2008年10月10日，召开研究生院共青团第十四次、第二十四次研究生代表大会。王杕当选团委书记，李伟明当选研究生会主席。

第四节 妇委会

1996年7月，根据（96）农科（妇）字第3号文的要求，经研究生院全体女职工大会选举，研究生院党委批准，由邱健德、彭丽芳、梁立新三位同志组成研究生院第一届妇女委员会，邱健德任妇委会主任（［96］农科（研）字第25号文）。

2005年7月15日，第五届工会暨第二届职代会换届大会召开之际，同时进行了妇委会的换届选举，产生四名妇委会委员，其中主任委员：王秀玲，副主任委员：李志平，委员：张桂英、王晓兰。

多年来，研究生院妇委会，积极发扬女职工的“四自”精神即自尊、自强、自信和自立，发扬“巾帼不让须眉”的干劲，使她们在各项工作中发挥了重要作用。1992年、1993年彭丽芳获得中国农业科学院计划生育先进个人。李守珍多次被评为“先进女工干部”。研究生院妇委会荣获“2004年度中央国家机关先进基层妇女组织”称号。2006年3月获得中央国家机关“巾帼建功先进集体”和“全国三八红旗集体”。王秀玲连续两次当选2005～2006年度和2007～2008年度中国农业科学院“优秀妇女工作干部”，韩惠鹏连续两次当选2005～2006年度和2007～2008年度中国农业科学院“妇女之友”。李志平被评为2007～2008年度中国农业科学院“巾帼建功”标兵。

研究生院在2007年和2008年度两次被评为中国农业科学院“计划生育工作先进集体”。

第十二章 校园文化与精神文明建设

作为培养高素质人才的教学单位，研究生院始终将营造积极向上的校园文化氛围作为全院精神文明建设的重要内容。以“办好人民满意教育”、“构建和谐校园”为宗旨，紧紧围绕“人才基地建设”的战略目标，始终坚持“两手抓、两手都要硬”的工作方针，积极开展三个文明建设。

第一节 校园文化建设

一、校园文化活动

研究生院各级团学组织积极带领广大研究生开展各种丰富多彩的文体、学术活动，丰富同学们业余文化生活的同时，为广大同学提供了施展才华的舞台，营造了积极向上的校园文化氛围。建院至今，经常性举办的活动包括，各类棋牌比赛，如象棋、跳棋、围棋、军棋、桥牌；组织参观游览，如军事博物馆、毛主席纪念堂、长城、圆明园、宋庆龄故居等；各类体育比赛，如羽毛球、乒乓球、篮球、排球、足球、跳绳比赛，趣味运动会，长跑接力比赛，师生运动会；各种培训，如交谊舞培训、礼仪培训、实验技能培训等；各类演讲赛、辩论赛、知识竞赛、短剧大赛、卡拉 OK 比赛、书画摄影大赛、大合唱比赛等；各类联欢会，如元旦联欢会、迎新生联欢会、中美学生联欢会、中秋联欢会等；举办政治、经济、音乐、美术、文学、心理学等专家讲座、报告。

1985 年，研究生会受北京市学联研究生部学术理事会的委托，主持“首都研究生生物农林学术分会”，促进了中国农业科学院研究生及首都生物农林类研究生之间的学术交流与合作。1985 年 5 月，为纪念“五·四”运动六十六周年，研究生会举办了首届研究生书画、摄影集邮展览。收到书法作品 19 幅，绘画作品 11 幅，摄影作品 43 幅，集邮 3 人参赛。1985 年 8 月，研究生会会同中国科学院研究生会、社会科学院研究生会在太原市召开“全国青年理论工作者和青年企事业家改革研讨会”。

1987 年 5 月，研究生会与西藏阿里地区经济计划委员会达成协议，帮助他们进行农业经济发展战略的整体设计。陶智松、张峭同学赴藏 4 个多月，完成上万字的经济资源考察报告，受到国家民委的好评。1987 年暑假期间，组织社会调查，农业经济管理专业研究生胡从九同学的报告《来自贫困地区的思考》荣获中央书记处农研室、国务院农研中心和团中央联合颁发的“暑假农村调查征文”三等奖。

1990 年 1 月，由中国农学会、农业部政策法规司、劳动人事司和部直属机关团委联合举办的农业部机关、直属企业事业单位第二届青年优秀论文评选活动中，研究生院选送的 4 篇文章，其中 2 篇文章获得一等奖，2 篇获得鼓励奖。1990 年 3～5 月，开展“团员意识教育、民主评议团员活动”，认真进行团的组织整顿和思想整顿，提高团员政治素质和思想素质，提高基层团组织的战斗力和凝聚力。

1994 年，研究生院 4 名女硕士生参加了“首都大学生与农村妇女手拉手活动”，深入到平谷县半山区农村，进村入户进行实地调查，撰写报告并到北京市妇联组织的交流会上作报告。

1997 年，开展迎接香港回归英语演讲比赛。1997 年 6 月起，在“希望工程手拉手”活动中，主动与湖北省房县尧淮乡东沟小学的谢传雨、周小艳两位特困学生结为对子，以特殊团费的形式对口资助。12 月 6 日，举办纪念“一二・九”运动精神文明知识竞赛。根据农业部团委和中国农业科学院团委的部署，在青年中开展读书活动（此项活动一直持续至今）。在中国农业科学院团委的大力支持下，研究生院购买了一批新书并利用当时的现有存书，在研究生院团委开辟了“图书架”，对团员青年开放，并有一名团委委员专门负责图书的借阅工作。11 月 14 日，应广大同学的要求成立了研究生院文学社暨读书社。

1998 年，“五・四”期间举办了“五・四艺术展”和“纪念五・四　做跨世纪高科技人才”大型演讲比赛。同时，参加军艺团委和中国农业科学院团委共同举办的“五・四”军民联欢会等活动。首次成立研究生院升旗队，每到“七・一”、“十・一”组织全体同学参加升国旗仪式。

1999 年 4 月，组建研究生院篮球队，与中国人民大学共同发起组织海淀区高校研究生篮球邀请赛，研究生院获得最佳组织奖。纪念“五・四”运动八十周年先后举办辩论赛、卡拉 OK 比赛、书画展等活动。举办迎澳门回归知识竞赛。积极响应北京团市委“向母亲河捐款”活动的倡议，两天内 94 名团员捐款人民币 895 元整。

2004 年 12 月 4 日，举办纪念“一二・九”运动六十九周年大合唱比赛，这是研究生院首次以大合唱比赛的形式纪念“一二・九”运动，包括 2004 级硕士 1～10 班和马连洼代表队，共有 11 支代表队参赛，活动得到了研究生院领导和广大同学的一致好评，作为研究生院的传统学生活动一直延续至今。

2005 年 10～11 月，按照中国农业科学院团委的部署，开展以学习实践“三个代表”重要思想为主要内容的增强团员意识主题教育活动。通过组织团员青年学习推荐书目、听取“三农”问题专家温铁军教授的讲座、开展主题团日等活动，提高了广大团员青年自身素质，增强了模范意识。7 月，学生篮球队参加第一届北京地区科研院所篮球联赛，夺得亚军。团委组织排练的舞蹈《月光下的凤尾竹》在 2005 年元旦农业部职工文艺汇演中获得了舞蹈类节目优秀节目奖、中国农业科学院职工文艺汇演二等奖。

2006 年 4～5 月，研究生院举办首届学术节。此次学术节由研究生会主办，以“新农村 新人才”为主题，特邀中国农业科学院刘更另院士作开场报告。《科技日报》、

《农民日报》、人民网、中国农业科学院闭路电视等多家媒体争相报道了此次活动。学术节活动不仅为广大博士和硕士研究生提供了展示自我的空间，更活跃了研究生院学生的学术思想，提高了科研素质与学术水平，增进了同学们相互之间的学术交流，营造了热爱科学、崇尚科学的学术氛围。2007 年 4～5 月，研究生院与中国农业科学院科技局共同举办第二届学术节，以“破浪扬帆，新人才开拓之路”为主题。开幕式邀请了国家最高科学技术奖获得者李振声院士作报告，取得了良好的实际效果和社会效应。2008 年 4 月，与中国农业科学院科技局共同举办以“攀学术高峰 兴现代农业”为主题的第三届学术节，确定了学术节会徽和博士下乡团名称，启动了研究生院“知行”博士下乡团，开幕式邀请了张子仪院士作报告。目前，学术节活动已经作为研究生院的精品学生活动，定于每年的 4～5 月期间举办。

2006 年 6 月 4 日，研究生院举办首届师生运动会，共有包括 04 级硕士联队、04 级博士联队、05 级博士联队、05 级硕士 12 个班队、马连洼联队、教工等 17 支代表队 200 多名运动员参加比赛。至 2009 年 6 月，研究生院师生运动会已经连续举办四届，此项活动将作为一项传统活动一直延续下去。

2006 年 12 月，研究生院举办首届科研院所学位与研究生教育工作网研究生英语演讲比赛决赛。共有 15 个院校参赛，2006 级硕士研究生田佳妮同学获得一等奖，研究生院获得最佳组织奖。

2007 年 4 月，举办首届全国科研院所学位与研究生教育工作网研究生乒乓球比赛。共有 18 个科研单位参赛，研究生院 2005 级硕士研究生陈冰嫣获得女单亚军，研究生院获得最佳组织奖。5～6 月，举办研究生院“校园因你而美丽”校园艺术节，分别以主题为“人文奥运、魅力北京、和谐校园”书画、摄影作品展、“绚烂夏日 我声飞扬”校园卡拉 OK 大赛等活动展开。

2008 年 3 月 7 日，组织“心系灾区 尽我所能”献爱心捐赠活动，共收到捐款 12696.60 元，衣物 1331 件。4 月 30 日，举办以“弘扬奥运精神　传递友谊和平”为主题的奥运倒计时 100 天庆祝活动。纪念“五·四”运动校园文化艺术节活动中，举办奥运知识讲座、“迎接奥运　放飞青春”艺术作品展、心理危机讲座等系列活动。5 月 14 日，积极动员在校研究生为四川地震灾区捐款献爱心，共收到学生捐款 36134 元。11 月，组织学生参加科研院所学位与研究生教育工作网“纪念改革开放三十周年”研究生文艺汇演，双截棍表演和独唱《龙船调》获得优秀节目奖，同时研究生院获得优秀组织奖。

积极推进校园文化建设的同时，研究生院认真组织“推优”、“评优”工作，在学生中树立先进典型，充分发挥先进集体和先进个人的榜样示范作用，据不完全统计，1981～2001 年，研究生院共评选优秀团干部近 150 人，优秀团员 200 余人，三好学生近 50 人（评选活动至 1989 年终止）。1981～2007 年，20 余人获得中国农业科学院“优秀团干部”称号，30 余人获得中国农业科学院“优秀团员”称号。张春生等 10 人获得农业部“优秀团干部”称号，刘大群等 15 人获得农业部“优秀团员”称号。1985 年李新明被评为“农牧渔业部新长征突击手”。研究生院 1988 级院部团支部曾荣获中国农业科学院、农业部“先进团组织”称号，研究生院团委曾多次荣获中国农业科学院、农业部“先进团组织”称号。研究生院团委被评选为“2001 年度中央国家机关五四红旗团组织创建单位”，被中央国家机关团工委授予“2003～2004 年度中央国家机关五四红旗团组织”称号。

二、校园刊物

研究生院第一个由学生自发创办的刊物是《耘——研究生生活》，于 1984 年 5 月创刊。随后，为了及时宣传各项学生活动，进一步增强同学们相互之间的交流，团委、研究生会先后于 1987 年、1988 年、1990 年创办《研究生报》、《研究生快报》和《研究生通讯》。为了加强校友间感情和信息的交流，1980 级研究生在毕业两年后，于 1985 年 12 月，创办了《激奋》报。1986 年，马连洼团总支、学生会创办了反映研究生思想、学习和生活的《希望》报。《春华》杂志则创刊于 1999 年 1 月。《研究生院简报》始于 2007 年。

1984 年 5 月，为了加强在校研究生之间的联系，扩大同各兄弟院校间的思想、生活、学术交流，研究生院团总支创办《耘——研究生生活》不定期综合性刊物。内容包括思想动态、团的工作、读书心得、科研简讯、同学之友、学习园地等。时任中国农业科学院名誉院长的金善宝先生题词“百尺竿头，又红又专”，中国农业科学院院长兼研究生院院长卢良恕题词“攀登科学新高峰”。该杂志伴随研究生院师生到 20 世纪 80 年代末。

《研究生通讯》以《研究生报》和《研究生快报》为基础，宣传和报道研究生院各项学生活动，刊载研究生的随笔。首期于 1990 年 10 月 22 日出刊，作为一份不定期刊物，1998 年停刊，《研究生通讯》共刊出几十期。

在《耘——研究生生活》和《研究生通讯》基础上，《春华》杂志于 1999 年 1 月创刊，由中国农业科学院主管，是中国农业科学院研究生院主办的综合性季刊。《春华》秉承“博学、求实、团结、奉献”的校风，主要以研究生院教学及学生生活为主要报道内容。2001 年 8 月，研究生院为《春华》申请了出版刊号，为刊物的可持续发展打下了坚实的基础。中国农业科学院院长兼研究生院院长翟虎渠教授为 2002 年第 1 期《春华》撰写了卷首语——“奏响青春华美的乐章”，对研究生培养工作和《春华》杂志的发展提出了更高的要求。《春华》杂志在前进中不断总结经验教训，在发展中力求创新，力争每一期都有所进步。其间，2004 年进行了第一次全新改版，在此基础上，2004 年 11 月，《春华》杂志社成立，并制定了杂志社章程，标志着《春华》开始了新的发展阶段。在杂志的总体设计上，保留了几个传统的栏目，比如：本刊专稿、记者专访、青青校园、本期焦点、学术园地、为您服务、各所巡礼等，再根据每期的具体情况设置新栏目，比如：院庆专栏、实践报告、班级风采等。通过反映当前的重要事件、重要活动和重要思想，刊载研究生的随笔，增强杂志的可读性和深刻性、趣味性。作为研究生院院刊，《春华》杂志目前每期的发行量都近 2000 册，除发放给本院在读研究生外，还发放到国务院学位办、农业部科教司、中国农业科学院院机关及各研究所，全国各大综合性院校、农业院校、科研单位的招生办公室和校、院、系各团委、学生会等单位或部门，《春华》杂志在研究生院与中国农业科学院 30 多个研究所、兄弟院校以及本院校友之间架起了一座沟通的桥梁。

三、青年志愿者

1995 年 6 月 7 日，研究生院举行“研究生院青年志愿者服务队”成立大会和授旗仪式，宣读活动章程和实施方案，研究生院青年志愿者服务队（以下简称志愿者服务队）就此宣告成立。成立伊始，志愿者服务队提出了“热心先社会、温暖撒人间；团结、友爱、互助、进步”的口号，志愿活动立足中国农业科学院的同时，也面向社会。每年 3 月的学雷锋活动月，举行志愿者宣誓大会，志愿者服务队在中国农业科学院院内外开展一系列义务劳动，如：清理宣传栏、清扫中国农业科学院西门、南门两侧的马路、清除社区居民楼小广告、打扫中国农业科学院老干部活动中心等。1996～1999 年，志愿者服务队在中国农业科学院内开展了向“三老”献爱心活动。

服务社区的同时，志愿者服务队走出校门，进一步拓宽青年志愿者活动范围。1996 年 4 月，在北京市顺义县李隧乡开展了“学农、爱农”的科技日活动。1997 年 7 月，赴两个国家级贫困县（河南省虞城县和河北省阳原县）进行了社会调查、技术咨询和培训。1998 年 3 月，赴北京密云县穆嘉峪镇进行了志愿者科技咨询等系列活动。2005 年 3 月，志愿者服务队到北京市第一社会福利院，看望孤寡老人。2005 年 4 月 6 日，研究生院团委和北京明圆学校（农民工子弟学校）进行合作签字仪式。合作内容包括向明圆学校提供义务支教、设立奖学金、捐赠书籍和报刊等学习用品。2005 年 4 月至 2008 年 9 月，组织开展了“爱心手拉手，支教传真情”到明圆学校义务支教等活动。至 2008 年，已有三百余名博士、硕士研究生到明圆学校开展义务支教工作。研究生院团委为学生购买了价值三千余元的学习用品作为奖励。共捐献 1400 余本图书、杂志赠予明圆学校。期间还曾组织全院师生为明圆学校身患白血病的一年级学生荆亚同捐款，共计 8630. 00 元。

志愿者服务队还积极参加希望工程“手拉手”活动，资助失学女童返校；在中国农业科学院建院 40 周年、研究生院建院 25 周年、国际植物保护大会、好运北京测试赛等重大活动中积极提供志愿者服务。2004 年，研究生院青年志愿者服务队被团中央授予“先进集体”称号。

第二节　文明单位创建

建院以来，研究生院始终坚持“两手抓、两手都要硬”的工作方针，积极开展三个文明建设，促进各项业务工作的深入发展。

一、精神文明建设

1995 年，研究生院根据中国农业科学院提出的创建文明单位标准，开始积极申报争创文明单位并在全院组织开展创建文明班组活动。1996 年 3 月 12 日，制定《中国农业科学院研究生院创建文明单位工作计划》，提出要加强领导班子建设，提高干部队伍素质；做好师生的政治思想教育工作；加大教育改革力度，提高教学质量；提高职工科学文化素质与办公效率；建立健全各项规章制度。成立了研究生院创建文明单位领导小组，组长由李祥义副院长担任，副组长陈新华，成员：王文录、张汝悌、彭丽芳、夏军、于子荣、马林树、颜翠柏。制定了文明班组和文明个人具体的评比条件、打分标准以及检查制度。经过近两年的努力，1997 年研究生院被评为中国农业科学院文明单位，同时曹桂荣一家被评为“全国文明家庭标兵”。1998 年，研究生院调整了单位活动领导小组，成员由王文录、张汝悌、彭丽芳、于子荣等 6 人组成。1998 年，开展遵守研究生院文明公约暨爱校敬业活动，广大教职员工认真学习职业道德规范标准，在学生中为人师表，教书育人，服务育人，提高了工作效益和服务质量，受到了学生的好评。2000 年调整研究生院精神文明创建领导小组，组长：王秀玲，副组长：彭丽芳，成员：张汝悌、于子荣、宋家祥、邱健德、赵庆慧、刘永杰，创建办公室设在党委办公室。2003 年调整了创建文明单位领导小组，组长：韩惠鹏，副组长：王秀玲、陆庆光，成员：赵庆慧、李志平、孙红、于子荣、王春霞、刘永杰、蔡博鸿。2004 年，在全体教职员工中开展了“为人师表，树新形象”活动，积极组织职工收看文明礼仪有关录像片，全面提升了研究生院师生员工的素质。在 2003～2004 年度中国农业科学院文明单位创建活动中，研究生院首次荣获“文明单位标兵”称号。2005 年研究生院获中国农业科学院“人才建设”和“党建与精神文明建设”目标完成情况优秀单位。2006 年，研究生院党委在中国农业科学院党委推荐下，积极参加了“和谐海淀”区域共建活动并荣获了 2005～2006 年度“海淀区共创区域和谐工作样板单位”称号，为中国农业科学院赢得了荣誉。2006 年度，研究生院连续被评为中国农业科学院“2005～2006 年度文明单位标兵”。2007 年，研究生院获中国农业科学院“党建与精神文明建设”目标完成情况优秀单位。2008 年，研究生院连续三届获中国农业科学院“2007～2008 年度文明单位标兵”荣誉称号。

为深入开展文明单位创建活动，研究生院积极在各处室和全体职工中开展文明创建评比活动。1996 年 1 月，评选出 2 个文明处室，4 个文明班组。1996 年 12 月，评选出 3 个文明处室，8 个文明班组。1997 年度，评选 3 个文明处室。1999 年 2 月，表彰 3 个文明处室，生化教研室获进步奖。据统计，1996～2008 年，每年按职工总数的 15%～20% 评选文明职工，研究生院共评选文明职工近 150 人。曹桂荣、张汝悌、于子荣、李虹先后被评为中国农业科学院“文明职工”。宋家祥、邱健德、杨建玲先后获得中国农业科学院“文明职工标兵”称号。目前，文明单位创建工作在研究生院已形成一项制度，结合每年年度考核工作一并考评。文明处室评选率达 100%。

二、VIS 形象设计系统

为全面提升形象，打造研究生院的文化品牌，弘扬求真务实精神、营造开拓创新的氛围、创造良好的工作、生活与学习环境，扩大研究生院的对外影响和提高知名度，迎接建院 25 周年，研究生院于 2004 年启动形象设计工作，通过招投标的形式，确定由北京知行堂广告有限公司负责设计包括研究生院标志、中英文院名标准字体、标准色、办公用纸、公文纸、稿纸、传真纸、信封、文件袋、聘书、学生证、录取通知书、专业学位开课通知书、结业证书、工作证、荣誉证书、旗帜等与研究生院形象有关的信息。VIS 形象设计系统于 2006 年完成，并正式启用，为促进研究生院规范化和科学化管理，推动研究生院校园文化建设，增强全体职工荣誉感、归属感和凝聚力发挥了积极作用。

（一）院标

中国农业科学院研究生院的院徽由“汉印农字图案”为核心，加中英文校名组成。

选取汉代古印“农”字，造型端庄稳重，结构严谨，笔画间疏密有致，古朴雄浑，既体现了中国农业及农业科技悠久的发展史和丰富的文化内涵，也突出强调了中国农业科学院研究生院作为国家级高层次农业人才培养基地的主流地位。

“农”字内涵丰富而深远，集中表达了大农业的整体概念。该“农”字由上下两大部分组成：其中上半部分为两个“人”面向“田”作业的图案形成的象形文字，形象地表达了中国传统农业的耕作形态与其中的协作精神；下半部分为“辰”字：既寓意辰时（上午七点至九点），又代表日子和时光，揭示了农业与季节、时辰、天气等客观因素的紧密关系，也有珍惜光阴、勤奋作业的警世鞭策之意。结合中国农业科学院研究生院的发展目标和教学科研的具体情况，其中包含的勤奋刻苦、脚踏实地、只争朝夕与团结协作精神，具有十分隽永而深远的现实意义。

由此“农”字构成的视觉符号，在整体上表达了大农业的宏观概念之同时，其部分笔画也形象地呈现了英文字母 E（Education 教育/Excellent 优秀的、卓越的）、W（World 世界的）、H（High 高端的、高等的）、F（Farming 农业、农事/Food 食物、食品—民以食为天）。

对应地表示研究生院作为高等农业教育机构的性质、地位、任务和国际化发展目标。

整体标志为圆形，而其中的核心图案的“农”字为方形，体现了“天圆地方”，“天地相合”的传统思想；整齐的直线与圆润曲线之间形成了动静有致的对应关系，以乾坤概念反映了“天行健，君子以自强不息；地势坤，君子厚德以载物”的朴素哲学思想；同时，也寓意中国农业科学院研究生院严谨、务实的治学理念和规范的管理作风，象征勃勃的发展生机和广阔的发展前景。

（二）院名称中英文标准字体

中国农业科学院研究生院院名中文标准字体是由中隶书字体修饰规范形成，英文名称是由英文 Arial 字体修饰规范而成的。在实际应用中，要注意四周背景的不可侵入空间。

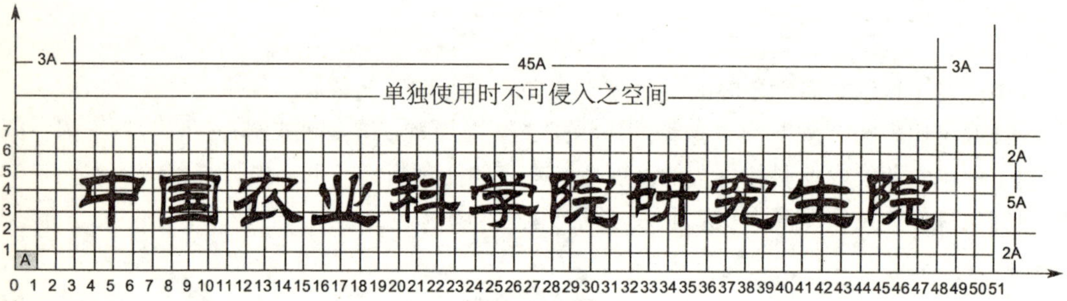

（三）院标与字的组合方式

12.5A
20A
12.5A
20A
2A
3A
A
A
27A
GRADUATE SCHOOL OF CHINESE ACADEMY OF AGRICULTURAL SCIENCES
中国农业科学院研究生院
中国农业科学院研究生院
GRADUATE SCHOOL OF CHINESE ACADEMY OF AGRICULTURAL SCIENCES
45A

16A
13A
16A
13A
2A
3A
A
A
20A
GRADUATE SCHOOL OF CHINESE ACADEMY OF AGRICULTURAL SCIENCES
中国农业科学院研究生院
中国农业科学院研究生院
GRADUATE SCHOOL OF CHINESE ACADEMY OF AGRICULTURAL SCIENCES
45A

6A
A
45A
6A
中国农业科学院研究生院
GRADUATE SCHOOL OF CHINESE ACADEMY OF AGRICULTURAL SCIENCES
3A
A
A
52A

三、院训产生和释义

中国农业科学院研究生院院训于 2004 年 25 周年院庆前和 2007 年 10 月两次在网上向社会公开征集，2009 年 6 月根据征集情况召开了由中国农业科学院院士、北京师范大学国学教授和人民大学文学院教授参加的座谈会，为确定院训提出了许多宝贵的意见和建议，最后于 7 月初，经研究生院领导班子确定，院训为：明德格物，博学笃行。

“明德格物”，语出于儒家经典《大学》，原文为：“大学之道，在明明德，在亲民，在止于至善”。“古之欲明明德于天下者，先治其国；欲治其国者，先齐其家；欲齐其家者，先修其身；欲修其身者，先正其心；欲正其心者，先诚其意；欲诚其意者，先致其知；致知在格物。”“明德”是说大学之中最高的为学之道，是要教导学生能够彰显自己心中美好的德性。“明德”也有净化自己的德行，达到内心清明的最高的、善的境界上。院训将“明德”放在首位，体现了研究生院研究生教育在人才培养方面“先做人，后做事”的理念。“格物”就是对知识和真理的追求。简言之，“明德格物”的目的是修炼品德，获取真知。体现了德才兼备的育人理念。

“博学笃行”，语出于《礼记·中庸》有云：“博学之，审问之，慎思之，明辨之，笃行之。”这说的是为学的几个递进的阶段。“博学之”意谓为学首先要广泛的猎取，培养充沛而旺盛的好奇心。“博”还意味着博大和宽容。惟有博大和宽容，才能兼容并包，使为学具有世界眼光和开放胸襟。因此博学乃能成为为学的第一阶段。“笃行”是为学的最后阶段，就是既然学有所得，就要努力践履所学，使所学最终有所落实，做到“知行合一”。“笃”有忠贞不渝，踏踏实实，一心一意，坚持不懈之意。只有有明确的目标、坚定的意志的人，才能真正做到“笃行”。以“博学笃行”为院训，并非只取“博学”和“笃行”四字，而是包括“审问、慎思、明辨”在内的，由“博学”而“笃行”的内在统一、相连互动的过程。以“博学笃行”为做学问之道，方能学有所依、学有所成、学有所用。

“明德格物，博学笃行”取自于中国古代教育的经典著作，汲取了中国古代教育的精髓，有着深厚的教育和文化积淀。它反映了研究生院广大师生在传承古代传统和文明的基础上，博学现代科学文化和技术，“厚积而薄发”，实现传承与创新、德与行和谐统一的精神风貌。

四、宣传工作

研究生院历届院领导都非常重视宣传工作，作为一个教学培养单位，无论是对内还是对外，宣传工作都极其重要。要及时向广大学生宣传党和国家的大政方针、工作动态、新人新事等等，还要积极对外宣传我们取得的进步和成绩，扩大研究生的知名度和影响力。研究生院充分利用各种方式和渠道开展宣传工作，近年来取得了良好的收效。

首先，充分利用自身条件、设备开展宣传工作。报纸栏、黑板报在20世纪90年代初期是研究生院经常使用的宣传设施。90年代末期，随着宿舍楼内、教室安装上玻璃宣传橱窗，研究生院团委和研究生会开始充分利用这两块阵地，宣传党和国家的大政方针、校园里的新人新事等。2002年10月，研究生院网站建立后，由于网络宣传有及时、直观、信息量大的优势，宣传工作的重心逐渐转移到网络。2005年，研究生院硕士生宿舍楼、博士生宿舍楼东侧新建150平方米宣传栏投入使用，在张贴《人民日报》、《环球时报》、《参考消息》等报纸的同时，及时将研究生院重大活动制作成宣传板报在宣传栏展出。为进一步加强研究生院与中国农业科学院院属机关、各研究所之间及研究生院内部的信息沟通和经验交流，2005年《研究生院工作简报》伴随着保持共产党员先进性教育活动而产生。简报的内容主要是汇报研究生院工作，反映研究生院改革和管理工作的最新动态。目前，研究生院每一位职工、每一位同学都可以通过宣传栏、网站和工作简报等多个渠道充分了解研究生院的重大活动和工作动态。

其次，不断挖掘社会资源，展开宣传报道。及时将研究生教育工作进展、研究生学习、工作和生活风采的报道发送给中国农业科学院的院级刊物和网站，随着中国农业科学院刊物的变化，曾向《中国农业科学院政工简报》、《中国农业科学院简讯》等刊物投稿，目前主要向《中国农业科学院院报》和中国农业科学院网站投稿。研究生院选派到《中国农业科学院院报》的通讯员多次获得“优秀通讯员”称号。随着研究生院的不断发展，对宣传工作的需求不断增加，近年来，逐渐开始与《人民日报》、《科技日报》、《光明日报》及中央电视台第2套、第7套等各大媒体建立友好合作关系，充分利用这些平台进行宣传报道，扩大研究生院的影响力。

最后，加强宣传工作队伍建设。根据全国教育体制改革和教育创新形势以及中国农业科学院科技体制改革大局的要求，2003年4月，为加强研究生院的宣传报道工作，经研究决定成立“研究生院宣传领导小组”，由办公室、培养处、学位办、研究生工作处及培训服务中心负责人和团委、学生会负责人作为宣传领导小组成员，为主要撰稿人，办公室主任兼任组长，负责研究生院的对内、对外整体宣传工作。2006年，为进一步保证各项宣传工作落到实处，专门成立了通讯员队伍，实行目标责任制管理办法，各处室都有兼职通讯员负责各处室的宣传报道工作。

通过对宣传工作硬件、软件和队伍的大力建设，目前研究生院已经形成了一个覆盖全面、渠道畅通的宣传体系。

五、军民共建

2003年12月23日，研究生院与解放军艺术学院文化管理系（以下简称研究生院和文管系）结成共建对子。自共建伊始，两院就根据自身特点，确立了“科技拥军　文化助民”的工作原则，充分挖掘各自的资源，发挥各自优势，做到优势互补、共同进步。从2004年开始，连续三年两院共同组织师生参与了由中国农业科学院和解放军艺术学院组织的“情系三农，科技文化双下乡”活动。到双拥科技扶贫、文化下乡示范点北京市海淀区苏家坨镇开展活动，将科技知识和积极向上的文化活动带到田间地头。2004年4月，为迎接建党八十三周年，两院共同组织党的知识竞赛。2004年，研究生院将刚刚组建的计算机房每周定期提供给文管系用做计算机培训场地，同时在研究生中募集志愿者为文管系学员进行一对一的上机辅导。2005年6月，两院联合举办“军民共建一家亲，依依惜别老同学——中国农业科学院研究生院　军艺文管系迎七·一暨欢送京外所同学联欢晚会”。2005年11月，两院共同组织了2005年中国农业科学院研究生院与解放军艺术学院羽毛球联赛。研究生院每年都邀请文管系老师为研究生院书画大赛、“一二·九”合唱比赛、篮球比赛等大赛担任评委。自2006年“七·一”开始，两院共同组织新党员入党宣誓仪式，先后在居庸关长城、天安门广场、卢沟桥、圆明园等地举行宣誓活动，四年来，双方共400余名党员参加了宣誓活动。2007年，在北下关街道的指导下，两院在北下关所属社区中确定了两户孤老家庭，开展了“一对一”帮扶工作。两院的共建工作得到了各级领导的一致认可，研究生院连续四年获得“海淀区拥军优属先进单位”荣誉称号，2007年度和2008年度海淀区“军民共建先进单位”、“首都军（警）民共建标兵单位”。

附录1　研究生院职工名单

（按姓氏笔画排序）

1. 在职职工名单（截至2009年7月）

于子荣（女）	于向鸿	王少雄	王凤忠	王文录
王仕龙	王代军	王志霞（女）	王　杕	王　丽（女）
王丽娜（女）	王秀玲（女）	王伯彤（女）	王春霞（女）	王秋玲（女）
王晓兰（女）	王恩涛	王海胜	王海峰	毛晓霞（女）
田松杰（女）	刘四朝（女）	刘兰芝（女）	刘永杰	刘庆辉（女）
刘宇航	刘秀荣（女）	刘荣乐	闫艳春（女）	安凤玲（女）
许　雷	孙　红（女）	杨　杰	杨佳萍（女）	杨建玲（女）
杨琴英（女）	李文才	李艾诺（女）	李志平（女）	李　虹（女）
李毅刚	李　霞（女）	肖　阳（女）	吴　宾（女）	汪勋清
张贵田	张艳华（女）	张　捷（女）	张蓉斌（女）	陈武梅（女）
陈　洁（女）	陈黎明	卓　炯	罗长富	罗　文（女）
周　燕（女）	赵公天	胡秀婵（女）	胡俊鸿	秦　方（女）
袁京明	晁　伟	高枫岚（女）	高宝军	高　雷
唐晓航	蒋希文	韩惠鹏	温　洋（女）	蔡博鸿
雒　晶（女）	潘东方（女）	潘淑敏（女）		

2. 离退休人员名单

于晶莹（女）	王占瑞	王振漪（女）	王慧君（女）	车幼屏（女）
毛国良	石坚竖	申红珍（女）	白慧丽（女）	曲恒芬（女）
刘玉荣（女）	苏朝晖（女）	杨忠源	李全刚	李守珍（女）
李秀云（女）	李　信	里景伟	邱健德（女）	谷顺先（女）
宋家祥	张　木	张双铁	张汝悌（女）	张桂英（女）
张海虹（女）	陆庆光	武　然（女）	金莘农	庞铁军（女）
侯自新	袁　珏（女）	梅莲芝（女）	曹国印	曹桂荣（女）
梁立新（女）	彭丽芳（女）	颜翠柏（女）	潘　哲	

3. 在研究生院工作过的人员名单

王汝谦	王　军	王　韧	王素芬（女）	王振漪（女）
王淑珍（女）	王　箐（女）	邓庆海	邓常青	田伟华
仝一心	冯如英（女）	仲干远	刘　旭	刘红兵
刘继红（女）	刘　满（女）	杨　正	杨　虹（女）	杨晓霞（女）
李永安	李祥义	汪正元	宋大海	张　帆（女）

张甫山	张忠勋	张继贤	陈新华	林 硕
赵龙跃	赵庆慧	赵 明	夏 军	高士军
高 楠	郭智群	黄其正	曹 军	盛松华
章一华	章力建	董毅敏（女）	税尚楠	翟力娟（女）
戴松恩				

附录2　政府特殊津贴获得者

1990年　王振滴　杨忠源

1992年　潘哲

1993年　毛国良　邱健德　曹国印

附录 3　研究生院获先进称号名单

（按姓氏笔画排序）

姓名	性别	先进称号	时间
于子荣	女	中国农业科学院迎亚运精神文明综合治理先进个人	1990
		中国农业科学院 1992—1993 年度优秀党务工作者	1994
		农业部直属机关优秀团干部	1994
		中国农业科学院 1994—1995 年度优秀党务工作者称号	1996
		农业部 1994—1995 年度优秀党务工作者称号	1996
		中国农业科学院文明职工	2004
王文录	男	农业部直属科技事业单位档案工作目标管理有突出贡献人员	1998
王秀玲	女	2000—2001 年度中国农业科学院直属机关优秀党务工作者	2002
		2002—2003 年度中国农业科学院直属机关优秀党务工作者	2004
		中国农业科学院 2004—2005 年度优秀工会干部	2006
		2005—2006 年度中国农业科学院优秀妇女工作干部	2007
		2005—2006 年度农业部直属机关优秀妇女工作干部	2007
		2006—2007 年度中国农业科学院直属机关优秀党务工作者	2008
		北京市研究生招生先进工作者	2008
		2007—2008 年度中国农业科学院优秀妇女工作干部	2009
王振漪	女	农业部职工之友	1995
毛国良	男	黄淮海平原农业开发先进科技工作者	
		全国农业科技推广年活动先进个人	
		中国农业科学院“七五”先进工作者	
		中国农业科学院 1992—1993 年度优秀党员	
邓庆海	男	中国农业科学院优秀党务工作者	1992
刘兰芝	女	中国农业科学院优秀党员	2004
刘永杰	男	北京市研究生招生工作先进工作者	1993
		中国农业科学院先进工作者	1993
		中国农业科学院优秀职工	1995
		农业部优秀工会积极分子	1995
		北京市研究生招生改革二十周年招生工作先进个人	1998
		中国农业科学院文明职工	1998

续表

姓名	性别	先进称号	时间
孙　红	女	中国农业科学院2000—2001年巾帼建功活动标兵	2002
安凤玲	女	北京市研究生招生先进工作者	2008
杨建玲	女	2005—2006年度农业部优秀团干部 2007—2008年度中国农业科学院文明职工	2007 2009
李志平	女	中国农业科学院优秀党员 2007—2008年度中国农业科学院“巾帼建功“标兵	2007 2009
李秀云	女	中国农业科学院老有所为精英奖	1988
李　虹	女	2005—2006年度中国农业科学院文明职工	2007
邱健德	女	中国农业科学院1996—1997年度优秀党员 中国农业科学院1997—1998年度优秀工会积极分子 中国农业科学院文明职工	1998 1999 2000
汪勋清	男	中国农业科学院优秀党员	2006
宋家祥	男	1993—1994年度农业部工会优秀工会干部 中国农业科学院1997—1998年度优秀工会干部 1999年度中国农业科学院文明职工	1995 1999 2000
张汝悌	女	中国农业科学院文明职工	2002
张桂英	女	农业部直属科技事业单位档案工作目标管理有突出贡献人员 中国农业科学院公文处理三等奖	1998 2000
张海虹	女	农牧渔业部三八红旗手 中国农业科学院1997—1998年度优秀工会积极分子	1984 1999
陈新华	男	北京地区高校毕业生、毕业研究生分配与就业工作先进个人	1994
金莘农	男	中国农业科学院安全保卫先进工作者	1992
赵庆慧	男	中国农业科学院优秀党员	2000
梅莲芝	女	农业部直属科技事业单位档案工作目标管理有突出贡献人员	1998
曹桂荣	女	中国农业科学院文明职工	1997
梁立新	女	北京市高教系统教书服务先进工作者 中国农业科学院优秀党员 中国农业科学院工会积极分子 农业部优秀工会积极分子	1988 1990 1990 1995

续表

时间	性别	先进称号	
彭丽芳	女	中国农业科学院计划生育先进个人	1992
		中国农业科学院计划生育先进个人	1993
		农业部直属科技事业单位档案工作目标管理有突出贡献人员	1998
韩惠鹏	男	2002—2003 年度中国农业科学院职工之友	2004
		2005—2006 年度中国农业科学院“妇女之友”	2007
		北京市学位与研究生教育先进个人	2008
		2007—2008 年度中国农业科学院“妇女之友”	2009
蔡博鸿	男	首都达标驾驶员	1994
		中国农业科学院 2001 年度安全保卫工作先进个人	2002
		2002—2003 年度中国农业科学院优秀工会干部	2004
		海淀区奥运服务保障工作优秀志愿者	2008
颜翠柏	女	中国农业科学院老有所为精英奖	1988

编后记

编撰《中国农业科学院研究生院志》是庆祝中国农业科学研究生院成立30周年的一项重要任务。2008年11月正式启动，2009年9月完稿，历时11个月。院志共分为十二章，约三十万字，首次全面系统地记述了中国农业科学院研究生院自1979年成立至今30年的发展历程。

2008年，中国农业科学院研究生院几次召开院长办公会议，研究部署30周年院庆事宜。11月6日，院长办公会议决定，院志编撰工作由研究生院党委书记兼常务副院长韩惠鹏、党委副书记兼副院长王秀玲和副院长刘荣乐直接领导，具体工作由王秀玲和办公室主任李志平负责。同时成立由陆庆光、宋家祥、杨建玲三位同志组成的院志编写小组，陆庆光同志负责编写第一、第七、第八、第九章；宋家祥同志负责编写第二、三、五章；杨建玲同志负责编写第十、第十一、第十二章。2009年5月11日，曹国印同志加入编写小组，负责编写第四章。第六章由专业学位教育处编写。

中国农业科学院研究生院在改革开放的阳光雨露下诞生和成长。三十年的改革与发展，印证了中国特色农科研究生教育的发展历程。加之这是研究生院的第一部院志，是一项重要的基础性工作，为此，我们深感责任重大。在院志编写的过程中，韩惠鹏常务副院长亲自主持，多次召开院志编委会全体会议，对初稿进行认真审议，对章节结构、标题设置多次修改、力求规范；对词语表达、工作叙述，逐字逐句、反复推敲；对历史事件、统计数字，更是一丝不苟、认真核实。各处室负责同志从本部门工作职责的视角出发，满怀高度的责任感，在繁忙的日常工作中挤出时间，对院志中相应的章节做了认真的审阅和修改，使之更加准确充实。最后由编委会集体定稿。

编撰这部院志，我们遵循"客观公正、忠于历史"的原则，坚持"以发展为主线、以培养为重点"。工作中最困难的是核对历史资料。为了确保院志资料的准确性，对每一次活动、每一个文号和每一个数字，都不辞辛苦地反复核对。在炎热的夏天或寒冷的冬日，离退休老同志，如杨忠源、潘哲、王振漪、颜翠柏、毛国良、金莘农、谷顺先、袁珏等不顾年迈体弱，或头顶烈日或冒着寒风，前来参加座谈会，送来编写意见、建议以及相关资料，认真核对一个个细节，他们对研究生院的深厚情感和高度负责的精神令人敬佩。

本院志是集体劳动的成果。编写过程中需要查阅大量的档案、资料、报表等，也需要各方面的支持与协作。值此院志付梓之时，感谢所有关心院志编写的各级领导、各位同志。中国农业科学院院机关各局（办）给予了大力协助，提供了部分宝贵的历史资料。研究生院原职工陈新华同志和研究生院职工侯自新（退休）、梁立新（退休）、张桂英（退休）、王文录、张贵田、李虹、高宝军、闫艳春、潘东方、蒋希文、张汝悌、王晓兰、晁伟、温洋、高雷、王秋、陈洁等以各种方式给予协助与配合；研究生李红伟、吴蕊、孙丰等同学协助文字录入，在此一并表示衷心感谢。在较短的时间内，这部院志能够保证质量、顺利出版，得益于中国农业科学技术出版社的积极支持，对此深表谢意！

30年的成长经历，已经载入史册，首部院志记录了开拓奋进的足迹，我们深受艰苦创业、励精图治精神的感染和激励，也深切缅怀逝去的前辈。30年后的今天，我们从新的历史起点再踏征程，开创未来，将满怀信心地谱写院志续集更加壮丽的新篇章。

由于时间紧、任务重，对院志相关资料的收集、鉴别、整理和选用，难免存在遗漏或欠妥之处，敬请诸位领导、教职员工、全体校友以及广大读者予以指正。

院志编写组

二〇〇九年九月十日